『全民阅读·应用文写作方法与示范系列丛书』

新编典型材料

写作方法与范例

李和忠 ■ 著

中国文史出版社

图书在版编目（CIP）数据

新编典型材料写作方法与范例 / 李和忠著．——北京：中国文史出版社，2019.3

ISBN 978-7-5205-1045-5

Ⅰ．①新… Ⅱ．①李… Ⅲ．①国家行政机关－公文－写作 Ⅳ．①H152.3

中国版本图书馆 CIP 数据核字(2019)第 049685 号

责任编辑：蔡丹诺

出版发行：**中国文史出版社**

社　　址：北京市海淀区西八里庄路 69 号　　邮编：100036

电　　话：010－81136606　81136602　81136603（发行部）

传　　真：010－81136655

印　　装：廊坊市海涛印刷有限公司

经　　销：全国新华书店

开　　本：787 毫米×1092 毫米　　1/16

印　　张：17.5

版　　次：2019 年 5 月北京第 1 版

印　　次：2019 年 5 月第 1 次印刷

定　　价：48.00 元

内容提要

　　本书是介绍典型材料写作方法的简明读本，共分 5 章，概要介绍了典型材料标题、署名、导语、主体和结尾写作的 50 种方法。并精选了中华人民共和国成立以来各个时期涌现出的全国、全军英模人物等各类先进典型的事迹材料，共计 50 篇，包括 37 篇详细典型材料和 13 篇简要事迹材料。

　　本书理论阐述密切联系实际，简明扼要，通俗易懂；例文典范精当，涵盖面广，示范性强。全书反映典型材料写作理论研究和写作实践的新成果，具有较强的指导性，可作学习典型材料写作技能的普及性读物，并可作为相关院校和各级机关应用写作培训班典型材料写作课的实用教材。

前言

　　典型材料是把具有代表性的人物和事件用文字客观地反映出来，用以教育人、感化人或警示人的一种应用文体。典型有正反之分，典型材料也有反映两种不同性质典型的材料。本书研究的典型专指正面典型，典型材料是对先进单位和先进人物的思想、事迹进行介绍，用示范的方法，宣扬先进思想，推广先进经验的文字材料。

　　典型材料有广义和狭义之分，广义的典型材料包括各种形式反映的先进单位和先进人物的事迹材料，如通讯、特写、报告文学等。狭义的典型材料专指按上级机关的要求整理上报或在会议等场合，进行宣扬典型事迹的应用文体。本书研究的是狭义典型材料。

　　材料依据不同的分类方法分为若干种类。

　　依据写作对象划分，分为单位典型材料和个人典型材料两类。单位典型是作为一个群体出现的，而个人典型是指各条战线上涌现出来的英雄模范人物。单位典型材料侧重介绍典型单位的工作成绩和先进经验。个人典型材料则多是通过介绍其先进事迹，突出其优秀的思想品质。

　　依据典型影响面的大小，典型材料还可分为重大典型材料和一般典型材料。重大典型是指在全国范围推广并产生重大影响的单位或个人。重大典型受到党和国家的高度重视，通过下发文件和新闻媒体多种渠道进行深入宣传。如雷锋这一重大典型不仅历届党和国家领导人都有题词，而且根据形势需要多次下发向雷锋学习的重要文件，还每年举行学雷锋纪念日活动，在全国形成了广泛持久的学习运动。反映重大典型的事迹和经验的文字材料，往往是对典型的全面反映，因此，写作要求高、难度大。一般典型是与重大典型相对而言的，是指在某个领域、某个范围内推出的典型单位和先进个人，其典型材料的影响力限于所推广的领域。当然重大典型和一般典型不是绝对的，重大典型往往是在宣传过程中由一般典型转化而来的，转化过程中典型材料往往发挥了关键作用。因此，就写作而言，一般典型材料的写作要求并不低。

依据用途划分，典型材料可分为五类：

一是用于事迹报告和经验交流会上的典型材料。

二是上报的事迹材料，主要作为上级研究决定立功奖励人员或单位的依据。

三是在一定范围内下发的事迹材料，用于宣扬典型，供大家学习。

四是用于备案查考、附件说明的简要事迹材料。

五是报刊等新闻媒体刊登的简要事迹材料，主要用于公布评选各类先进典型候选和当选单位及个人的简要事迹。

依据材料的详略划分，典型材料分为详细典型材料和简要典型材料。详细典型材料篇幅数千字到上万字不等，用于会议介绍事迹和经验的发言材料，一般5000字以内。简要典型材料通常叫简要事迹材料，是扼要介绍先进单位或先进人物的主要事迹或经验的文字材料。篇幅一般几百字至1000多字，最长一般不超过2000字。

另外，以其内容划分，也可划分为若干类型，如党的建设典型材料、道德模范典型材料、创业创新典型材料，等等。

典型材料除了具有一般应用文使用广泛、格式规范等特点以外，还具有两个基本特征。

一是内容以真实为本。典型材料是典型客观情况的准确记录，在真实性方面它与新闻报道是完全一致的。不仅要求典型本身事迹完全真实，而且要求典型环境完全真实，不能有丝毫的虚构和夸张。一份典型材料的成功与否，首先取决于其是否真实。只有真实的，才有信服力。

二是表达以叙述为主。典型材料以先进事迹为基础。典型在人们的心目中的形象如何取决于典型本身的事迹。因此典型材料写作要求以叙述为主，让事例说话，它是以典型有说服力的事实来感染人，而不是靠作者的评价和议论。事迹越丰富、生动，典型材料越具说服力。

撰写典型材料的目的，是通过对现实生活中有价值的人和事的宣传，推广先进经验，以点的力量推动全局工作。典型材料应用十分广泛，从基层到机关，每年都要总结和撰写各种不同类型的典型材料。树立典型楷模，运用典型引路，历来是我党所重视的工作方法。中华人民共和国成立以来，在各个时期、各条战线都树立了众多的先进典型，推动了各行各业的发展，促进了社会主义物质文明和精神文明建设。例如工业战线树立了王进喜、马万水；农业战线史来贺、吴仁宝；林业战线马永顺；商业战线张秉贵；科技战线华罗庚、钱学森、袁隆平；优秀领导干部焦裕禄、孔繁森；公安战线任长霞；体育战线中国女排等众多典型。军队树立了黄继光、雷锋、欧阳海、徐洪刚、李向群等先进个人。这些典型的事迹通过典型材料得到广泛传播，在全国引起了巨大影响。新时代中华民族要完成伟大复兴，实现伟大的中国梦，更需要发现和培养更多的先进典型，发挥其示范和引导作用。因此，典型材料的写作与运用，发挥以点带面的作用，对于大力宣扬正能量，弘扬优良传统，加速我国现代化建设，都具有极其重要的意义。

典型材料写作是各级、各类机关干部应具备的基本能力。一份好的典型材料的产生，需要以准确识别和选择典型、广泛搜集和充分占有资料为基础，典型材料写作不是单纯的"文字功夫"。写作者应具备良好的政治思想素质、丰富的知识储备、较强的分析能力。这些都是写好典型材料的前提，典型材料写作掌握方法重要，但具备这些素质同样重要。

典型材料写作多法但无定法，本书总结的 50 种方法只是最常用的一些基本方法，目的是为典型材料写作初学者提供一些入门知识。所附 50 篇例文，力求典型重大，影响广泛，涵盖各行各业，事迹感人，还有写作规范，给大家提供可参考的典型材料写作精品。这些材料的形成，凝聚着主人公和写作者的大量心血，许多篇章还是集体智慧的结晶。从这些范例中不仅可学到一些写作技巧，同时可吸取思想精华。但愿本书能成为典型材料写作方法的简明读本和英模事迹的学习读物。

在本书的写作过程中，得到许多单位和同志的热情帮助，提供了大量范文；中国文史出版社蔡丹诺编辑为本书的出版付出了辛勤的劳动。本书选用了已出版的先进事迹材料集和《人民日报》等媒体刊登的一些典型材料，出于写作格式和篇幅等方面的考虑，收入本书时编者做了一些修改。在此向范例的作者、提供者和出版社的同志一并表示诚挚的谢意。本书存在的不当之处，也敬请大家惠正。

作　者
2019 年 3 月

目录

第一章　标题拟定方法

标题是典型材料内容的概括，拟好标题是提高文稿质量和拥有读者的重要因素。典型材料的标题分为主标题、副标题和小标题三种。其中主标题是必备标题，副标题和小标题不是文稿的必备要素。有的除主标题外，还有副标题，也有小标题，有的只有其中一种。副标题是对主标题的补充和说明，小标题是主标题的支柱和段落层次的转折提示。是否拟写副标题和小标题，要根据实际需要。一般说来，以第一人称撰写的典型材料不设副标题，文稿较短不拟写小标题。

典型材料的标题基本要求是贴切、简洁、新颖。贴切，就是题文要一致，标题要集中体现内容，不能脱离材料拟写标题。简洁，就是要用简短的文字，力求高度的概括性。除特殊形式的小标题，文字可略长外，无论是哪种形式的标题，特别是主标题文字要控制在 20 字以内，以 10 个字左右为宜。新颖，就是要避免老套陈旧，力求独创，生动鲜明，能引人入胜。

各类标题如何拟定，要根据典型材料的类型、人称的不同、重大的程度及篇幅长短等具体情况，通常的拟题方法有以下几种：

一、荣誉称号＋破折号＋姓名拟题法

重大典型事迹材料常采用这种标题形式。如《特级英雄——黄继光》《新时期的英雄战士——李向群》《见义勇为的英雄战士——徐洪刚》等。黄继光曾被志愿军领导机关授予"特级英雄"荣誉称号，李向群被中央军委授予"新时期的英雄战士"荣誉称号，徐洪刚被济南军区授予"见义勇为的英雄战士"荣誉称号。他们都是不同时期出现的重大典型，在全国全军产生过广泛而重大的影响。采用"荣誉称号＋破折号＋姓名"式拟定的标题，不仅贴切、简洁，而且由于具有荣誉称号授予权的机关级别很高，获得称号的个人和单位极少，与以往典型材料的标题重复的概率极低，从而也能达到独特和新颖的拟题要求。

采用"荣誉称号＋破折号＋姓名"式拟题，应注意把创优评先活动中获得的各种荣誉与荣誉称号相区别，如"劳动模范""先进工作者""三八红旗手"等，这些都是以通报或新闻媒体形式发布的，与以命令形式发布的荣誉称号有很大的不同，他们属于先进人物，但绝大部分不属于重大典型。因为获得者人数比较多，等级差异大，如果采用"劳动模范"或"先进工作者"＋姓名等方式拟题，则会出现大量重复性标题，也就失去了典型材料标题的独特和新颖性。

二、称赞短语拟题法

称赞短语拟题法，又叫赞语式拟题法，就是用一句人民群众对主人公称赞的短语作标题。具体有两种形式：一种是赞语加姓名，如《永远活在人民心中的县委书记——谷文昌》《共同富裕的带头人——史来贺》《人民的好医生——赵雪芳》等。另一种是只用赞语作标题，如被评为"感动中国十大人物"的杨善洲和何祥美的事迹材料的主标题分别采用了《永不退休的共产党员》《三栖尖兵，军中枪王》两句赞誉性的短语。再如优秀体育工作者王恋英的事迹材料的标题是《军体楷模》四字赞语。

采用赞语式拟题法，应注意评价要符合实际，恰如其分，集中反映典型人物的特点和事迹，不能牵强附会，题文相悖。否则，不但收不到良好的宣传效果，反而会在群众中造成种种非议。

三、事迹描述概括拟题法

即用描述性语句概括典型事迹作标题。如《蓝天碧海写青春》《做科学理论的"播火者"》等。《蓝天碧海写青春》是第九届"十大杰出青年"35岁的海军某新型导弹护卫舰舰长柏耀平的典型材料标题。柏耀平当舰长前曾是一名歼击机优秀飞行员，被称为"飞行员舰长"，他率舰3万海里，出色完成各种任务，荣立一等功，作为全国重大典型被中央各大媒体突出宣传。

他的事迹材料用《蓝天碧海写青春》为题，十分贴切实际，准确点明了"杰出青年"的特色，高度概括了其先进的典型事迹。《做科学理论的"播火者"》是全国优秀教师、国防大学政治理论教研室主任许志功的典型材料标题，同样具有贴切、简洁和新颖的特点。

四、主人公话语拟题法

主人公话语式拟题方法，就是将主人公的最能代表其精神或最能概括其事迹的简短的一两句话用作标题。如诚实守信模范常德盛的事迹材料的标题《我追求的是全村人过上好日子》；再如，衡阳抢险英雄群体的事迹材料的标题《无愧于党旗军旗下的誓言》，都是用典型材料写作对象的一句话作标题。

这类标题客观反映了主人公的心声，准确概括了主人公的思想境界，能给人留下深刻印象，不失为一种好的拟题形式。

主人公短语式，除用作主标题的拟制外，还常常被用作小标题的拟制。如先进离休干部邹本兴的事迹材料的 4 个小标题：

"为人民谋利益是共产党人的终身追求。我虽然离休了，但有责任有义务发挥余热为党和人民做一点有益的事情。"

"艰苦奋斗是共产党人的政治本色。要白手起家办大学，就必须把艰苦奋斗这一光荣传统作为建校兴校之本。"

"为党培养革命事业合格接班人是一项重大的政治任务。要造就大批白求恩式的医务人才，就必须坚持正确的办学方向。"

"坚信科学是共产党人世界观的必然要求。要提高办学质量，就必须相信科学、学习科学、运用科学。"

以上 4 个标题，紧紧围绕保持离休干部的革命晚节和共产党员本色的主题，密切结合为社会培养高素质医学人才的实际，从四个侧面概括了邹本兴的先进事迹。

五、单位名称(或荣誉称号)、姓名＋"事迹"拟题法

这是简要事迹材料常用的标题方法。如：《××学院的简要事迹》《××

×同志的简要事迹》。这两个标题就是由单位名称或个人姓名加同志加"简要事迹"组成。荣誉称号、姓名和"事迹"组成的，如《助人为乐模范方敬的简要事迹》《敬业奉献模范廖俊波的简要事迹》等。

除了用于主标题以外，这种拟题方法还常用于典型材料副标题的拟制。例如《一个女军人的艺术追求——八一电影制片厂演员宋春丽的先进事迹》《钢铁血肉，勇救群众——爱民模范欧阳海的事迹》等。第一个标题由单位名称、姓名和"事迹"组成，第二个标题由荣誉称号、姓名和"事迹"组成。

单位名称（或荣誉称号）、姓名＋"事迹"式拟制方法，只适用于以第三人称撰写的典型材料。以第一人称撰写的典型材料主标题下写署名，一般不设副标题，因此，不使用这一标题形式。

六、诗词警句拟题法

诗词警句拟题法，就是选用古今中外的诗词警句、名家格言作标题。具体又可分为"直接引"和"变形引"两种。

"直接引"就是一字不差地将诗词警句用作标题，如"全国道德模范"青海蒙古族牧民罗桑扎西事迹材料的标题《谁言寸草心，报得三春晖》，就是采用名言作标题，直接引用了唐朝诗人孟郊《游子吟》诗中的两句。罗桑扎西精心照顾年迈多病的父母，报答父母的养育之恩，是远近闻名的大孝子，事迹十分感人，被评为第二届全国孝老爱亲类道德模范。罗桑扎西的典型材料用这两句古诗作标题，就恰到好处，贴切鲜明。

"变形引"就是根据需要，对诗词警句略作改动，用作标题。如被中央军委授予"舍己救人模范军官"荣誉称号的某旅机要参谋孟祥斌的事迹材料标题《风萧萧江水寒，壮士一去不复返》，就是由"风萧萧兮易水寒，壮士一去兮不复还"古名句改动而来，当然其意与古名句原意是完全不同的。古名句相传是战国时期荆轲刺秦王临行前的一句歌词。孟祥斌为救跳江女青年而英勇牺牲后，被评为"感动中国人物"，颁奖词的第一句就是："风萧萧，江水寒，壮士一去不复返"，其典型材料用作标题，突出鲜明反映了"孟祥斌为救人不怕牺牲的大无畏精神和英雄壮举"这一典型材料主题。

直接引用诗词警句，或将诗词警句变形变意用作标题，能增添标题的诗词韵味，增加标题的艺术感染力。

七、心得体会拟题法

心得体会拟题法，即用一句或几句感想心得作标题。如优秀军嫂王会芹事迹材料《把军人妻子的赤诚和爱心献给国防事业》中的3个小标题：

第一点体会是，和军人结合，就要做精神上的强者，战胜世俗偏见，倾注报国真情。

第二点体会是，和军人结合，就要做生活上的强者，挑起家庭重担，让丈夫安心在部队工作。

第三点体会是，和军人结合，就要做事业上的强者，靠自强自立展示军人妻子的风采。

3个标题直接标为：第一点体会是……，第二点体会是……，第三点体会是……采用心得体会式方法拟题，题中也可不出现"体会"二字。如爱军精武标兵王宪的事迹材料《为履行"打赢"使命　刻苦学习成才》中的几个小标题：

作为新时代的青年军人，不辱使命，就要树立"打赢"志向，刻苦钻研科技知识，苦练军事技能。

当代军人要担当起"打赢"重任，就要瞄准强敌，大胆探索创新，充分发挥现有武器的最大效能。

当一名合格的指挥员，就要着眼提高官兵整体"打赢"素质，在培养精兵群体、练就过硬"拳头"上求作为。

心得体会式是第一人称典型材料常用的一种拟题方法。用这种方法拟题，既能表达主人公的亲身感受，准确反映其思想境界，又能概括出典型材料的鲜明主题，还会使读者感到亲切自然。

心得体会式拟题应注意两个问题：一是题文要相符。心得体会既来源于生活，又来源于材料，是所用材料的概括，不能脱离材料而写体会，不能将没有材料支撑的心得作为标题。二是要客观实在。所含思想不能随意拔高，要实事求是，不能夸大其词，不能成为空洞的抒情和说教。

八、排比层递拟题法

排比是把三个或三个以上意义相关、句法结构相同或基本相同、字数相等或基本相等的语言片段，排列在一起的修辞方法。在典型材料写作中，常借用这种方法拟定小标题。如衡阳抢险英雄群体典型材料《无愧于党旗军旗下的誓言》中的3个小标题：

面对突发的灾难，我们挺身而出，13个喉咙高声喊出同一个声音："我是解放军"，义无反顾冲到抢险第一线。

面对受伤旅客的呼救，我们不顾伤痛，奋力拼搏，努力实践我军"全心全意为人民服务"的神圣宗旨。

面对生与死的考验，刘晓松舍己救人，直至流尽最后一滴血，用自己的死换取了别人的生，他才是真正的英雄。

标题用了3个"面对……"句，形成排比。还如"学习成才标兵"赵菁的事迹材料标题《锻造全面素质，铺就成才之路》中的4个小标题：

要成为高素质青年军人，就要自觉接受淬炼，在理论武装中坚定政治信念。

要成为高素质青年军人，就要坚持发奋学习，在孜孜求知中打牢知识功底。

要成为高素质青年军人，就要积极参与实践，在不断挑战中实现全面发展。

要成为高素质青年军人，就要不断超越自我，在不懈追求中升华思想境界。

4个标题意义相关、句法结构相同、字数相等，是典型的排比。排比式标题，虽然不像文章中的排比句那样集中连贯，不算严格意义上的排比句，但是借用排比的形式，使几个标题具有同样的句式，形成工整的外在美和鲜明的节奏感，并产生较强的语势效果。因此，排比式也是典型材料写作中常用的一种拟题方法。

层递句在形式上与排比句没有区别，只是在语言所表达的意思上呈现阶梯性，或一步步提高、一步步加深，或一步步扩大等，这就是修辞上所说的层递手法。典型材料标题的拟制也可借用这一方法。如爱民模范欧阳海事迹材料《钢铁血肉勇救群众》中的3个小标题：

参军报国

凌云壮志

南岭青松

3个小标题就具有层递性，一是时间上递进，反映欧阳海烈士从光荣入伍到壮烈牺牲的过程。二是从思想境界上，反映了欧阳海的成长成熟历程。与一般的排比式标题相比，层递式标题更具有连贯性，能形成步步深入的文章纵式结构，从而增加文章的吸引力。

九、镶名拟题法

镶名拟题法，就是将主人公的名字镶嵌在标题中。如"中国十大女杰"任长霞的事迹材料《警界女神，人民公安》中的几个小标题：

长霞浩气整顿警风

长霞为公公而忘私

长风彩霞逝者如诗

3个标题中都含"长霞"二字。镶名式，可以是主人公的实名，也可以是人们所送的赞誉名。如"中国武警十大忠诚卫士"庄仕华的事迹材料《军人良医，大爱天山》中的两个小标题：

医术精湛的"庄一刀"

医德高尚的"庄一刀"

"庄一刀"是人们送给庄仕华院长的特殊称号，是对一个外科医生的高度评价和肯定。将这一名字镶嵌在标题中，从而增加了标题的独特性和艺术性。

十、对偶拟题法

对偶是用数字相等、句法结构相同或基本相同的一对语句，表现相对或相关的意思的一种修辞手法。如北京军区给水工程团的事迹材料标题《风餐露宿十三载，踏遍北疆找水源》、拥军模范尹阿琴的事迹材料标题《拥军甘献慈母心，优属尽撒悠悠情》都属于对偶式标题。

由于现代汉语修辞中要求的对偶，不像旧体诗词那样要求对仗十分工整，因而在典型材料拟题中被广泛应用，不仅有七字一句的"七言对"，也有"四言对""六言对"等多种形式。

运用对偶式拟题，标题工整，节奏鲜明，具有语言的音乐美。

典型材料的拟题方法还有很多，除以上介绍的 10 种外，还有比喻式、借代式等。如先进文艺团体、广州军区政治部战士杂技团曲艺队的事迹材料《甘当温暖基层战士的"一团火"》、全国道德模范许月华的事迹材料《138个孤儿的"板凳妈妈"》，标题中的"一团火"和"板凳妈妈"，分别采用了比喻和借代修辞方法，从而增强了标题的独特性和新颖性。

第二章　署名方法

典型材料的署名有两种情况：一种情况是第一人称典型材料的署名，另一种是第一人称典型材料的署名。以第一人称形式写的典型材料署名可分为8种形式，以第三人称形式写的典型材料的署名一般有两种形式。

一、单位名称署名法

单位名称署名，即在标题下一行，居中书写典型单位的全称。如例文《风餐露宿十三载，踏遍北疆找水源》的署名：北京军区给水工程团。字体字号应有别于标题和正文，一般比正文大一号，用楷体字。

二、单位名称＋执笔人员署名法

具体方法是：在标题下一行居中书写典型单位的全称，字体字号一般比正文大一号，用楷体字。在文尾写执笔人员姓名。一般采用单独成行的形式，姓名用圆括号括起来。格式为：（执笔人：×××、×××、××××、×××）。字号一般与正文同大，字体可与正文相同，也可有别。

姓名的排列应以在撰稿中发挥的作用大小为序排列，一般来说谁承担的文稿撰写文字量大谁排在前。也可按文稿所写篇章先后顺序排列，如典型材料分为四个部分，第一部分执笔者排最前，第四部分执笔者排最后。

为了体现"尊重劳动"和实事求是原则，署名者应该是真正的执笔者，不宜有挂名现象；也不宜以执笔者的职务高低顺序排列。

三、单位名称＋姓名署名法

这是第一人称典型材料的一种署名方法。是个人典型材料常用的署名方法。通常是在标题下一行居中书写典型单位的全称和个人姓名，单位名称和姓名之间空一字，字号一般比正文大一号，用楷体字。单位全称的要素，一般全国级的会议、新闻媒体、下发通报的，以及上报国家的典型材料要署至省，如《把军人妻子的忠诚和爱心献给国防事业》一文的署名"河北省定州市杨家庄乡　王会芹"。在省级的会议、新闻媒体、下发通报的，以及上报省的典型材料要署至市，以此类推，市级的会议、新闻媒体、下发通报的，以及上报市的典型材料要署至县，县范围内的典型材料只署乡和村。

四、单位名称＋职务＋姓名署名法

单位名称＋姓名署名法，也是第一人称个人典型材料的署名方法。与"单位名称＋姓名署名法"所不同的是增加了职务要素，适用于有各种职务的个人典型材料。如《牢记党的宗旨坚持执法为民》一文的署名"唐山市人民检察院副检察长兼反渎职侵权局局长　郑喜兰"，《初心不改，情暖夕阳》一文的署名"北京市教育矫治局离退休干部处处长　刘锡军"等。单位名称＋姓名署名法的写作要求完全同于"单位名称＋姓名署名法"。

五、单位名称＋职称＋姓名署名法

单位名称＋职称＋姓名署名法作为第一人称个人典型材料的署名方法，与"单位名称＋姓名署名法"所不同的是增加了职称要素，适用于有各种职称的个人典型材料。其写作要求完全同于"单位名称＋姓名署名法"。

六、单位名称＋职业＋姓名署名法

单位名称＋职业＋姓名署名法，是在"单位名称＋姓名署名法"中增加职业一要素。如《扎根穷山区　办成"洋学堂"》一文的署名"陕西省延长县罗子山乡下西渠小学教师　王思明"。其写作要求也完全同于"单位名称＋姓名署名法"。

七、荣誉称号＋单位＋职务＋姓名署名法

荣誉称号＋单位＋职务＋姓名署名法，是在"单位名称＋职务＋姓名署

名法"的基础上，增加了荣誉称号要素。如《拥军甘献慈母心，优属尽撒悠悠情》一文的署名"'拥军优属工作先进个人'、黑龙江省佳木斯市桥南办事处副主任　尹阿琴"。其写作要求完全与"单位名称＋职务＋姓名署名法"相同。

八、主人公＋撰稿人署名法

这也是第一人称个人典型材料的一种署名方法。其主人公署名要求与以上提及的个人典型材料署名法的格式与要求相同，所不同的是增加了撰稿人署名要素。撰稿人署名的位置在文尾写撰稿人的姓名。一般采用单独成行的形式，姓名用圆括号括起来。格式为：（整理人：×××、×××）。字号一般与正文同大，字体可与正文相同，也可有别。这种署名方式通常是典型材料主人公受文字写作能力所限，不能完成典型材料的写作，而由他人代笔写成的典型材料。客观地说，完全由主人公个人完成的典型材料仅占个人典型材料的一部分，许多个人典型材料的写作包含他人的心血，甚至是写作班子共同完成的。之所以许多由他人总结加工提炼而成的个人典型材料，很少标注"撰稿人"一项，是怕"降低"主人公的"水平"，这不仅是一些典型材料主人公的个人想法，也是所在单位领导的偏见。

假如典型材料主要不是典型材料主人公个人写的，加上"撰稿人"一项，并不会贬低主人公，况且"撰稿人"署名的是"整理人""执笔者"。加上"撰稿人"一项，表明典型材料主人公对他人劳动的尊重和对帮助自己的人的感谢。反之，连这点都做不到，又怎配做典型呢？典型材料的基本特征和生命所在是真实，是实事求是，典型材料真实也应包括署名真实。

九、撰稿人署名法

撰稿人署名法，是第三人称典型材料的署名方法。无论单位典型材料，还是个人典型材料，都可采用这种形式。署名位置在文尾，一般采用单独成行的形式，用圆括号括起来。格式为：（执笔者：×××、×××）或（撰稿人：×××、×××）。字号一般与正文同大，字体可与正文相同，也可有别。

十、写作班子署名法

写作班子署名法，也是第三人称典型材料的署名方法。无论单位典型材料，还是个人典型材料，都可采用这种形式。署名位置在文尾，一般采用单独成行的形式，用圆括号括起来。署写作班子名称，如"××写作组""××工作组""联合调研组"等。写作班子署名的典型材料大都是由上级牵头、上下级机关组成联合写作组写出的相对重大典型材料的一种署名方法。如果需写明具体联合撰稿机关名称，排列顺序一般是级别低的机关在前，级别高的在后，因为通常是级别低的机关写初稿，级别高的机关修改定稿。但是以上级机关为主撰写的典型材料应按从高到低排列。总之，排序要依据材料形成过程中不同机关所发挥的作用，作用大的在前，作用小的在后，没有发挥作用不应挂名。

第三章　导语写作方法

典型材料的导语，即通常说的开头。典型材料的导语一般是文章的第一段，特殊情况也有简短的两段或以上的情况。导语起着简要介绍主人公情况和概括全文的作用，写好导语十分重要。导语写作方法多种多样，常见的有以下几种形式：

一、简历介绍式写作法

简历介绍式，即导语先介绍典型单位或个人的简要经历。如，邹本兴同志的先进事迹材料《保持革命晚节，为社会培养高素质医学人》的导语：

> 邹本兴同志是×××集团军×××干休所副师职离休干部，山东省福山县人，1932 年 4 月出生，1946 年 7 月入伍，1948 年 12 月入党。历任卫生员、医助、军医、卫生连连长、卫生营副营长、师卫生科科长、军卫生处处长、后勤部副部长等职。

再如《见义勇为的英雄战士——徐洪刚》一文的导语：

> 徐洪刚，1971 年 3 月出生，云南彝良县人，汉族。现就读于南京政治学院军队政治工作学研究生。1990 年 12 月入伍，1993 年 7 月入党。历任班长、排长、副指导员、指导员。

两文开篇介绍了主人公的籍贯、出生年月、入伍及其历任职务，使读者对典型人物有个基本了解。

二、简历＋荣誉介绍式写作法

简历＋荣誉介绍式，即导语先介绍典型单位或个人的简要经历和获得的荣誉作为导语。如《任长霞——警界女神 人民公安》的导语：

> 任长霞（1964—2004），女，汉族，河南睢县人，中共党员。1983 年从河南省警校毕业，从警 21 年。历任郑州市公安局中原分局预审科副科长、法治主任、郑州市公安局法治室副主任、技术侦察支队支队长，登封市公安局局长等职。她先后荣立一、二、三等功五次，并荣获"全国三八红旗手""全国青年岗位能手""全国优秀人民警察""中国十大女杰"等 40 多项荣誉称号。

这一导语是在简历介绍式导语的基础上，增加了对获得荣誉的介绍，使人们不仅了解了典型的主要经历，同时了解了在履职过程中的突出表现，增加了对典型的深刻认识。这是个人典型材料写作最常用的导语形式，特别是获得荣誉数量多、层次高的典型，采用这一导语的写法，一开始就能给读者以极强的震撼力。

三、简历＋突出事迹介绍式写作法

简历＋突出事迹介绍式，即导语在先介绍典型单位或个人的简要经历的同时，对突出的贡献和荣誉做一扼要介绍。如《新时期的英雄战士——李向群》的导语：

> 李向群，生前是陆军第×××集团军×××师×××团九连一班战士，海南省琼山市人，1978 年 9 月 21 日出生，1996 年 12 月入伍。1997 年先后获团、营、连 3 次嘉奖，年底被评为"优秀士兵"，1998 年 4 月参加光缆施工荣立三等功一次。同年 8 月随部队赴湖北省参加抗洪抢险，在抗洪斗争中，不畏艰险，奋不顾身，8 月 14 日"火线"入党。8 月 21 日在湖北省公安县南平镇中剅村堤段抢险中，因过度疲劳晕倒在大堤上，后诊断为钩端螺旋体症晚期，经多方全力抢救，终因肺部大面积出血无法救治，于 8 月 22 日 10 时 10 分壮烈牺牲。……

四、基本情况＋荣誉介绍式写作法

基本情况＋荣誉介绍式，是介绍主人公姓名、性别、民族、籍贯和政治面貌后，以时间先后为序，介绍主人公所获得的各种荣誉称号。如全国优秀共产党员杨善洲的事迹材料《永不退休的共产党员》的导语：

> 杨善洲（1927.1—2010.10），男，汉族，1927年1月生，云南施甸人，中共党员。1991年6月，被云南省委省政府授予"优秀共产党员"称号；1999年8月，被全国绿化委员会授予"全国十大绿化标兵"提名奖；2000年12月，被全国环保总局授予"全国环境保护杰出贡献者"；2002年，被评为全省老干部"老有所为"先进个人；2004年10月，被评为全国老干部"老有所为"先进个人；2011年3月，被追授为全国优秀共产党员；2011年9月在全国道德模范评选活动中荣获敬业奉献模范；2012年2月被评为中央电视台2011年度感动中国人物。

基本情况中也可增加典型单位或个人对国家和人民做过什么突出贡献，有什么突出成绩，获得过什么奖励等情况的简要介绍。

五、主要事迹概括式写作法

主要事迹概括式，即将主人公的最突出的事迹加以高度概括，作为导语语言。如《特级英雄——黄继光》的导语：

> 黄继光（1931—1952）。四川省中江县人。中国人民志愿军第十五军四十五师一三五团二营通讯员。1951年参军。在上甘岭战役中，当部队被敌火力压制前进受阻时，他挺身而出，连续摧毁敌多个火力点，身负重伤，继续顽强爬向最后一个火力点，用胸膛堵住向我疯狂扫射的敌机枪眼，以生命为战友开辟了前进道路。所在部队追认他为中国共产党党员，志愿军领导机关给他追记特等功，追授"特级英雄"称号，并荣获朝鲜民主主义人民共和国英雄称号和金星奖章、一级国旗勋章。

主要事迹概括式，是以第三人称典型材料写作常用的一种方式，第一人称的典型材料有时也用这种形式，如衡阳抢险英雄群体的事迹材料《无愧于党旗军旗下的誓言》的导语：

我们海军工程大学 13 名毕业学员，在前往南海舰队报到途中，突遇列车发生特大事故时，发挥了革命军人、共产党员的应有作用，共抢救轻重伤员近百人，疏散转移旅客 200 余人，1 名战友在抢救旅客中英勇牺牲。在这场严峻考验面前，我们没有辜负党和人民的教育、培养，用鲜血和生命填写了一份真正的毕业答卷，无愧于党旗军旗下的庄严誓言！

六、职责陈述式写作法

任务、职责陈述式，开篇先介绍本单位或本人所担负的任务或应履行的职责。如，北京军区给水工程团的事迹材料《风餐露宿十三载，踏遍北疆找水源》的导语：

我们给水工程团，是根据周恩来总理的指示，于 1974 年组建的。当时赋予我们的主要任务是，把内蒙古北部高原地下水的情况查清楚。十几年来，我们牢记党和人民的重托，转战万里草原，东起大兴安岭，西至巴丹吉林沙漠，都留下了我们的足迹，以多打井、快找水的实际行动，支援了国家四化建设。……

七、溯源式写作法

溯源式，即以追溯成绩取得的主要原因作为导语。如国防大学许志功的事迹材料《做科学理论的"播火者"》的导语：

多年来我只是做了我一个共产党员应该做的工作，而且做的很不够。如果说我们在学习研究和宣传马列主义、毛泽东思想特别是邓小平理论方面做出了一些成绩的话，那首先是以江泽民同志为核心的党中央、中央军委及总部首长重视理论教育的结果，是我们校党委、校首长具体领导的结果，是我们教研室的同志们共同努力的结果。

八、排比式写作法

排比式，是运用修辞中的排比句式，概括主人公主要特点或主要功绩作为导语。如《他引导我们走向丰衣足食的世界——记"杂交水稻之父"袁隆平》连用了 4 个"他是……"和 1 个"他，就是……"的排比句作为导语：

> 他是当代无党派人士的一面大旗，他是千万农民称颂的"米菩萨"，他是许多人钦佩、追随的"精神丰碑"，他是深受年轻学子喜爱的"超级 80 后帅哥"，他是会拉小提琴的"文艺范儿"，他是排球、游泳、棋牌样样灵光的"老顽童"。他，就是"杂交水稻之父"——袁隆平。

九、描写式写作法

描写式导语，是采用对主人公所处环境、所取得的业绩、人们对主人公的情感的抒发等情况的描写，作为文章的导语。如《永远活在人民心中的县委书记——谷文昌》的导语：

> 在福建省东山县，到处传颂着老书记谷文昌的动人事迹。他虽然去世 22 年了，但他的名字一直铭刻在人民心中，并没有因为他的去世而泯灭，也没有因为岁月的流逝而淡忘。他和全县人民共同创造的业绩，至今在东山大地上闪耀着熠熠光辉。随着东山日新月异的变化，人们对他的怀念与日俱增。

十、综合情况自我介绍式写作法

综合情况自我介绍式，是把个人的成长过程或本单位的基本情况做一扼要介绍，作为文章的导语。如为某营营长王宪的典型发言材料《履行"打赢"使命刻苦学习成才》的导语：

> 我叫王宪，1990 年 3 月入伍，1993 年 9 月由战士直接提干，历任炮兵连连长、集团军教导大队代训连连长、正营职军事教员、营长等职。入伍以来，我把自己的理想追求与履行"打赢"使命紧

密结合起来，在本职工作岗位上，勤学苦练，努力成才。先后被集团军树为"优秀基层干部标兵""连长标兵"和"爱军习武标兵"，荣立一等功1次、二等功2次、三等功3次。1998年2月被军区授予"爱军精武模范连长"荣誉称号，同年当选为全国人大代表。1999年5月被总政树为"刻苦钻研科技知识的青年典型"。

第四章　主体写作方法

主体是材料的核心部分和主要内容。一份典型材料写好标题、导语、结尾固然重要，但是主体没写好，就不是一份好的典型材料。典型材料写作中花精力最大，也是最难写的是主体部分。

主体写作涉及结构安排、主题凸显、材料筛选、语言表述等多个环节。

典型材料的结构没有固定模式，可根据需要安排。典型材料的结构可分为外在结构和内在结构。外在结构是指文章的外部标志，常用的有标题式、数码式、贯通式。内在结构是指文章各部分的内在联系，常用的有并列式、递进式、并列递进结合式。

一、标题式写作法

标题式，即文章主体各部分均拟有小标题，用小标题概括各部分的内容，在外在形式上把各部分隔开。例如，"国家有突出贡献电影艺术家"李雪健的事迹材料《弘扬社会主义核心价值观的优秀表演艺术家》，就用"奋斗——紧跟时代接地气""责任——'自讨苦吃'职业病""感恩——回馈观众好角色"，将全文分为三部分。

标题式结构不仅层次分明，条理清楚，并能起到内容提示明了的效果，是典型材料写作最常用的结构形式。

二、数码式写作法

数码式，即用汉字数字或阿拉伯数字，将文章的各部隔开。例如，优秀教育工作者许志功的事迹材料《做科学理论的"播火者"》和优秀司法工作者郑喜兰的事迹材料《牢记党的宗旨，坚持执法为民》，分别用"（一）

（二）（三）"和"一、二、三、四"序码将文章分割为三部分和四部分。

数码式结构层次分明，但缺乏内容提示，除不需要提示内容的文章外，往往是在既追求层次分明，又提炼不出合适的小标题的情况下，采用的一种结构形式。

三、贯通式写作法

贯通式，即主体内容设小标题也不用数码字分割，一段接一段，一贯到底。如本书收录的特级英雄黄继光的事迹材料、见义勇为英雄战士徐洪刚的事迹材料均采用了贯通式结构。

贯通式结构，适用于文章篇幅相对较短、内容连贯性较强的典型材料，形成一气呵成的气势。这类文章如果采用标题式或序码式，反而会破坏文章的整体性，使人对文章产生破碎感。

四、一段式写作法

一段式结构，即整篇材料只有一个自然段，广义上也属于贯通式，但比一般的贯通式，篇幅更短，层次更少。这种结构只用于简要事迹材料。写作要求是用极其简练的语言，高度概括典型单位或典型个人的事迹。一般没多少议论和尽量减少评价性的语言。如，某"全军学习成才先进单位"事迹材料《××学院简要事迹》：

　　该院坚持把学习成才活动纳入学院建设和发展的总体规划，积极构建具有院校特点和时代特色的高素质人才培养机制。累计投资2200万元，新建了数字化图书大楼和校园网，为所有团支部建立了"精品书架"。每年拿出50万元设立学习成才活动专项基金。努力把学习成才活动与"第一课堂"教育有机结合，先后对90%以上的专业学科进行了改革重组，增加了选修课、辅修课、自修课和讲座，开设通信高科技发展动态、道德修养、心理教育等新课，新编、修订130多种教材，使学科专业体系更加科学合理。坚持把"第二课堂"作为丰富学习成才活动内容的重要阵地，以活动促成才，以活动促深入。近年来，组织以学习成才为主题的读书演讲、知识竞赛等活动上百次，在校学员共在军内外报刊上发表文章1500多篇。每年举办一次"小创新发明"竞赛，共有4000多人次参与，产生了5000多个小成果。有236名学员在军内外各种竞赛评比中获奖，其中国家级43项、军队和省部级31项，48名青年教员取得省部级以上科研成果。是总参表彰的"开展学习成才活动先进单位"。

全文只有一个自然段，整篇紧紧围绕成才活动主题，精选最能说明该单位成绩的事实和具有说服力的数据，仅用400余字，高度概述了这个学院开展学习成才活动的先进事迹。全文用事实说话，没有一句空泛议论和题外评价。

一段式典型材料，通常是同时通报若干先进单位和先进个人时撰写的简要事迹材料，一般500字左右。文章虽短，但写作要求很高，需要有较强的材料选择能力和语言概括能力。

五、并列式写作法

并列式结构也叫横式结构。通常不受时间顺序限制，采用大跨度、多侧面的结构层次，从几个不同的角度把事迹材料归纳为几个方面，紧紧围绕主题（中心思想）加以阐述。这种结构形式的优点是：材料集中，内容清晰，涉及面广，容量较大。如全国优秀共产党员杨善洲的事迹材料《永不退休的共产党员》共分五个部分：

回家乡还愿的地委书记

捡果核的地委书记

扛锄头的地委书记

不要特权的地委书记

"六亲不认"的地委书记

五部分紧紧围绕"永不退休的共产党员"这个主题，从不同侧面把杨善洲的事迹，归纳为五个"地委书记"，大容量、多角度地讲述了主人公的感人故事、共产党员的高尚情操和人民公仆的优秀品质。

六、递进式写作法

递进式结构又叫纵式结构。一是按照事物发展的脉络或事件发生的经过，以时间先后为序安排结构。二是按思想认识的发展变化，逐次递进，步步深入安排结构。这种结构形式的优点是：脉络清楚，层次分明，引人入胜，能给人留下深刻的印象。如《"爆破大王"——马立训》一文，就是按时间为序，从 1940 年，逐年写到 1945 年，记叙战斗英雄马立训的成长和战斗过程。有的典型材料为了更清楚地反映发展过程，还用小标题逐阶段标出。如《矿山铁人——马万水》一文，用了五个小标题：

在黑暗的旧社会苦苦挣扎和抗争

全国黑色金属矿山掘进的一面红旗

在成绩和荣誉面前不断攀登新高峰

始终不脱离生产不离开工人的领导干部

生命最后时刻的遗言永远听党的话跟共产党走……

叙述了劳动模范马万水苦难的童年、参加工作后的表现和成绩、当领导干部后工作作风和带头作用，最后写到临去世时的遗愿，以时间为序写了马万水 38 年的壮丽人生。脉络分明，给读者留下深刻的印象。

七、并列递进结合式写作法

并列递进结合式，即采用并列式结构和递进式结构相结合的形式，安排正文的结构。在事迹材料写作中，一般情况下，很少单纯用并列或递进结构，往往是两种结构形式交叉使用。采用并列递进结合式结构撰写的事迹材料，兼有两种形式的优点，是事迹材料正文常用的结构形式。如见义勇为模范韦正雄的事迹材料《警界女神，人民公安》，共分三个部分：第一部分与第二部分是并列结构，是把同时发生的事，从不同角度进行了叙述；但全文从总体上看，又是递进结构，依据时间先后顺序展开叙述。

无论采用哪种方式，都应注意突出重点，不要面面俱到，以免造成结构松散，没有中心。

典型材料的主体写作除安排结构外，还有如何提炼和突出主题、如何精选材料，以及语言表达等问题。

八、主题凸显法

所谓主题，就是文章的中心思想，典型经验材料的主题是所要表达的基本观点。主题是典型材料的灵魂和统帅，材料的取舍，结构的安排，语言的运用，以至标题的拟定，全都要根据主题来确定。因此，写典型经验材料，一定要注意提炼主题。好的主题应具有正确、鲜明、集中、深刻、新颖的特点，提炼主题要注重独特性和针对性。提炼主题，要善于从分析典型的特点入手，言人所未言，给人以新的启示。同时为发挥典型材料的示范作用，提炼主题时要注重现实意义与指导意义，要从实际出发，增强典型材料的针对性。主题的提炼，没有什么一成不变的方法，常用的方法有以下几种：

（一）反映时代特色凸显主题。要把握时代的脉搏，把掌握的全部材料放在时代的大背景下去分析、去认识，从中提炼出鲜明、深刻的主题来。

（二）注重普遍意义凸显主题。要胸怀全局，认真研究社会普遍存在的现实思想问题，提炼出对于解决普遍问题，推动社会发展具有指导意义的主题。

（三）突出典型特点凸显主题。一个典型单位的工作可能许多方面都很突出，有许多经验值得总结；某个典型个人可能做出了许多成绩，各方面都比较先进。但这些典型总有最突出、最有特点和最有代表性的一个方面。在主题的提炼过程中，只有突出其特点，才能使主题更深刻。

（四）研究全部素材凸显主题。主题是蕴藏在大量的事迹之中的，没有生动感人的事迹，主题是不可能形成的。要对调查获得的全部素材认真、全面、系统地进行研究，弄清素材之间的内在联系，在对所要表现的人和事有一个整体的认识的基础上提炼主题，以保证主题的准确性和深刻性。

（五）寻找新角度凸显主题。所谓角度，就是看问题的着眼点。主题的提炼，除离不开大量的丰富多彩的客观材料外，还有一个怎样去看待、思考主观因素的问题。由于客观事物是复杂的、多侧面的，同一个材料，作者思考问题的角度不同，提炼出的主题也不同。要善于寻找新角度提炼主题，从新的侧面去挖掘他人未触及的新意，写出独具特色的文章来。

九、材料筛选法

深入调查研究，占有丰富材料，是写好典型经验的一个重要环节。没有调查研究，典型材料就成为无源之水、无本之木。下功夫把调查研究搞好了，广泛搜集、充分占有了材料，就为典型经验材料写作奠定了基础。但是典型材料写作绝不是原始材料的堆砌和拼接。只有精选后的材料，才能用在典型材料之中。

当主题确立之后，就要依据主题的需要精选事例。要对已占有的大量的生动素材进行认真分析。因为不是每一个事例都能反映典型的本质，都符合主题的需要。要在全面占有材料的基础上，对事例进行加工提炼，去粗取精、去伪存真、由表及里，由此及彼，由感性认识上升到理性认识。在分析的过程中要善于发现事物的内在联系，从偶然中看到必然，通过表面现象抓到典型本质特征。选例的原则有三条：

（一）要紧紧围绕主题选材。材料要服从和服务于主题，能有力突出主题的材料就要大胆选用，反之坚决舍弃。

（二）要选择最具典型意义的事例。典型材料以先进事迹为基础，典型在人们心目中的形象如何取决于事例本身的典型性。只有那些最具代表性的事例，才能起到以一当十的作用，才具有说服力。典型材料主体中的事例不是以多取胜，而是以精取胜。

（三）要选择真人真事。包括：所用材料要素中的时间、地点、人名的真实；事情发生的环境条件、原因、过程和结果及细节的真实；人物语言、行为和心理活动、思想认识描述的真实。还包括典型材料所涉及的各种资料，如背景材料、引用数字和史实等都必须准确无误。真实是典型材料的生命，只有材料真实，才能反映事物的本来面目。如果事例虚假，势必产生不良反应，从而使典型失去信服力。

十、语言表述法

丰富的典型经验和感人的事迹材料，要靠生动的语言形式来表达。写典型材料要善于选择能反映主题的事件和细节，用生动形象的语言来表述，手法要新颖，可以比喻、借代、拟人、衬托等修辞手法来增强文章的生动性；要善于运用典型性的群众性的语言增强文章的感染力。在语言表达中，无论运用什么方式和手法，都应注意以下几点：

（一）不同人称的区别。典型材料在写作人称上有两种形式，不同人称语言要求略有不同。一种是第一人称，以"我们"的口吻来叙述。这种典型材料在语言上特别要注意谦虚，用词一定要讲分寸、讲经验和成绩，不要忘记上级领导和兄弟单位的帮助，切勿抬高自己，贬低他人。另一种是第三人称，以"他们"的角度来叙述。这类典型材料的写作在语言上不必出现谦词，评价在准确的前提下要充分，语气不能含混，要十分明确。

（二）典型情节的描写。一篇好的典型材料，离不开情节的描写。借助于情节叙述，可以表现先进单位、先进个人的特征细节，给人留下深刻的印象，增加典型材料的感染力。但是典型材料中的各种情节描写必须真实。有的作者感到有的事例不太理想，为了使典型材料更生动，便主观臆想出事情的理想发展和圆满结局，把愿望写成现实；把局部写成全体；把一时写成一贯；编造经验，夸大成绩。这样不但起不到推广典型，带动全局的目的，反而会引起种种负效应，不但损害了典型本身形象，而且降低了机关和单位的威信。

（三）思想境界的刻画。典型材料所反映的单位和个人，就思想境界而言，比一般单位和一般群众要高。但这种高思想境界不是作者随意拔高的，不能不顾实际情况，随意扭转角度，拔高思想境界；素材并不多，思想"高大全"的倾向要坚决防止，不能把典型材料当成可以任意揉搓的政治面团。要坚持从实际出发，有一说一，有二说二，思想境界是多高就写多高，不能沾染"五尺思想，拉成一丈，三分人才，七分打扮"的浮夸文风。

（四）典型环境的交代。无论单位典型材料还是个人典型材料，都离不开环境的交代。环境的叙述对典型材料的撰写起着重要作用。好的典型常是好的环境造就的。但有的作者写典型材料时，却恰恰相反，他们为了突出典型，往往把环境写得很差很坏。为了写一个好单位，把其他单位说得一团糟，一无是处。为了突出一个英雄模范人物，把其周围群众都描写成落后分子。有的典型材料为了突出典型，把群众当成陪衬，把集体的成绩记在个人的名下。由于典型成了环境和群众的对立面，典型成了一朵无绿叶相衬的花朵，即使这朵鲜花被描写得很红很红，群众也往往不买账。其结果是越想突出典型，宣传效果越不好。

（五）不掩盖典型缺点。"金无足赤，人无完人"，典型也是如此。再先进的单位也有问题的存在，再优秀的个人也有缺点和不足。这是客观的，不容否定的。但有的作者在撰写典型材料时，却坚持一点论，不搞两分法，把典型写成没有任何问题和缺点的"全好单位"和"完善个人"。写典型材料时采用"成绩说过，缺点压缩，问题瞒过"的手法，势必因失去材料的真实客观性，而导致典型材料失去信服力，导致典型材料写作上的失败。因此，必须明确撰写典型材料，虽然以宣扬先进事迹、先进思想为主，但不能因此掩盖典型的缺点，更不能把典型的缺点说成优点，将错误做法写成成功的经验。

总之，在叙述中要坚持实事求是原则，撰写者要具备严肃认真的态度和高度负责的精神，防止各种脱离实际，随意发挥，"合理想象"及弄虚作假，欺骗视听的倾向。典型材料语言要做到准确、朴实、生动。写作中最忌用虚假的情节炫耀典型的精彩；用拼凑的数据夸大典型的功绩；用干瘪空泛的议论代替细节的描述；用华丽的辞藻掩盖内容的贫乏。

以上介绍的是篇幅较长、内容相对详细的典型材料主体写作方法，对于篇幅较短的简要事迹材料的主体，写作中还应注意以下几点：一是综合介绍。综合介绍，全面反映，是简要事迹材料写作的基本方法。在表述主体内容时，应将写作对象的基本情况进行综合反映，以便使读者对其有一个比较全面的了解。二是高度概括。高度概括，文字简练，是简要事迹材料的突出特点。我们说简要事迹材料必须对写作对象进行全面反映，但由于受文体要求所限，又必须对事迹进行高度概括，文字必须简练，篇幅必须精短。三是挖掘本质。全面了解，挖掘本质，是简要事迹材料写作的基本要求。写简要事迹材料，必须深入细致地调查写作对象的全面详细情况，并在此基础上分清主次，把最能体现本质的事迹挖掘出来。简要事迹材料应着力集中最能反映典型本质的一个侧面进行写作。

第五章　结尾写作方法

典型材料的结尾有多种形式，常见的有以下几种：

事迹材料结尾的方式多种多样，常见的有以下几种：总结式、决心式、展望式、自然式等。

一、总结式写作法

总结式，即用概括的语言总结事迹材料的全部精华或主要亮点作为结尾。例如：全国优秀共产党员杨善洲同志的事迹《永不褪色的共产党员》一文的结尾：

> 杨善洲这一辈子，是带着他的家人和他一起担当起一种胸怀，一种"先天下之忧而忧，后天下之乐而乐"的胸怀。他心疼家人，但是，看着更多的还在艰难中的群众，他别无选择。

二、决心式写作法

决心式，即用表示决心的方式结尾。如唐山市人民检察院副检察长兼反渎职侵权局局长郑喜兰的典型发言材料《牢记党的宗旨坚持执法为民》的结尾：

> 作为一名连续两届的党代表，我深感责任重大使命光荣，我一定认真学习、积极宣传、切实落实好十八大会议精神，不辱使命、不负众望，牢记党的宗旨，坚持执法为民，以实际行动，树立政法干警为民、务实、清廉的良好形象，为建设经济强省和谐河北，为实现伟大的"中国梦"，贡献自己的全部力量。

三、誓言式写作法

誓言式结尾，同决心式结尾很相似，就是用一段表达决心的誓言作为文章的结尾。如海军某驱逐舰支队×××舰舰长柏耀平的典型发言材料《蓝天碧海写青春》结尾：

在这里，请允许我代表542舰的全体官兵，代表人民海军的全体将士，向全国人民宣誓——为了维护祖国的主权和领土完整，为了捍卫祖国300万平方公里海洋国土的神圣权益，我们将脚踏祖国的大地，背负民族的希望，用我们威武的钢铁战舰和我们忠诚的血肉之躯，在祖国辽阔的蓝天碧海之间，筑起坚不可摧的铁壁铜墙！

四、排比式写作法

同导语的方法一样，有的典型材料的结尾也用排比式。如孝老爱亲模范罗桑扎西的事迹材料《谁言寸草心 报得三春晖》连用了4个"这种道德……"作为文章的结尾：

他含辛茹苦孝亲敬老，感动草原，那是儿女对父母抚养的感恩，懂得感恩是一种高尚的道德。这种道德是一种财富，需要我们精心呵护；这种道德是一种精神，需要我们不断发扬；这种道德是一种火焰，需要我们添禾加柴；这种道德更是一种力量，需要我们共同传递。

五、引用式写作法

即引用一句名人名言或主人公的一段话作为典型材料的结尾。如《永远活在人民心中的县委书记——谷文昌》一文，用著名诗人臧克家在一首诗中的名言作为结尾：

前人栽树，福荫后人。谷文昌把自己的生命注入生生不息的绿树，融入为人民造福的伟大事业，而在人民群众中获得了永生。

著名诗人臧克家在一首诗中写道：有的人活着，他已经死了；有的人死了，他还活着……给人民做牛马的，人民永远记住他！

六、对话式写作法

即记叙主人公与采访者的对话作为典型材料的结尾。如军事体育运动大队现代五项队副队长、全军"十佳"运动员王恋英的先进事迹材料《军体楷模》一文的结尾：

> 1998年10月王恋英参加了中央人民广播电台"体育沙龙"节目，有一位新疆的听众问王恋英："你拿了那么多冠军，奖金一定不少吧?"王恋英笑着回答："除了我的基本工资外，几乎没有什么奖金。获一块金牌的奖金也只有几千元。我们家是农村的，父母年老多病需要照顾，家里几乎没有存款，至今上了年纪的父母还是靠开小店的微薄收入支撑着过日子。"可当中央电视台《东方之子》栏目主持人问她还想干多久时，王恋英沉默良久后回答说："还是让成绩来淘汰自己吧。"她接着说："作为一名军人，一名党员，为国家、为军队争荣誉是职责，是义务，是不应该讲任何条件的。"其实王恋英心里清楚，在赛场上拼搏的日子一天比一天少了，她更明白，长江后浪推前浪，赛场上没有永远的冠军。她在一场报告会上这样说："也许我会带着一身伤病，默默地、悄无声息地离开赛场，但我不会后悔，因为我战斗过、拼搏过。时间长了，人们也许不会记住王恋英这个平凡普通的名字，但谁也不会忘记曾在我身后一次又一次升起在赛场上空高高飘扬的五星红旗。"

七、感想式写作法

感想式结尾，是主人公在介绍自己的事迹的末尾，用抒发感想的形式结束全文。如学习成才标兵、信息工程大学电子技术学院二系六队学员赵菁的事迹材料《锻造全面素质，铺就成才之路》的结尾：

> 四年来，我参加过很多这样的活动，完成过很多这样的工作，也占去了我很多的时间和精力。有人说不值得，其实我在参与中学

到了许多书本上学不到的知识，锻炼了课堂上练不出的能力，怎能说不值得呢？再说了，是学校教给了我知识，培养了我的能力，锻造了我的品格，为集体、为他人奉献自己的智慧与才华，是应尽的义务，我无怨无悔！

八、展望式写作法

展望式，即用展望未来、描绘前景的方式结尾。如《一个女军人的艺术追求》的结尾：

> 她在艺术的门廊中踯躅着、准备着、等待着，渴望一个新的艺术形象去再造她，燃烧她。

九、赞誉式写作法

即用一段赞誉的话作为文章的结尾。如《支教英雄 脚踏撑天——助人为乐模范白芳礼的事迹》的结尾：

> 一位古稀老人不仅无须再为别人做什么，倒是完全应该接受别人的关心和照顾，可白芳礼老人没有，不仅丝毫没有，而是把自己仅有的能为别人闪耀的一截残烛全部点燃，而且燃烧得如此明亮，如此辉煌！

十、自然式写作法

自然结尾式，即经验介绍完了，全文就此结束。结尾既是最后一部分的结尾，也是全文的结尾，不再另设结尾段落或综括语句。

例文 1：战斗英雄事迹材料

特级英雄——黄继光

黄继光（1931—1952）。四川省中江县人。中国人民志愿军第 15 军 45 师 135 团 2 营通信员。1951 年参军。在上甘岭战役中，当部队被敌火力压制前进受阻时，他挺身而出，连续摧毁敌多个火力点，身负重伤，继续顽强爬向最后一个火力点，用胸膛堵住向我疯狂扫射的敌机枪眼，以生命为战友开辟了前进道路。所在部队追认他为中国共产党党员，志愿军领导机关给他追记特等功，追授"特级英雄"称号，并荣获朝鲜民主主义人民共和国英雄称号和金星奖章、一级国旗勋章。

1952 年 10 月 14 日 4 时 30 分，美侵略军向我上甘岭北山高地发起了疯狂的进攻。在两个不到 4 平方公里的狭小高地上，敌人一天里发射了 30 多万发炮弹，投掷了 500 余枚重型炸弹，在上百辆坦克的掩护下，以 7 个营的兵力向我两个连的防御阵地进行了数十次冲击，经过两天的激战和反复争夺，敌人以伤亡四五千人的惨重代价，在我坚守部队主动退守坑道后，爬上了表面阵地。

为了大量歼灭敌人的有生力量，支援和保护坑道斗争，从而粉碎敌人的进攻，我军趁敌人立足未稳之机，组织了连续的反击。

19 日下午，黄继光跟随营参谋长张广生来到了 6 连，为的是参加 6 连晚上反击主峰的战斗动员。6 连的任务是先夺取"六号"阵地，再夺取"五号""四号"，最后拿下"零号"阵地。

"零号"阵地紧挨着和主峰平行的"十号"阵地，是 597.9 高地的一个制高点，既能够居高临下地控制"四、五、六号"阵地，又可以向左封锁我"一号"阵地的大坑道口。敌人很明白，这个阵地一旦丢失，不但会失去反扑的机会，而且"十号"阵地和主峰也会危不可守。因此，敌人集中了十多挺机枪，拼命地封锁通往"零号"阵地的唯一山梁，妄图负隅顽抗。

从 19 时 30 分到 22 时 30 分，6 连已经连续向敌人发起了五次冲击，但仍没能摧毁敌人的火力点，不少战士牺牲在这条山梁上。

很快，由八九个战士组成的"功臣第六班"出发了。指导员亲自用机枪掩护，战士们猛虎般地扑出战壕。

但是很可惜，冲击眼看着又失败了。"调无后坐力火炮干掉它！"参谋长怒吼道。

结果，无后坐力火炮仍然没有奏效。形势越来越严重了，如果天亮前拿不下"零号"阵地，整个反击战的作战计划就会受到影响，已经到手的"四、五、六号"阵地也会重新失去。时间再也不能耽搁了。

"报告参谋长！"黄继光突然挺身而起："把任务交给我吧！我就是死，也要把那个火力点拿下来。"

"我们也去！"

好友吴三羊和肖登良也站了出来。

"好，我答应你们的要求！"参谋长的手搭在黄继光的肩膀上，久久地凝视着他的眼睛，"好样的！我现在任命你为6连6班代理班长，这两个小伙子是你的战士，一切由你来指挥！务必把那个该死的火力点拿下来！"

"首长放心，不拿下那个该死的火力点，我们誓不回来见你！"黄继光的脸涨红了。

黄继光在前，吴三羊、肖登良紧随在后，像三只机敏的羚羊向前奔跑着。敌人的子弹雨点般地朝他们飞来，他们扑在一堆尸体的后边。说话间，敌人的一串照明弹升上天空，主峰和其他阵地上的探照灯齐刷刷地朝他们射过来，无数条火舌在三个战士身边嗖嗖飞过。

利用敌人火力的间歇，黄继光慢慢地抬起头来。他观察到，翻过石坎，越过一片马鞍形的开阔地，在一个陡坡上，有一个黑乎乎的凸出物。啊，那就是敌人的中心火力点，10来挺机枪向外喷射着火舌。

一定要拿下它！否则大部队将寸步难行。

黄继光和两名战友随着枪声跃出了战壕。他跃上了石坎，翻身冲进了敌人的火力网，不顾一切地朝着敌人的中心火力点爬去。

眨眼间，敌人的一串照明弹升上了天空，黄继光完全暴露在敌人的火力下。他被无数的火舌缠绕着，寸步难行。

就在这时，人们突然看到黄继光欠起了上身，两颗手雷同时甩了出去。中心火力点腾起一片烟雾。利用这短暂的一瞬间，黄继光飞快地朝前爬去。

探照灯再次亮了起来，只见黄继光猛地挺起了身子，高高地举起了右手，手雷在火光中闪闪发亮，接着便响起了震天动地的爆炸声。

指导员腾地从石坎上跳了起来，远处的参谋长也拔出了手枪，准备下达进攻的命令……

突然间，敌人的机枪又开始吼叫了。原来，这个火力点太大，黄继光的手雷只炸塌了半边，敌人残存的火力又从射击孔里伸了出来。

准备冲锋的队伍被压了下来。

指导员不敢再等了，他支起身子，打算迎着敌人的火力冲上去。就在这时，他突然发现扑倒在敌人火力点前的黄继光艰难地抬起头来，只见他摸摸身上，又看看四周，指导员明白了：黄继光身上什么武器也没有了。

他正准备喊身后运送弹药的战士，突然之间，一个气壮山河的场面出现了：只见黄继光雄鹰似地跃起身子，张开两条伤痕累累的臂膀，向那吐着火舌的枪口飞扑上去……

在这短短的一瞬间，一个英雄的战士用自己的身躯铸就了生命的永恒，把自己光辉的名字镌刻在了共和国的史册上……

例文 2—3：劳动模范事迹材料

矿山铁人——马万水

马万水是 20 世纪 50 年代全国著名劳动模范，曾任龙烟铁矿掘进五组组长。1950 年 6 月，他带领掘进五组创造了手工凿岩、手工作业、独头掘进 23.7 米的全国黑色金属矿山掘进新纪录，出席了全国工农兵劳动模范大会，被授予全国劳动模范称号，受到毛主席、周总理等党和国家领导人的接见。他带领的掘进五组被正式命名为"马万水小组"。此后，在他的带领下先后 9 次创造全国黑色金属矿山掘进新纪录，一直是全国黑色金属矿山掘进冠军，到 1956 年，马万水小组掘进率比 1949 年提高了 180 多倍。在实践中他们还创造了"深坑作业法"等 200 多项先进技术，形成一整套快速掘进的先进经验。重工业部、冶金工业部多次向全国冶金矿山系统推广马万水小组的经验，马万水也被誉为矿山铁人。2009 年被评选为"100 位新中国成立以来感动中国人物"。

在黑暗的旧社会苦苦挣扎和抗争

马万水系河北省深县马家庙村人，生于 1923 年 2 月。幼年家境贫寒，全家 6 口人靠仅有的两亩薄地难以糊口，不得不租种地主 5 亩田地维持生活。1932 年，目不识丁的父亲深知没有文化的痛苦，咬紧牙关，靠全家省吃俭用送马万水上了村里办的小学。1935 年年景不好，庄稼歉收，黑心的地主以马家欠租为由，收回 5 亩土地，抢走当年收获的一点点粮食，并把马万水的姐姐强拉到地主家做佣人，以工抵债，因此，只有 12 岁的马万水不得不辍学帮助父母挑起了家庭生活重担。1937 年，马万水的母亲积劳成疾而病倒，小弟弟因饥饿身体日渐瘦弱，得了病又无钱医治，以致全家人眼睁睁地看着小弟弟死去。为了活命，父亲忍痛把妹妹给人家当了童养媳。14 岁的马万水在心灵深处受到极大的创伤，他不明白人世间为什么会有这些不公平的事。

为了全家人的生计，马万水的父亲托人把他送到"隆顺号"、一家小油漆店当学徒。旧社会店铺里的小学徒多数是店掌柜的小佣人，马万水也是一样。一天从早到晚除少量时间接触油漆活计外，多数时间从事繁重的家务劳动，从苦水里泡大的马万水默默地忍受这一切，但自己多了个心眼，暗地里偷学油漆活计的各种技艺。

1940年，3年学徒期满，17岁的马万水还真的成了一名不错的油漆匠。谢师后他心想，这回学了手艺，总可以养家糊口了。但是他想错了，日本人统治下的北平，经济萧条，民不聊生，各种店铺不断倒闭。马万水跑遍了北平大大小小的油漆店，没有一家店铺肯雇用他。无奈，他只好走街串巷，做点零星的苦活、累活勉强糊口，挣钱养家的指望落空了。

1942年冬，19岁的马万水走投无路，只得到门头沟煤矿下窑背煤。日本人统治下的煤矿是一座人间地狱。矿山四周用铁丝网围了起来，大门口有日本兵端着明晃晃的刺刀站岗，还有几条狼狗龇牙咧嘴，实在吓人。日寇和汉奸把头都是凶神恶煞，把矿工当成奴隶，看不顺眼就找茬打你，轻者打个皮开肉绽，重者打个半死不活，扔进废坑道，下了煤窑真是进了"鬼门关"。由于战争吃紧，日寇对煤炭进行掠夺性开采，强迫工人每天干12小时甚至14小时的活，200多斤重的大煤筐负在背上，四肢伏地从低矮阴森的斜井里一步一步往外爬，背压破了，膝盖磨破了，身上的血往外流，眼中的泪往肚里咽。劳动异常繁重，而生活又不得温饱。工人们吃的是发了霉的混合面，住的是不见天日、阴暗潮湿的破工棚，一些工友经受不住煎熬而死去。马万水在人间地狱里苦苦挣扎着，盼望有一天能从这里走出去。

1945年8月，日本侵略者投降了，工人们想这回该过上好日子了。没想到，国民党派大员抢先接收了门头沟煤矿，昔日的汉奸把头摇身一变又成了煤矿的管事人，工人们从事的仍然是繁重的劳动，过着牛马不如的生活。直到1948年底，人民解放军来到门头沟，马万水和他的工友们才从苦难中获得了解放。

全国黑色金属矿山掘进的一面红旗

解放初，位于宣化的龙烟铁矿是我国第一批恢复生产的大型矿山，受中央人民政府重工业部领导。为了迅速发展钢铁生产，从全国各地抽调一批懂矿山技术的干部和工人到矿上工作。当时还在门头沟背煤的马万水被选中，随同另外 20 多名工人一起调到龙烟铁矿，投入了全矿加紧恢复生产的战斗。

1949 年 9 月，龙烟铁矿掘进五组成立，任务是开凿担负全矿生产和运输重要任务的 30 号石巷，初建的掘进五组有 17 名工人，多数是贫苦农民出身，有的虽在煤矿背过煤，但对打眼放炮技术却不熟练。因此尽管大家的热情很高，干劲很足，但工效却很低。钢钎凿在石英岩上，光进火星，不见进眼；爆破时，只听轰轰炮声响，但崩不下多少石头来。干了一个月才掘进1.7 米，大家心急如焚。领导了解情况之后，经过研究，把分配到烟筒山工作的马万水调到掘进五组当组长，并负责采掘工程的技术指导。

在旧社会饱受苦难的马万水对共产党怀着无限崇敬和热爱之情，他到掘进五组后，牢记党组织的教导和嘱托，团结全组人员，千方百计克服一切困难，迅速打开了局面。解放初期矿山的工作和生活条件还很艰苦。当时，工人们居住在土窑洞里，吃的是小米饭和咸菜，点的是煤油灯。遭受日寇和国民党破坏的矿山一片荒凉破败景象。没有现成工具，大家就到废铁堆里找；放炮后没有鼓风机抽炮烟，大家就脱下身上的衣服往外扇。巷道出了淋头水，他们找来几条麻袋披在身上当"雨衣"，借来 6 双胶鞋轮流着穿。马万水什么也不顾，穿着湿透的棉衣，干在淋头最大的地方。他边干边想，掘进工作光凭热情和干劲还不行，苦干还得加巧干，于是他带领大家边干边学。要说抡大锤打炮眼，马万水有一手过硬的真功夫，他打下去的大锤，锤头与钢钎接触时成垂直，打起来稳而有力，每锤下去钎子杆都往石头里钻。他发明的缓急连续打锤法，一股劲可连打 450 下，在容纳三盘钎子的活地上，他用左右开弓的打锤法，可把 90 厘米深的炮眼一气呵成，比其他人快一倍多。他搞爆破更是得心应手，多深的眼，应当装多少药，他都心中有数，计划崩下多少，准能崩下多少。他这套过硬本领，全组人从心眼里佩服。在他的带动下，全组工人掀起了学习技术的热潮，他言传身教，毫无保留地把真本领传授给大家，使劳动效率有了明显的提高。1950 年 1 月份全组掘进由 1.7米上升到 5 米，2 月份掘进 5.6 米，3 月份又翻了一番，拿下 12.2 米。一季度全矿评比，掘进五组夺得全矿"掘进先锋、生产模范"的竞赛优胜红旗，并获得物质奖励，组长马万水被评为龙烟铁矿一等功臣。

在成绩面前，马万水没有止步，因为他知道他们的成绩与其他矿山掘进组相比，还不是最高纪录，他常常同全组工人谈心："咱们这些在旧社会被人看不起的种田人、煤黑子、卖苦力的，新社会成了国家的主人，现在咱们给国家干，也就是给咱们工人自己干，咱们要团结一心，苦干、实干加巧干，创造全国最好成绩，为咱们铁矿争光，为工人阶级争光。"在马万水的带动和鼓舞下，全组工人干劲倍增，他们发挥集体智慧，实验深坑作业，炮眼深度由1.3尺增加到1.8尺左右，一个掘进面由从前打十五六个炮眼减少到十一二个炮眼，他们成功地创造了集中使用火力爆破的新方法，工效由过去一茬炮崩2车碴提高到3车。他们为战胜经常出现的断层，改变了常用的"中心掏槽法"，而采取先打较软的一面，后打较硬的一面。他们为进一步提高掘进尺度，由过去每天早、晚放两茬炮改为每天早、午、晚放三茬炮，并且合理安排时间，中午放完炮下班，下午上班清碴，减少了等待排烟时间。他们还动脑筋合理组织人力，实行三盘钎子7个人干，7人轮流休息，歇人不歇钎，在高1.8米、宽2.7米的掘进断面活地上，7人三盘钎子协调动作，像一架机器一样，紧张而有序地运转，半年间未出现任何工伤事故，各种消耗特别是炸药消耗大幅度下降，而工效却显著提高。同年4月份取得月进16.5米的好成绩，到6月份经全组工人努力奋战，一举创造了全部手工操作、独头掘进月进23.7米的黑色金属矿山掘进全国新纪录。这一纪录迅速传到北京并传遍全国各黑色金属矿山，推动了掘进速度的普遍提高。为了表彰马万水和他领导的掘进五组做出的巨大贡献，该组被龙烟铁矿正式命名为"马万水小组"，这一年马万水光荣地加入了中国共产党。

1950年9月，由于马万水小组在矿山掘进方面做出的突出成绩，被评为全国劳动模范集体，马万水被评为全国劳动模范，代表小组参加了中华人民共和国第一次全国工农兵劳动模范、战斗英雄代表大会，并参加了中华人民共和国成立一周年国庆观礼，受到毛主席、朱德副主席和周恩来总理等党和国家领导人的接见。毛主席和他亲切握手，祝贺马万水小组取得的好成绩，并勉励他和小组全体同志当好国家主人，再接再厉永攀高峰，为发展中华人民共和国的钢铁工业继续做出新贡献。

在成绩和荣誉面前不断攀登新高峰

参加全国劳模大会使马万水在思想上有了新的飞跃。他在向小组全体同志汇报他的亲身感受时说："旧社会的工人当牛做马，被人看不起，新社会成了国家主人，工作上有点成绩，党和国家领导人和我们见面、握手、请我们吃饭，给我们多大的荣誉，我们不能辜负领导对我们的期望，要继续努力，用更好的成绩报答党和人民对我们的关怀。"

1951年6月，在抗美援朝运动的高潮中，马万水带领小组在巷道掘进中采用风钻打眼，人工装车运输，月进51米，再创全国黑色金属矿山掘进新纪录。

1952年，马万水担任龙烟铁矿东采矿部副主任，成了脱产干部，但他身不离劳动，心不离群众，保持工人阶级的本色，每天还是在坑下忙着指挥生产，总结经验，解决生产中碰到的困难和问题。为了减少粉尘对工人肺部的危害，用水式风钻取代了干式风钻，并在全矿推广了马万水小组采用的长壁采矿法的先进经验，不仅提高了工效，而且使采场作业条件也得到了改善。

1953年，马万水小组又总结出龟裂爆破法和空心爆破法等先进经验，并在全矿推广。这年4月底，马万水代表龙烟铁矿马万水小组随中国人民代表团赴苏联参加"五一"国际劳动节观礼，向苏联工人兄弟转达中国工人的祝愿，互相交流生产经验，马万水坚毅的性格和豪爽的谈吐博得了苏联工人的赞誉。

1954年，马万水小组承担国家重点工程即龙烟铁矿一期扩建工程的1080平峒的开凿任务，他和小组的同志们日夜并肩战斗在生产第一线，开钻打眼、装药放炮、推车运碴，首次采用了苏制装车机代替人工装车，坚持在施工中不断进行试验，总结经验，从而创造了大规格巷道一次推进的先进施工方法。这年9月，马万水当选为河北省第一届人民代表大会代表，后又当选为全国人民代表大会代表，9月15日到28日出席了第一届全国人民代表大会第一次会议。一个普通工人，当了人民代表，与党和国家领导人坐在一起商议国家大事，这在中国历史上是从来没有过的，这种崇高的荣誉与责任给马万水增添了无穷的勇气和力量。

1955年夏天，朱德副主席一行到龙烟铁矿视察，还特意来到马万水和马万水小组生产工地1080平峒北口。此时在井下的马万水正和他领导的小组进行着紧张的掘进战斗。

朱德副主席一直亲切关怀着马万水小组这个全国冶金战线的优秀集体。早在1950年6月，马万水带领他的掘进五组，在30号石巷首创全国黑色金属矿山手工掘进 23.7 米的新纪录，就引起朱德对这个先进集体的重视。同年 9 月马万水参加全国劳模大会，朱德特意请马万水到他家做客，并设家宴招待，席间询问了工人生活、生产情况，鼓励他们为中华人民共和国钢铁工业的发展多做贡献。1951 年 6 月，当马万水小组再创月进 51 米的新纪录的消息传来时，朱德听了非常高兴。1952 年 5 月朱德在百忙中接见了进京参加"五一"观礼的马万水。当场责成有关部门派专人去总结马万水小组的先进经验在全国推广。朱老总还奖励马万水小组 5000 元钱，他们用这笔钱为矿俱乐部安装了电表和吊扇。当马万水小组的工人们听说朱老总到矿山视察，并问到他们小组的情况时，马万水和全组同志倍受鼓舞，当年 10 月马万水小组在 1080 平峒创造月掘进 128.5 米的新纪录，第三次攀登全国黑色金属矿山快速掘进新高峰。

1957 年，在 1080 平峒临近贯通的日子里，马万水一连三天三夜同工人们战斗在生产第一线，就连爱人生小孩也顾不上去照料，他的这种公而忘私的精神，教育和鼓舞全组工人奋力拼搏，不仅提前完成任务，而且又在石英岩大规格独头巷道掘进中第四次创造了月进 150.5 米的全国新纪录。1958 年 7 月，国家冶金部在龙烟钢铁公司召开了快速掘进现场经验交流会，总结和推广了马万水小组的先进经验。1959 年，马万水和他的小组出席了全国先进生产者代表会议，马万水被授予全国先进生产者的光荣称号。

1960 年 1 月，马万水小组再次创造了独头巷道月掘进 435.91 米的全国新纪录。冶金部于同年 3 月份在庞家堡铁矿（原龙烟铁矿）召开全国矿山建设现场会，对马万水小组在矿山掘进方面做出的突出成绩进行了表彰，号召把马万水小组快速掘进红旗插遍全国矿山，实现矿山建设的高速度，为我国钢铁工业的发展再立新功！

始终不脱离生产不离开工人的领导干部

工人出身的马万水，1952 年担任龙烟铁矿东采矿部副主任，1954 年当选为省和全国人大代表，1958 年调任龙烟钢铁公司矿山一处主任，1959 年 3 月调任龙钢庞家堡铁矿基建工程处主任，1960 年 2 月调任龙钢井巷工程公司副经理。由工人提拔为领导干部的马万水，多年来一直保持着工人阶级的优秀品质，和他一起工作过的人，不论是工人还是干部谈起他时，都从心里敬佩。

作为基层领导干部，马万水不脱离生产，不离开工人，他和工人心连心。在工地上，马万水雷厉风行，不许拖拉懒散，是严格要求的指挥员；在工余时间，在日常生活中和工人们打成一片，亲如兄弟；在篮球场上，能见到他龙腾虎跃般的身姿；在单身和家属宿舍里，能见到他和工友促膝谈心；小伙子找对象，请他做红娘当参谋；小两口吵了嘴，请他做法官当和事佬。组里有个工人叫刘勤，解放前家穷娶不起媳妇，解放后当工人有了钱，年岁又有些大，一直没找上对象。马万水给全组同志一个特殊任务，就是给刘勤介绍个好对象。很快就有了目标，马万水亲自带上刘勤去相亲，并拿出自己的钱给刘勤筹办喜事，找上房子，买上被褥和锅碗等生活用具。1955 年冬天，工人孙凤庆家属从农村到矿上看爱人，老孙一时找不到房子心急如焚，马万水知道后，对他说："你别急，这件事包在我身上，准保让嫂子睡上热炕头。"说完就到附近农村给他们找上房子，冒着风雪把劈柴煤炭送到家里，感动得老孙两口子不知说什么好，像这类事到底有多少，谁也记不清说不清。

马万水原来文化水平并不高，但他毕竟读过三年书，懂得文化的重要。特别是解放后当了工人，当了干部，更是像小学生一样，如饥似渴地抓紧学习。为了能看懂科技方面的书籍，他拜工程技术人员为师，并订立师徒合同，按时上课，努力提高文化和科技水平。马万水小组虽然多次创造全国纪录，但他深知"人外有人，天外有天"的道理，从不夜郎自大、故步自封。10 多年里他和他的小组先后多次到辽宁、山西、河南等矿山参观学习，为了真心实意学习外地经验，他规定一条纪律，不许讲"马万水的事迹和马万水小组的成绩"，常常是他们走后，接待单位才知道带队的就是全国著名劳动模范马万水，更增加了对马万水的钦佩。马万水不仅善于学习，更勇于实践，认真总结经验，为我国矿山建设做出了突出贡献。马万水也于 1957 年被评为矿山三级采矿技师，1960 年 4 月被授予工人工程师职称，同年被有色金属矿山研究院聘为特约研究员，联合国的有关机构也曾对他创造的先进掘进技术进行专门讨论研究。

生命最后时刻的遗言永远听党的话跟共产党走……

马万水多年在煤矿、铁矿搞掘进，曾患有矽肺病，但他并不在意，在劳动中不怕苦，不怕累，哪里有危险，他总是挺身而出，战斗在哪里。他与疾病进行生死搏斗的毅力更显示了工人阶级硬骨头的精神。

1960 年春，马万水的两条腿时常疼痛，他以为是多年在井下潮湿风寒所致，背着大家让妻子缝制一条羊皮裤子穿上，坚持坑上坑下来回跑，有时疼得满头大汗，他就吃上几粒止痛片，并极力装出没病的样子，继续坚持工作。后来领导发现他日渐消瘦，精神也不好，就让他到白庙疗养院住院疗养。这期间，马万水小组在开凿 850 平峒遇到一号流沙大断层，马万水听说后立即请求领导准许他回到小组与工人们一起抢险。领导考虑到他的身体状况，安慰他安心疗养，但马万水心里仍惦记着工地和抢险斗争，不顾自己的疾病和领导的劝阻，偷偷跑到工地与全组人员并肩战斗，胜利闯过了流沙大断层。

生产上的难题解决了，可马万水的身体却日渐不支。为了保护他的身体，1960 年底公司领导不得不命令他停止工作，住院治疗。由于本地区医疗条件有限，1961 年 2 月 28 日又派专人护送到北京检查治疗。冶金部介绍他到北京肿瘤医院，经专家会诊确诊为骨癌，并已到晚期。当医护人员知道患者是马万水时都感到十分惋惜，虽经多方医治，怎奈回天无力，眼看他的病情日益恶化。在与病魔斗争中，马万水忍受常人难以承受的疼痛，咬紧牙关，从不喊叫，紧握双拳与病魔抗争。

8 月 12 日，马万水预感生命到了最后时刻，呼吸已十分困难了，他微微点点头，把爱人张淑芸叫到病床前，一字一句地对她说："记住，要永远听党的话，跟共产党走，教育好孩子们不要忘本，将来当个好矿工。"停了一会儿，又对身边的战友郭世才说："回去转告小组全体同志，我不能再和大家一起战斗了，你们要永远争先进、攀高峰，把党交给咱们的红旗保住！"

8 月 12 日 11 时，中国共产党的优秀党员、为开发祖国矿业贡献毕生智慧和力量的马万水同志逝世了，年仅 38 岁。

马万水同志离开我们已经 50 年了。他曾领导过的马万水小组后来扩建为马万水工程队，他们继承和发扬马万水艰苦创业、勇于拼搏的精神，连续18 次创造全国黑色金属矿山掘进新纪录。1965 年，冶金工业部作出《关于开展学习马万水工程队活动的决定》，1975 年冶金工业部授予马万水工程队"开发矿业的英雄掘进队"的光荣称号。

（本例文选自倪国梁、顾时中：《劳模寻踪》，河北人民出版社 2010 年11 月版）

8000 多天和 350000 公里

——全国劳动模范马军武的事迹

马军武，男，汉族，中共党员，1969 年 4 月生，新疆生产建设兵团农十师一八五团林管站职工。先后获得全国劳动模范、新疆生产建设兵团道德模范；2011 年 9 月 20 日，在第三届全国道德模范评选中荣获敬业奉献模范称号。

风雨边关赤子情

新疆生产建设兵团农十师 185 团地处我国西北端的国境线上，因这里有"路到头、人到头、水到头、电到头、田到头"之说，该团也被誉为我国"西北边境第一团"。

"小马，桑德克是个弹丸之地，但也是个重要的关隘，千万要守好这个地方啊。"马军武深深懂得这句话的分量——他代表的不仅仅是自己，而是全团干部职工乃至所有的军垦人守护在这里。

桑德克龙口哨所紧邻中哈边境中方 32 号界碑，离界河仅几米远，距团部 20 公里，自然环境异常恶劣，一年之中 6 级以上的大风要刮 140 多天，更是全球四大蚊区之一。有人开玩笑说，人在这里一年要"死"4 次：春天被洪水吓"死"，夏天被蚊虫咬"死"，秋天被风沙刮"死"，冬天被冰雪冻"死"。而对于马军武来说，还得多"死"一次，那就是被寂寞折磨"死"。

夏季蚊虫肆虐，为了防止叮咬，马军武巡边时，都会用一块在柴油中浸过的纱布顶在头上，柴油烧得皮肤火辣辣的疼，他的脸常是又红又肿，原本挺大的眼睛也只剩下一条细缝。冬季冰雪封路，长达半年，与世隔绝。由于巡边路线较长，每天，马军武夫妻俩揣上干粮上路，饿了啃几口干馍，渴了喝几口河水；气温常常近零下 40 度，一夜之间大雪可以下到半米深，带的馍馍冻得硬邦邦，一咬一嘴冰碴子，夫妻俩就一口馒头一口雪地往下咽。巡边的路一来一回需要三四个小时，回到家里，眉毛、胡子、头发都冻成一坨。春季气温回升快，山上积雪迅速消融，再加上阴雨连绵，平时看起来异常驯服的阿拉克别克河变得狂躁无比，随时都会冲毁堤岸，每天晚上他们都坚持打开门窗睡觉，一方面是为了听水情，另一方面，一旦堤坝发生险情能够及时地冲出去应对。

不计名利好男儿

这里的工作责任重大却单调乏味。每天，马军武至少三次登上 20 多米高的瞭望塔观察四周情况。1999 年 4 月，因冬季降雪偏多，浑浊的河水日渐上涨，接近警戒水位。当时，在没有任何通信工具与外界联系的紧急关头，马军武临危不惧，镇定自若，让妻子继续观察，自己跃上摩托车，赶到最近的连队，向团部防汛指挥部报告。由于报告及时，指挥部火速出车派人加固河堤，最终控制了险情。

24 年来，马军武夫妻的尽职尽责使团场多次免灾。他们成功排除大小险情 15 次，筛查并消除隐性险情 6 次；创造了连续 24 年桑德克地段未违反边防政策事件和涉外事件的纪录。

除了守水、防火，他们对自己的另一个身份看得更重，这个身份就是民兵哨所的执勤民兵。每天，他们都要登上瞭望塔，观察边情，维护边界标志设施，劝阻沿边违反规定活动人员。由于受河流浸润，界河边的树林里，生长着许多食用菌和中草药，还有一些野生动物出没，常有人打这里的主意，却始终突破不了马军武的防线，有的人便软硬兼施。对于这些，马军武概不理会，那些关系不错的也在这里吃了闭门羹，有人便劝他："照你这么个干法，以后别想在团场混了。"每逢这时，马军武只是用微笑作答。

这些年来，团场的变化日新月异，职工群众的生活条件不断改善，收入也年年提高，人们的吃喝穿戴也和城市人没有多大区别，有不少人还开上了小轿车。与他们比起来，马军武的条件就寒酸多了。夫妻俩的月工资加起来也就两千多元，喂了十几只羊，一家人每天粗茶淡饭，一年到头都是一身迷彩服，孩子连个像样的玩具也没玩过。有一次妻子到团部办事，正赶上团里搞活动，看到广场上那些打扮得时髦漂亮的男男女女，不禁想起自己和爱人在桑德克的艰辛生活，她在心里一遍遍问自己，这一切为了什么？对妻子的委屈，他内心充满深深的歉意。在桑德克的 24 年里，妻子张正美吃不上美食，看不到美景，交不到朋友，甚至连穿上一件漂亮的衣裳也是一种奢望。

铁骨柔情有大爱

"半碗黄沙半碗风，半个百姓半个兵。多少将士思乡梦，尽在亘古荒原中。"马军武像许许多多的兵团民兵一样，不穿军装，不拿军饷，永不换防。24年过去了，老马问爱人张正美："我们在这数了8000多天星星，星星没变，边界越来越安宁，我们却越来越老，这些年你后悔吗？"张正美动情地说："我的心就像星星一样，只要界河的水流淌，我就守你一辈子，守界河一辈子……"

马军武是个内敛的人，常被人们挂在嘴边的"爱"字别指望从他嘴里说出来，就连相濡以沫的妻子，也极少能从他那里听到几句体己话，但阿拉克别克河做证，他所做的每一件事情，都体现出兵团人的"大爱"。

（本例文选自《榜样：100位感动中国的道德之星》，红旗出版社2012年3月版）

例文 4：杰出科学家事迹材料

他引导我们走向丰衣足食的世界

——"杂交水稻之父"袁隆平的事迹

他是当代无党派人士的一面大旗，他是千万农民称颂的"米菩萨"，他是许多人钦佩、追随的"精神丰碑"，他是深受年轻学子喜爱的"超级 80 后帅哥"，他是会拉小提琴的"文艺范儿"，他是排球、游泳、棋牌样样灵光的"老顽童"。他，就是"杂交水稻之父"——袁隆平。

"禾下乘凉"梦

袁隆平有一个广为人知的"禾下乘凉"梦：水稻能长得像高粱那么高，穗子像扫把那么长，谷粒像花生那么大，几个朋友坐在稻穗下乘凉。有人说，这是"大庇天下寒士俱欢颜"的胸怀。

20 世纪 60 年代初，在粮食最短缺的 3 年里，袁隆平亲身感受到挨饿的滋味，深切理解了什么叫"民以食为天"。他决心为几亿农民培育优质的粮种。

当时，世界经典学术中已作出"水稻是自花授粉作物，没有杂种优势"的结论，而当时的国际学术界也对水稻究竟有无杂种优势表示怀疑，美国、日本和国际水稻研究所都放弃了对杂交水稻的研究。

"外国人没有搞成功，难道中国人就不能搞成功吗？"1963 年，袁隆平开始杂交水稻的研究。1965 年，第一篇论文《水稻的雄性不孕性》发表，引来质疑和嘲笑。在动荡的年代里，他亲手种植的试验秧苗甚至被砸了个稀巴烂。就在这种困境中，袁隆平和他的团队用常人难以想象的坚韧继续研究，通过利用水稻的雄性不育性培养出不育系、保持系和恢复系，再利用"三系"循环杂交，完成杂交稻的繁殖、育种和生产。

为了加快循环杂交和制种速度，袁隆平提出"远缘的野生稻与栽培稻进行杂交"，利用云南、海南的资源、气候条件，进行杂交水稻研究。1964 年之后的 6 年里，春长沙、秋南宁、冬海南，一年三地，在火车、轮船、飞机上浸种，甚至把珍贵的种子绑在腰上，利用体温催芽。

功夫不负有心人，1970 年，袁隆平把在海南岛发现的一株雄花败育的天然野生稻称为"野败"，这是一株野生稻和栽培稻的天然杂交第一代。"野败"的发现，为"三系"配套打开了突破口。1973 年，43 岁的袁隆平首次育成三系杂交水稻，成功地将水稻产量从每亩 300 公斤提高到每亩 500 公斤以上。紧接着，9 年攻关，研究成功"两系法"，选育强优组合概率大大增加。随后一期、二期"超级稻"相继研究成功，亩产突破 800 公斤。

如今，已经进入分子研究水平的超级杂交稻研究，目标是亩产 900 公斤。目前，全世界 122 个国家和地区种植了杂交水稻，面积 1.5 亿公顷。有人测算，到 2020 年后，全球每年有 2/3 的播种面积种植超级杂交水稻，每公顷增产粮食 2 吨，每年可增产粮食 2 亿吨，仅增产的粮食就可以多养活 8 亿人口。

水 稻 外 交 家

举世公认，袁隆平的成果不仅缓解了 13 亿多人口泱泱大国的吃饭问题，也已成为解决世界性饥饿问题的法宝。从这一点来说，袁隆平不仅是一位伟大的科学家，更是一位伟大的和平使者——他依靠种子的威力，用丰足的粮食有力地回击了西方某些人的"中国威胁论"。

1980 年，杂交水稻作为我国出口的第一项农业专利技术转让给美国。经过悉心指导，杂交水稻在美国获得了高产，其中最好的比美国当地的良种增产 79%，在西方世界产生了强烈反响。

1992 年，联合国粮农组织将推广杂交水稻列为解决发展中国家粮食短缺问题的首选战略，聘请袁隆平担任首席顾问。从那时起，一向最怕应酬也最怕记者采访的袁隆平开始像一名"水稻外交家"，不辞辛劳地在世界各地奔波。光是菲律宾，他就去过 30 次，让菲律宾仅用 9 年的时间就摘掉了"粮食进口国"的帽子。

截至 2006 年，杂交水稻已经在全球 30 多个国家和地区进行研究和推广，种植面积达 3000 多万亩。杂交水稻从中国走向了世界，正成为我国和平崛起的一个重要标志。

"没有共产党就没有杂交稻"

"曾经有人难以理解，中国的杂交水稻竟能在'文化大革命'这样的非常时期取得重要突破。我想这其中原因有很多，像同事的精诚团结，各地群众的密切配合，但我更想说，是党的阳光雨露，养育了杂交水稻这朵奇葩，我由衷地感谢党的好领导。"面对享誉世界的声誉，袁隆平却从未总结过他的"成功学说"，而是将一切归功于党的领导，"记得1964年，我最初发现水稻雄性不育株以后，需要挤课余时间进行试验和配备助手短期帮忙，黔阳农校党支部书记管彦健同志便通知教务科，把我的课排在上午10点钟以前或下午，还调来一位教师协助我。1966年，我把试验结果写成'水稻的雄性不孕性'的文章，在《科学通报》第四期上发表，国家科委九局局长赵石英同志立即致函湖南省科委和黔阳农校，指出杂交水稻研究很有意义，要求省科委和黔阳农校给予大力支持。这一纸文函起的作用可不小，它使我在'文化大革命'的暴风雨中得到了少有的顺利进行杂交实验的机会。1967年3月，'文化大革命'开始，但省科委仍把'水稻雄性不育'正式列入省科研项目，拨了600元的科研经费。省农业厅同意将李必湖、尹华奇两名学生留下做我的助手。科研小班子搭起来后，省科委年年派人到学校和海南实验基地了解情况和检查工作……"他清楚地记得每一个细节，每一个名字，"我不厌其烦摆出这一件又一件事实，就是想说明一点，从杂交水稻的研究成功到全面推广，从杂交水稻研究中心的顺利建成到蓬勃发展，这每一件事都体现着党的关心和培育。我常想，为什么我们国家的科研能在国际范围内占有重要的一席之地呢？就在于我们有优越的社会主义制度，有实事求是的党。作为一名备泽党恩的老知识分子，我十分感谢党给予的无上荣誉和无微不至的关怀，心里感激的话难以尽述……"

育 人 如 育 种

2004年，在全国政协十届二次会议上，袁隆平代表湖南省政协提出了《保证我国粮食安全》的提案。"一个13亿人口大国，如果吃饭依赖国外，必将受制于人。"在袁隆平的心目中，采取自力更生的粮食安全战略才能确保中国在国际局势中处于主动地位，"要确保国家粮食安全就必须确保一定规模的粮食播种面积，切实保护和提高农民的种粮积极性。"令袁隆平欣慰的是，近年来粮食安全、"三农"问题得到了党和国家的高度重视，先后出台了对粮农实施直补、取消农业税、粮食最低保护价的政策，大大提高了农民种粮的积极性。

如今，袁隆平又将自己的目标锁定在亩产 900 公斤的三期杂交稻上，更主要的是为国家的经济结构调整服务。

作为湖南省政协副主席、湖南省知识分子联谊会会长的袁隆平，他积极为湖南省的政治、经济、文化、社会建设献策献力，在他的倡导下，湖南省知联会在建言献策方面成果突出，受到了省委、省政府的高度赞扬。

作为世界著名的科学家，袁隆平的声誉、贡献都已经达到了别人难以企及的高度，但就是这样的一个科学家，"淡泊以明志，宁静而致远"，坚守自己的本色，朴素节俭，却从不吝啬。他几乎将所获国际大奖的奖金都捐赠给了以他的名字命名的农业科技奖励基金会以及教育和慈善事业。

"人就像一粒种子，身体、精神、情感都要健康。种子健康了，才能根深叶茂，硕果累累。"在袁隆平看来，"育种"和"育人"有着相通之处，在近 50 年的风雨历程中，他的悉心栽培和言传身教，为我国的杂交水稻事业培养出一批又一批的科技人才。他的弟子这样说"袁隆平精神"——袁先生是我们的人生标杆和楷模。作为弟子，我们时时受到"袁隆平精神"的鼓励与鞭策。"袁隆平精神"概括起来就是 64 个字："激情生活，热爱实践；勇于创新，敢为人先；潜心研究，甘于寂寞；坚持不懈，执着追求；挑战自我，永不满足；团结协作，不患得失；淡泊名利，和谐发展；乐观豁达，健康向上。"其核心就是"激情创新"。"创新"是实质，是一个民族的灵魂，也是一个国家永远立于不败之地的法宝。"激情"是动力，激情源自爱心，源自对生活的热爱、对大自然的热爱、对人民的热爱、对祖国的热爱，这种博大的爱心就是袁先生 40 余年源源不断的创新激情和动力。

（本例文选自《学习继承发展》，学习出版社 2016 年 11 月版）

"复兴号"高速列车研制的主持者

——全国"改革先锋奖章"获得者孙永才的事迹

孙永才，男，汉族，中共党员，1964 年 11 月出生，吉林长岭人，博士研究生，教授级高级工程师，中国中车集团有限公司党委副书记、董事、总经理，中国中车股份有限公司党委副书记、执行董事、总裁。他是我国轨道交通装备技术创新和产品升级换代的主要组织者和学科带头人，2004 年开始主持研制大功率机车和高速动车组列车，通过自主创新，掌握了动车组九大关键技术和十项配套技术，"复兴号高速列车迈出从追赶到领跑的关键一步"，把"复兴号"打造成新时代的"国家名片"。参与统筹实施南北车重组整合工作，开创了国内两家同为"A＋H"上市公司重组的先河，为央企重组和改革发展探索出了全新模式。国家科学技术进步奖一等奖。享受国务院政府特殊津贴。

2018 年 11 月 5 日，首届中国国际进口博览会在上海开幕，中国馆里被称为"飞龙"和"金凤"的两列"复兴号"动车组精彩亮相。

牢记指示，打造中国制造"金名片"

2015 年 7 月 17 日，习近平总书记视察中国中车长客股份公司，指出高铁动车是中国一张亮丽的名片，体现了中国装备制造业水平。2018 年习近平总书记又两次提到"复兴号"，从新年致辞"复兴号奔驰在祖国广袤的大地上"，到两院院士大会上"复兴号高速列车迈出从追赶到领跑的关键一步"。习近平总书记的指示就是中国中车前进的方向。作为中国中车集团有限公司的党委副书记、董事、总经理，孙永才时刻牢记总书记指示，践行科技强国、制造强国、交通强国之路，全力打造中国高端装备"金名片"。

中国高铁的快速发展，是在党中央、国务院的统一部署下完成的，离不开原铁道部、国家铁路局、中国铁路总公司的总体指导和推动。按照"引进先进技术、联合设计生产、打造中国品牌"的总要求，中国中车对高铁技术平台进行了"引进消化吸收再创新"。其中 CRH380 系列的技术突破是攻坚克难的关键阶段。时任总工程师的孙永才，统配资源，率领团队，攻克了动车组 9 大关键技术和 10 项配套技术，成功搭建时速 200—250 公里、时速 300 公里、时速 350 公里 3 个速度等级系列 25 个品种的动车组产品设计和制造平台。

2017 年 9 月 21 日，"复兴号"在京沪高铁以时速 350 公里运营，我国成为世界上高铁商业运营速度最高的国家。

志存高远，构建协同开放创新体系

唯改革者进，唯创新者强。中国铁路装备行业的大发展，离不开统筹谋划，也离不开孙永才全力打造协同开放的技术创新体系。

在一次接受媒体采访时，孙永才对记者表示："中车的能力就是整合聚集资源的能力和集中力量办大事的能力。"这句简单的话语背后，是孙永才精心打造的以企业为主体，"政、产、学、研、用"深度融合，协同化、开放化、一体化、全球化的技术创新体系。目前中国中车已经拥有 13 个国家级研发机构、21 个国家认定的企业技术中心和 15 个海外研发中心。强大的创新推动了产品的研发与企业经营业绩的提升，近 3 年来中国中车新产品的平均贡献率始终高达 60% 以上。

矢志不渝，推动高质量发展

作为公司领导，孙永才深度参与了南北车重组工作，开创了国内两家同为"A 用"上市公司重组的先河，为央企重组和改革发展探索出了一个全新的模式。

他勇于改革创新，领导构建了一体化、协同化、高效化的资源配置机制和管理体系，有效发挥人才、技术、市场、资本、资产和产业链等各类资源优势，推动企业的创新能力、市场竞争力、品牌影响力显著提升。中国中车连年保持中央企业经营业绩考核 A 级，稳居《财富》世界 500 强榜单。孙永才也因此获得了第 13 届中国上市公司"金圆桌奖"最具领导力 CEO 奖。

胸怀全球，做"走出去"的先锋

如何让中国中车的国际化能够从"走出去"到"走进去"，再到"留下来"，如何使中国中车产品由传统市场向高端市场迈进，由价值链低端向价值链高端转变，是孙永才一直苦苦思索的问题。

习近平总书记亲自谋划的"一带一路"倡议给了孙永才打开问题的金钥匙。孙永才认为，中车要抢抓"一带一路"机遇，坚持实施"五要素合一的国际化战略"，打造受人尊敬的国际化公司，为世界乘客的出行提供系统的解决方案。

澳大利亚墨尔本地铁项目是中国中车在发达国家实现由产品输出向"产品＋技术＋服务＋资本＋管理"五要素综合输出的典范。2017 年 11 月，在墨尔本项目的剪彩仪式上，孙永才表示："中国中车优秀的研发能力和实践能力将确保与当地的合作伙伴能够共同支撑交通发展新的变化和需求。"

今天，中国中车的产品已经服务全球 105 个国家和地区，在 26 个国家和地区设立了 83 家境外子公司，形成了遍布全球的轨道交通产业服务体系，向世界展示了中国铁路、中国制造、中国装备的良好形象。

（本例文选自《改革先锋风采录》，党建读物出版社 2019 年 1 月第 1 版）

"互联网+"行动的探索者

——"中国优秀民营科技企业家"马化腾的事迹

马化腾，男，汉族，无党派人士，1971年10月出生，广东汕头人，腾讯公司董事会主席兼首席执行官。受益于改革开放大环境，他创立并带领腾讯，从一个仅有5人的小企业成长为全世界具有较大影响力的互联网公司之一。提出"互联网+"概念，大力推动微信、QQ、在线支付等互联网应用，从民生政务、生活消费、生产服务、生命健康、生态环保等方面推动数字化转型升级，在实体经济和数字经济、传统行业和科技创新融合发展等方面发挥了积极作用。搭建腾讯基金会平台，倡导全民公益理念，通过信息技术打造广泛参与、透明可信的公益新格局。腾讯在互联网企业中专利申请和授权总量位居全国前列。荣获"中国优秀民营科技企业家"称号和"南粤突出贡献奖"等。

马化腾在深圳工作生活了30多年，是中国改革开放的亲历者，更是受益者。自创立腾讯公司以来，马化腾始终坚持自主创新，引领和推进中国互联网产业可持续发展。

创立并领导腾讯成为世界知名的互联网公司

腾讯公司自1998年创立以来，秉承"一切以用户价值为依归"的经营理念，为亿级海量用户提供稳定优质的各类服务，始终处于业务稳健发展的状态。在马化腾领导下，腾讯在"2018年BrandZ全球品牌价值100强"排名中上升至第5位，并连续5年领跑亚洲品牌，是全世界最具影响力的互联网公司之一。

腾讯所获殊荣，受益于改革开放背景下中国高速的数字化进程。从数字经济到数字中国，互联网与新科技已融入经济、文化以及社会生活的方方面面。作为一家以互联网为基础和核心业务的科技与文化产业公司，腾讯将继续依托良好稳定的外部政策环境，在数字经济浪潮中为助力中国经济的快速发展和转型升级不懈努力。连接一切，创新变革，为亿万用户开创全新生活方式。

立足"科技与文化"战略定位，以"连接一切"为战略目标，通过立足核心、投资合作、开放共赢三大支柱，腾讯形成了完善的业务布局和充满活力的生态体系。依托 QQ、微信两大核心社交平台，腾讯为全球超过 10 亿用户提供包括社交、通信、娱乐、教育学习在内的综合互联网服务。目前，QQ 已经成为青少年中最有影响力的社交平台，而微信则成为中国亿万用户日常生活不可或缺的基础通信产品。

此外，腾讯大力推动游戏、音乐、内容、O2O 等内部生态、外部生态的打造及互联网与各产业的创新和融合发展。微信红包、微信支付、共享单车等互联网应用，网络文学、音乐、游戏动漫等数字文化产品深刻改变了中国人的工作、生活、学习和娱乐方式。

推动实体经济和数字经济融合发展

早在 2013 年，马化腾就提出"互联网＋"的概念，并呼吁和希望越来越多的传统行业能够借助互联网的力量实现转型升级、创新发展。为契合国家对实体经济与数字经济融合的大政方针，近两年，腾讯围绕"互联网＋"民生政务、生活消费、生产服务、生命健康和生态环保等五个方面，助力数字化转型升级。

相关数据显示，在马化腾领导下，腾讯在实体经济和数字经济融合引领创新发展方面发挥了重要作用。截至 2017 年，微信拉动信息消费 2097 亿元，带动传统消费 3339 亿元，带动社会就业规模达 2030 万人；在"互联网＋"、政务民生方面，微信城市服务用户超 4 亿，助力政务治理和服务落地。

积极构筑互联网安全新生态

马化腾作为公司信息安全的第一负责人，始终将网络安全作为公司发展的第一生命线，公司充分落实企业主体责任，从"平台责任、行业协同、公共责任、网络空间"四个层面，在抗击黑产、净化谣言、保护文化创意等多个方面，为构建健康安全的互联网生态体系贡献力量。

公司运用人工智能、大数据等新技术，不断增强对黄赌毒等不良信息甄别、清理能力。尤其针对新型网络犯罪日益产业化、智能化、国际化等新特点，在马化腾的大力推动和支持下，腾讯公司启动了"守护者计划"。2017年全年，腾讯"守护者计划"协助公安机关开展打击电信网络诈骗和打击涉计算机黑客类、涉经济类、涉黄赌毒枪等网络黑灰产业的行动，协助各地公安机关破获网络案件 160 件，抓获犯罪嫌疑人超过 3800 人，涉案金额达 32 亿元，涉及公民个人信息超过百亿条。

助力公益热心科教新发展

在马化腾的大力倡导和推动下，腾讯积极参与公益事业，努力承担企业社会责任，推动网络文明。2006 年 9 月，腾讯发起筹建腾讯基金会，这是中国第一家由互联网企业发起的公益基金会。腾讯公益平台上还增加了"财务披露模块""机构信息展示"等功能。通过使公益平台模块标准化，让各个项目更加透明，做到可跟踪、可追溯、可记录、可沉淀，通过互联网核心能力，持续助力公益透明度提升。

马化腾全力支持国家科学技术领域的基础研究以及产学前沿的研发与创新，作为创始捐赠人，参与捐赠西湖高等研究院、未来科学大奖等项目，鼓励更多年轻科学家投身基础性、原创性科学研究。

（本例文选自《改革先锋风采录》，党建读物出版社 2019 年 1 月第 1 版）

例文 7：助人为乐模范事迹材料

支教英雄　脚踏撑天

——助人为乐模范白芳礼的事迹

一、从三轮车夫到劳动模范

白芳礼（1913—2005），男，汉族，河北省沧州市人。生前是天津市河北运输场退休职工。

白芳礼 13 岁起就给人打短工，1944 年逃难到天津，流浪几年后当上了三轮车夫，后进入天津市河北运输场工作。1987 年，已经 74 岁的他决定靠自己蹬三轮车的收入帮助贫困的孩子实现上学的梦想。为了梦想，他曾在夏季烈日的炙烤下，在三轮车上昏倒过去。为了在车站前拉活方便，他搭了个 3 平方米的小铁皮棚子，在里面住了 5 年。按每蹬一公里三轮车收 5 角钱计算，老人相当于蹬着三轮车绕地球赤道 18 圈。他生活俭朴，每天的午饭总是两个馒头一碗白开水。为了帮助更多的学生，已经 81 岁高龄的白芳礼硬是把自己两间老屋给卖了，又贷款成立"白芳礼支教公司"，挣得的利润全部捐给了贫困的孩子。几年来，他捐款 35 万元，资助了 300 多个孩子上学。为了让贫困的孩子们能安心上学，白芳礼老人几乎是在用超过极限的生命努力支撑着。他的默默奉献精神，感动了广大干部群众，得到社会各界的广泛认同。2005 年他被中央文明办等部门授予全国关心下一代先进工作者，被全国总工会等部门授予全国职业守法先进个人等荣誉称号。

二、蹬车挣钱支援教育

1987 年，74 岁的白芳礼正准备告别三轮车时，一次回老家的经历使他改变了主意，并重新蹬上三轮车，开始了新的生命历程。

"娃儿，大白天的你们不上学，在地里泡啥？"白芳礼在庄稼地里看到一群孩子正在干活，便问。娃儿们告诉这位城里来的老爷爷，他们的大人不让他们上学。这是怎么回事！他找到孩子的家长问这是究竟为啥。家长们说，种田人哪有那么多钱供娃儿们上学。老人一听，心里像灌了铅，他跑到学校问校长，收多少钱让孩子们上得起学？校长苦笑道，一年也就百儿八十的，不过就是真有学生来上学，可也没老师了。老人不解，为嘛没老师？校长说，还不是工资太少，留不住呗。这一夜，老人辗转难眠：家乡那么贫困，就是因为庄稼人没知识。可现今孩子们仍然上不了学，难道还要让家乡一辈辈穷下去？不成！其他事都可以，孩子不上学这事不行！

在家庭会上，白芳礼老人当着老伴和儿女们宣布："我要把以前蹬三轮车攒下的 5000 块钱全部交给老家办教育。这事你们是赞成还是反对都一样，我主意已定，谁也别插杠了！"别人不知道，可老伴和孩子们知道，这 5000 元钱，是老爷子几十年来存下的"养老钱"呀！急也没用，嚷更不顶事，既然老爷子自己定下的事，就依他去吧。

随后，老人便分两次将 5000 元捐给了家乡白贾村，建立起一个教育奖励基金会。村里人为了表示谢意，将一块写着"德高望重"的大匾送到了白芳礼家。那以后，老人又蹬上了三轮车。像往常一样，儿女们在老爷子出门前，都要给他备好一瓶水、一块毛巾，一直目送到街尽头。白芳礼呢，一切还是那么熟悉，但心里却比过去多装了一样东西，就是孩子们上学的事。

尽管一样蹬车挣钱，白芳礼却有了自己的"生意经"，他在三轮车上挂起了一幅写着"军烈属半价、老弱病残优待、孤老户义务"字样的小旗，公开宣布对部分乘客实行价格优惠。别人拉车是千方百计为挣钱养家，而白芳礼却连续把劳动所得捐献给公益事业。

三、白芳礼支教公司

1994 年，时值 81 岁高龄的白芳礼在一次给某校的贫困生们捐资会上，把整整一个寒冬挣来的 3000 元钱交给了学校，校领导说代表全校 300 余名贫困生向他致敬。老人一听这话，思忖起来：现今家里缺钱上学的孩子这么多，光靠我一个人蹬三轮车挣的钱救不了几个娃儿呀！何况自己也老了，这可咋办？不久，由市长亲自给白芳礼老人在紧靠火车站边划定的一块小地盘上，全国唯一的一家"支教公司"——天津白芳礼支教公司宣布正式成立。开业伊始，他对受雇的 20 来名员工非常简明地说了办公司的宗旨："我们办公司要规规矩矩挣钱，挣来的钱不姓白，姓教育。所以有一分利就交一分给教育，每月结算，月月上交。"

别看称"白芳礼支教公司"，其实它起初只是火车站边的一个 8 平方米的铁皮小售货亭，经营些糕点、烟酒什么的，方便南来北往的旅客。售货亭上面悬挂着一面南开大学献给老人的铜匾，写着"无私资助志在其才"，使这间售货亭显得格外光彩。凭着卖掉老屋的 1 万元和贷来的钱作本钱，慢慢地雪球越滚越大，公司由开始的一个小亭子发展到后来的十几个摊位，连成了一片。最多一月除去成本、工钱和税，还余 1 万多元的利润。

不知道的人以为白芳礼老人当了董事长，这下可以坐享清福了。可是他不但照常蹬三轮车，而且加大了对自己的压力。他为自己规定了每月收入 1000 元的指标，每天要挣 30 到 40 元。"我还是像以前一样天天出车，一天总还能挣回个二三十块。别小看这二三十块钱，可以供十来个苦孩子一天的饭钱呢！"这就是一个耄耋老人的精神世界。他尽自己的全部所能，烘托着一片灿烂天空，温暖着无数莘莘学子。

四、大 爱 无 言

白芳礼老人每月都会把自己省下来的钱拿到附近的学校给困难的学生当生活费，而已是风烛残年的他，却过着极为俭朴的生活。

老人蹬三轮车的时候，从头到脚穿的是不配套的衣衫鞋帽，看起来像个乞丐。"我从来没买过衣服，你看，我身上这些衬衣、外裤，都是平时捡的。还有鞋，两只不一样的呀，瞧，里面的里子不一样吧！还有袜子，都是捡的。今儿捡一只，明儿再捡一只，多了就可以配套。我从头到脚、从里到外穿着的东西没有一件是花钱买的。"除了不买衣帽鞋袜外，连吃的东西他都尽可能地节省。他的饮食极其简单，经常是两个冷馒头加一瓶凉水，就一点点咸菜。很多时候由于拉活需要，白芳礼老人走到哪就睡在哪，一张报纸往地上一铺，一块方砖往后脑一放，一只帽子往脸上一掩，便是他睡觉前的全部准备"程序"。为了能多挣一点钱，老人已经好多年不住在家里，特别是老伴去世后他就以车站边的售货亭为家，所谓"床"，只不过是两摞砖上面搁的一块木板和一件旧大衣。冬天寒风习习，夏天骄阳似火，在一层薄薄铁皮的售货亭里，老人度过了一个个酷暑严冬。后来市政府号召要整治车站街道环境，小卖铺、小亭子都得拆掉。老人带头响应政府的号召，拆了他的这些小亭子。没有"屋"了，他为了仍能够拉活，就用块摊开的塑料编织袋布和四根小木杆撑起了一个只有半人高的小棚。暴雨之后，经常能看到老人在太阳下晒被雨水浸湿的被褥。

"白芳礼支教公司"成立后，老人每月都向天津的几所大学、中学、小学送去数额可观的赞助费，这些所谓的赞助费实际上就是他的"支教公司"全部税后利润。南开大学学工部老师刘唯真回忆，白芳礼老人从1996年开始，每个月都要向学校捐款1000元，总额近3.4万元，200多名南开大学的贫困学生得到了资助；此外，天津大学、天津师范大学等高校也都收到了他捐出的不同数额的支教捐款。

曾经有人计算过，这些年来，白芳礼捐款金额高达35万元。如果按每蹬1公里三轮车收5角钱计算，老人奉献的是相当于绕地球赤道18周的奔波劳累。白芳礼从没想过要得到回报。捐助的款项，也大多是通过学校和单位送到受助学生手里的，老人从没有打听过学生的姓名。有人试图在老人那里找到曾经被资助的学生名单，但只发现一张他与几个孩子的合影——这是唯一的一张照片。当问老人对受他资助的孩子有什么要求时，老人的回答很朴实："我要求他们好好学习，好好工作，好好做人，多为国家做贡献。"

2005年9月23日早晨，93岁的他静静地走了。无数活着的人在口口相传中记住了他——蹬三轮的老人白芳礼。这不是神话：这位老人在74岁以后的生命中，靠着一脚一脚地蹬三轮，挣下35万元人民币，捐给了天津的多所大学、中学和小学，资助了300多名贫困学生。而每一个走近他的人都惊异地发现，他的个人生活几近乞丐，他的私有财产账单上是一个零。从1993年到1998年，老人资助了红光中学的200多名藏族学生，月月给他们补助，直到他们高中毕业。

最后一个冬天，老人蜷缩在车站附近一个自行车棚里，硬是给人家看了3个月的自行车，每天把所得的1角、2角、1元、2元的钱整整齐齐地放在一个饭盒里，等存满500元时，他揣上饭盒，蹬上车，在一个飘着雪花的冬日，来到了天津耀华中学。人们看到，他的头发、胡子全白了，身上已经被雪浸湿。他向学校的老师递上饭盒里的500元钱，说了一句："我干不动了，以后可能不能再捐了，这是我最后的一笔钱……"老师们全哭了。

一位古稀老人不仅无须再为别人做什么，倒是完全应该接受别人的关心和照顾，可白芳礼老人没有，不仅丝毫没有，而是把自己仅有的能为别人闪耀的一截残烛全部点燃，而且燃烧得如此明亮，如此辉煌！

（本例文选自《感动中国——100 位新中国成立以来感动中国人物》，张明林主编，中共党史出版社 2010 年 6 月版）

例文 7 助人为乐模范事迹材料

例文 8—9：见义勇为模范事迹材料

见义勇为的英雄战士——徐洪刚

徐洪刚，1971 年 3 月出生，云南彝良县人，汉族。就读于南京政治学院军队政治工作学研究生。1990 年 12 月入伍，1993 年 7 月入党。历任班长、排长、副指导员、指导员。

1993 年 8 月 17 日，徐洪刚探家返队途经四川省宜宾市筠连县时，同车上侮辱抢劫妇女财物的四名歹徒奋勇搏斗，身负重伤。经地方各级领导、广大医务工作者和人民群众的全力抢救和热情关心，徐洪刚脱离了生命危险。济南军区党委授予他"见义勇为的英雄战士"荣誉称号，共青团中央命名他"见义勇为青年英雄"，并授予他"全国新长征突击手"称号。1994 年 12 月被评选为"中国十大杰出青年"。总政治部和团中央联合发出通知号召向徐洪刚同志学习。江泽民等党和国家领导人亲切接见并高度赞扬他，江泽民亲笔题词："向徐洪刚同志学习。"他的事迹被写进 1994 年 3 月李鹏总理八届全国人大的政府工作报告中。

1993 年 8 月 17 日早，徐洪刚休完探亲假，踏上了归队的旅途。上午 10 时许，当汽车行至筠连县巡司镇附近时，突然，一名歹徒向靠窗坐的青年妇女吴某强行勒索钱物。吴被吓懵了，颤抖着说："没钱，没钱……"话没说完，歹徒就动手抢她的手表。这时，另一名同伙从座位后排站起来喊："没钱就脱她的衣服！"那名丧尽天良的歹徒一手卡住她的脖子，一手扯着她的上衣，公然对她进行侮辱。吴某身单力薄，无力反抗，眼里露出了苦苦哀求的目光。

歹徒的暴行激起了徐洪刚的愤慨，军人的强烈正义感驱使着他：光天化日之下，绝不能让歹徒作恶！他急忙站起身来，大喊一声："住手，不许耍横！"同时用力拉住歹徒的手。歹徒松开了吴某，扭过身子冲徐洪刚骂道："想挨揍！揍他，揍他！"边喊边冲上来打了他两个耳光。他只觉得脸上火辣辣的，嘴角黏糊糊的。善良的战士生怕打起来会伤害无辜的乘客，因此没有立即还手。谁知两个家伙变本加厉，气焰更加嚣张，又反过去一把抓住吴某，拼命往车窗外面推，眼看一场恶性事件就要发生了。此时，徐洪刚来不及多想，飞起一脚把一名歹徒踢倒，跟着一个直拳向另一名歹徒猛击过去，顿时打得他后退几步。这时，坐在车厢后面的另外两个歹徒看同伙没占到便宜，一齐蹿出来，围着徐洪刚拳打脚踢。徐洪刚毫无惧色，奋力还击。由于车厢狭小，施展不开手脚，有名歹徒突然从身后紧紧抱住他的腰，另一名歹徒死卡他的脖子，声嘶力竭地叫喊："快！快！捅了他！捅了他！"为首的那名歹徒从腰间拔出匕首，向他身上连连猛刺。霎时，鲜血喷溅而出，浸透了迷彩服，染红了车厢的座位和地板。徐洪刚身中14刀，重重地倒在车厢的地板上。车上的40多名乘客被歹徒的凶残激怒了，善良的人们再也无法保持沉默。整个车厢群情激奋，一片呐喊，司机唐向洪猛踩刹车，转身扑上去，夺下歹徒手中的匕首。正义压过邪恶。惊慌失措的歹徒见势不妙，慌忙跳车逃跑。跑在最后的一名歹徒企图跳窗时，徐洪刚忍着剧痛从地板上一跃而起，一把抱住歹徒的腿，歹徒吓得魂飞魄散，拼命挣脱后，夺窗而逃。此时，惊心动魄的场面再度出现，只见徐洪刚用背心兜着流出的肠子，咬着牙关向歹徒追去，鲜血滴滴抛洒了一路。

一步，两步，三步……徐洪刚跟跟跄跄追去。此时，他看到一辆白色伏尔加轿车开了过来，急忙迎上前拦住，并对车内的同志说："我是解放军，快去追凶犯。"吃力地掏出士兵证。车内坐着筠连县税务局副局长詹本方等5名同志，看到鲜血染红的士兵证，急忙打开车门把徐洪刚扶上车。但是徐洪刚断断续续地说："不，不要管我，快追坏人。"司机沿着他手指的方向，猛踩油门向前追去。轿车驶出1公里左右，车里的同志看到徐洪刚失血越来越多，脸色苍白，呼吸急促，当即决定先救解放军战士，于是立即掉转车头向附近的巡司镇医院急驶而去。

镇医院条件有限，医生在车上对伤口简单做了包扎止血，吊上输液瓶，立即转往筠连县医院。载着徐洪刚的轿车在急速行驶。平时小车跑半小时的路，这次只用了15分钟，为抢救徐洪刚赢得了宝贵时间。

车到县医院时，徐洪刚已处于严重休克状态，脉搏微弱，浑身痉挛。县委、县政府领导闻讯后，立即指示：对这样的人民卫士，一定要不惜一切代价，用最好的医生、最好的药、最高规格的治疗。院长黄乾安、县卫生局局长杨园林亲临现场指挥，被当地誉为筠连"一把刀"的钱明副院长亲自做手术。第二天下午，徐洪刚终于苏醒过来，暂时脱离了危险。8 月 27 日，伤情很不稳定的徐洪刚转到了宜宾地区第二人民医院，在宜宾地委、行署的精心组织下，很快实施了第三次手术。此后，徐洪刚的病情逐渐开始好转。

为表彰徐洪刚的英雄事迹，集团军党委给他记一等功。1993 年 12 月 14 日，济南军区授予徐洪刚"见义勇为的英雄战士"荣誉称号。1994 年 2 月 14 日，共青团中央命名徐洪刚为"见义勇为青年英雄"，并授予"全国新长征突击手"称号。1994 年春，江泽民主席和军委领导接见了徐洪刚，江泽民、李鹏、刘华清、张震等领导同志亲笔题词，号召全党、全军、全国人民向徐洪刚同志学习。1994 年 11 月被评为中国十大杰出青年，1997 年 7 月当选为党的十五大代表。

舍己救人的农民工——李学生

李学生，男，1969 年 10 月出生于河南省商丘市包公庙乡中华楼村，生前系浙江省温州务工人员。2005 年 2 月 20 日，为抢救两名儿童献出了年仅 37 岁的生命。共青团河南省委、河南省青年联合会追授李学生为"河南青年五四奖章"，河南省总工会追授为"河南省五一劳动奖章"；共青团浙江省委、浙江省青联追授为"浙江青年五四奖章"；河南省人民政府批准为革命烈士；团中央追授为"全国杰出进城务工青年"荣誉称号；中共河南省委追认为中共党员；中华全国总工会追授李学生全国五一劳动奖章。

从小丧母，在村邻友善的帮助下长大成人，为人忠厚和善。又无奈中年丧妻，饱经人世的沧桑，转而离家打工，在温州 7 年间，帮扶工友老乡，以诚待人。2005 年 2 月 20 日，温州市黄龙段马坑隧道口，面对呼啸而来的列车，李学生飞身救出一个在铁轨上玩耍的男童。当他再次冲上铁道救另一个女童时，被飞驰的火车迎面撞飞，不幸牺牲。他的事迹在全国广为传颂，李学生被称为"一个真正的草根英雄""感动中国的河南民工"。

他以血肉之躯冲向钢铁火车

2005 年 2 月 20 日，对于李学生来说，本来应该是一个快乐的日子，一个不错的星期天。那天下午，李学生的几位河南老乡相约在李学生家里，准备一起包饺子吃顿家乡饭。人到齐了，东西准备得差不多了，只是还缺老家饺子里必有的大葱。李学生赶紧说："难得老乡一起吃顿饺子，怎么也要吃个地道的，我去买葱。"说完他便起身离去。

可谁能想到，这一去，竟成永别！

下午 4 点 55 分，温州境内金温铁路双屿马坑道口，一列从杭州开往温州的 5107 次列车疾驶而至。长鸣的汽笛声中，两个在铁轨上玩耍的孩子被吓呆了。年龄稍大的男孩往对面跑去，而年龄较小的女孩子小媛媛往前跨出几步，紧接着又缩了回来，最后又跟着男孩跑了过去。

这时，火车正在风驰电掣般地冲来。在这千钧一发的瞬间，李学生冲上铁轨，拽住小男孩，使劲向铁路外甩去，同时左手去抓较远的小媛媛。但就在李学生的手刚刚抓到小媛媛时，两个人被火车撞得飞了出去。男孩得救了，而小媛媛和舍己救人的英雄李学生两人同时不幸遇难……

他曾经是个不幸的娃儿

1969年10月，李学生作为李家的长子来到了世上。12岁时，母亲突然患病随后被确诊为肝炎，不久，李学生退学回家照看起母亲。16岁时，在病床上躺了4年的母亲还是离开了人世，除了数千元的债务，留给李学生和弟弟最大的伤感是他们成了"没娘的孩子"。

母亲病逝后，李学生和父亲一起，开始操持起这个残缺的家。摘棉花、割麦子，年幼的李学生随父亲整日忙着农活。

村里人对李学生最深刻的印象除了能吃苦，主要的是善良，同村70多岁的张乾秀奶奶至今仍记得当年李学生雨后帮自己卖瓜一事。刚下过雨，出村的道路一步三滑，卖完瓜，满身泥水的李学生把瓜钱送到张乾秀手中，他说："等我有钱了，就把路修一修。"

在李学生14岁那年一个冬天的早晨，村民戚云芝大娘早饭烧到一半，就去哄哭闹的孩子，结果母子俩都迷迷糊糊睡着了，全然忘了锅里还烧着面条。水烧干了，锅烧焦了，火苗点燃了厨房，可戚大娘毫无知觉。这时，去上学的李学生刚好经过，他马上冲进火场，使劲摇醒戚大娘母子，将他们从熊熊烈火中硬拉了出来。

李家父子3人多年劳作终于还清了债务。1994年25岁的李学生与邻村一位名叫杨明珍的姑娘结婚成家。新娘的到来，使这个长期缺少欢乐的家庭重新有了笑声。

伴随着结婚和女儿的出生，李学生头上的苦难和阴霾一扫而空，他与妻子一心抚养着孩子，一家三口安逸而知足。然而，天有不测风云，人有旦夕祸福，苦难再次降临这个刚刚从苦难中走出来的农村家庭。1996年11月的一天下午，杨明珍突然晕倒。在送妻子去医院的路上，拽着妻子逐渐冰冷的手，李学生跪在地上恸哭不起。

安葬了妻子，李学生拿着借来的100多元钱，只身赴温州打工。

工友们的"科长"

来到异乡温州打工的李学生，依然怀揣的是一副滚烫的热心肠，他把河南人的厚道、淳朴、热心助人带到了遥远的南方。

1998年10月末的一个夜里，李学生打工的温州市金有利鞋厂的车间突然着火了。29岁的李学生带着几个员工抢先冲进去，扛出了大批易燃的橡胶原料和几个煤气罐。大火扑灭后，抢救出来的物品只能堆放在外面空地上，老板让李学生负责看管。为了确保物品的安全，他守在这些物资旁的汽车里睡了一个多月，一样东西也没少。李学生生前所在的金有利皮鞋厂老板说："因为他救火勇敢，做事负责任，我就让他做了门卫。我们厂的门卫不只是看门那么简单，夜里常常要帮着收货出货，责任很重。他一直做得很好，工友们看他好管'闲事'，还给他起了个绰号叫'科长'。"

李学生英勇牺牲后，许多以前和李学生一起工作过的工友都跑过来看望，他们为李学生的死感到悲痛和惋惜。一位工友说："李学生是个很热心的人，他经常帮助别人，却从不计较个人得失。2002年我来温州打工还不到两个月，花光了带来的钱，在这举目无亲的地方，没有人能借给我钱。那时我和李学生刚认识不久，李学生见我有困难，就拿出100元给我，还说大家在一起打工，有困难应该相互帮助。当时我非常感动，后来过年我发工资了，我还钱给他，他还关心地问我过年钱够不够花，不够去找他。他就像一个大哥哥一样关心我，而他自己家庭也非常困难，却还经常出钱帮助他人。"

对于李学生的英勇事迹，工友们一点也不感到意外，他们说："如果前天李学生看见了火车撞上两个孩子时不去救，那就不会是我们认识的李学生，他这个人就是有一种奉献精神。"

（本例文选自《榜样：100位感动中国的道德之星》，本书编写组，红旗出版社2012年3月版）

例文 10：诚实守信模范事迹材料

我追求的是全村人过上好日子

——诚实守信模范常德盛的事迹

常德盛，男，1944年7月生，江苏常熟人，常熟市蒋巷村党支部书记。曾荣获 2000 年全国劳动模范，2001 年全国优秀共产党员、全国优秀乡镇企业家；2002 年当选党的十六大代表；2011 年 9 月 20 日，在第三届全国道德模范评选中荣获全国诚实守信模范称号。

45 年前，他喊出了"天不能改，地一定要换"的誓言，承诺一定要让大家过上好日子。

整整 10 年，他凭着一条扁担两只筐，硬是把 1700 亩低洼地改造成了旱涝保收的吨粮田。

"我就是死，也要把蒋巷搞起来！"

他既当指挥员，又当推销员，吃过闭门羹，掉过辛酸泪，遭遇过车祸，还落下了伤残。

"天不能改，地一定要换！"

有歌谣说："蒋巷泽坞锅底塘，十年九涝一旱荒，泥垛墙、茅草房，树皮菜根拌青糠。"

1966 年，23 岁的常德盛成为一名共产党员，并当上了生产队大队长。第一次在两间茅草房召开全村会议的时候，连条凳子都没有，村干部站着开会。在那次会议上，常德盛对村民喊出了"天不能改，地一定要换"的誓言，并拟定了改变蒋巷穷乡僻壤、穷土恶水面貌的计划，开始了艰苦奋斗的征程。

自 1968 年起，常德盛带领全村人民，凭借一根扁担两只筐，实施了旷日持久的治水治土系统工程。常德盛个子不高，可干活不落后，挑担不比别人少。白天，他和村民一起干，晚上检查进度和质量，凭着一根扁担两只筐，治水改土、开挖河道、通畅水流。有一年的春节，正是平整土地最紧张的时候，常德盛大年初一凌晨 4 点就起床挑土。村民发现后，也纷纷跟着下田忙碌。这个春节，全村人没有休息一天。

经过几十年的艰苦奋斗，常德盛带领村民，不仅把 1700 亩土地抬高了 1 米，还成功改良了土壤，把全村农田建成田林路沟渠站配套，田块成方，树木成行，沟渠成网，土壤肥沃，生态优良，水泥道路通畅的高产稳产吨粮田。早在 1979 年，蒋巷村的水稻单产就超过千斤，最高亩产达到 650 多公斤。看着一颗颗饱满的稻米入仓，看着村民得到一年比一年好的收成，常德盛乐开了花。

"无论在什么年代，当干部都要以身作则，'村看村，户看户，村民看干部，干部看支部'，我们共产党员就是要坚持'将领兵''跟我上'的精神，无论什么事，只要干部带了头，群众就有劲头，就能一呼百应。"常德盛感慨地说，自己辛苦一点，老百姓能够安居乐业，环境越来越优美，看到蓝图在他手里慢慢变成了现实，就是最大的幸福。

直到今天，蒋巷村仍是江苏省人均向国家出售粮食最多的行政村之一，蒋巷村大米还获得了中国绿色食品认证。

靠诚信闯市场

20 世纪 80 年代实行家庭联产承包责任制后，蒋巷农田基本建设不放松。与此同时，常德盛带领村民用农业积累兴办村企，反哺农业。脚上还未洗去泥巴的常德盛对市场经济几乎一无所知。曾经引进了一个所谓的"能人"，结果被骗了近 200 万元。常德盛说："这是我这辈子经历最苦的时期，简直就是灭顶之灾。""有人跟我讲，你可以搞破产，我觉得这是利用法律来赖账，以后还怎么跟人家做生意？"常德盛给自己发誓，"就是拼了命，也要把蒋巷搞上去，不靠别人，自己咬牙干！"

常盛集团一家公司的老总平文彬至今仍清楚地记得他和常德盛当初跑市场的艰辛。"当年我和常书记坐一辆破旧的长安面包车到全国各地找市场。他要求我们不管路程多远，都要赶在客户上班前抵达。因此，我们经常是半夜或凌晨两三点出发。"就是在这样急匆匆赶路中，面包车与摩托车相撞，坐在副驾驶位上的常德盛牙床错位，膝盖骨骨折，一只左眼被撞瘪，如今视力仅 0.2。

1992 年，常德盛带领村民开始探索走一条"立足一产、进军二产"富民强村的新路子：他创办了"常盛"轻质建材厂，迈出了"工业发家"的关键一步。如今，从"常盛"轻质建材厂起步的江苏常盛集团有限公司已经发展成为华东地区最大的轻、重钢结构及轻质建材企业，是国家级企业集团，集团下设四个股份制企业，产品门类涉及彩钢复合板、轻质建材、无纺机械、升降设备等。该集团多年来上交国家税收达 2 亿多元，而累计投入的新农村建设资金也逾亿元，为蒋巷村率先实现小康奠定了雄厚的物质基础。

常 德 盛 的 失 与 得

如果按照名利来计算，常德盛可谓失去很多。

20 世纪 70 年代初，上级组织选调常德盛参加县工作队，这是当干部的一个好台阶。但当时在蒋巷村，常德盛刚摸到发展门路，不舍得放弃，就没有去。

20 世纪 80 年代，乡里老书记调走，上级希望常德盛接手担任乡主要领导，征求意见时被他谢绝。当时蒋巷村的农业生产上来了，在全省有了影响，发展逐步上了轨道，常德盛想一心一意搞下去。

1986 年之后，常德盛还当过任阳镇党委副书记和支塘镇党委副书记，都是兼职的。实际上，他从来没有离开过蒋巷。最近几年，蒋巷村党支部改成了党委，但常德盛觉得，不管叫什么，为老百姓服务的本质不能变。

20 世纪 90 年代以来，蒋巷村各项事业快步发展，支塘镇批准的考核报酬，常德盛只拿一个零头，近 14 年来，常德盛共计少拿 128 万元，更没法结算他经手接洽的业务费用，如果按百分比结算业务费用，常德盛一年落实项目几千万，几年下来，至少可以百万甚至千万计算。

"在市场经济条件下，没有钱是不现实的，但是钻到钱眼里的干部是没有前途的。"常德盛说。

不仅如此，常德盛兼任常盛集团董事长、总经理期间，工资报酬只领取镇党委考核的那一份，比起一些企业副总甚至业务骨干，收入要少一大截。企业改制，按照章程规定，常德盛是董事长、总经理，可以名正言顺地持大股，一夜之间他就可以变成千万富翁。但常德盛不愿意这样做，他把上千万的股权全部给了村里。

常德盛的"三不原则"

早年，常德盛就给自己定下了"三不原则"——不收礼，不吃请，不徇私。

后来村里经济发展了，他又更新了"三不原则"——不拿全村最高工资、不住全村最好房子、不坐高档车子。

进入 21 世纪以来，他再次发展了自己的"三不原则"：一是职务不搞终身制；二是职位不搞世袭制，不传自己人，培养德才兼备的接班人；三是村厂班子不搞家族制。

（本例文选自《榜样：100 位感动中国的道德之星》，本书编写组，红旗出版社 2012 年 3 月版）

例文 11：敬业奉献模范事迹材料

营山焦裕禄——文建明

文建明，男，1963 年 3 月生，中共党员，四川省南充市营山县城南镇党委书记。先后被中共四川省委授予"优秀乡镇党委书记""优秀共产党员"等称号；2011 年 9 月，当选第三届全国敬业奉献道德模范。

31 年，8 个乡镇，13 年乡镇党委书记。他一直摸爬滚打在农村基层第一线。

他曾一次次坐在化解矛盾的"火山口"，又一次次深陷"哀民生之多艰"的情感旋涡。在上下求索中，他总结出一套土洋结合、行之有效的乡村治理模式，被誉为"文建明工作法"。

"官不论大小，论的是对群众的诚心。"这位川东汉子无数次沉着应对严峻挑战，用情感、信念、智慧和勇气构筑群众对党和政府的信心，让"钉子户""上访户"和众多曾经绝望、困苦的百姓，发自内心地喊出："感谢共产党！"

群众是"上联"，干部是"下联"

文建明以善于同各式各样的群众打成一片而著称。有干部探求个中"奥秘"，文建明笑着说，当干部要学会"热爱群众提出的问题"，与群众交朋友，这是一把通用钥匙，"你对群众感情到位了，问题自然就好解决了。"

文建明到城南镇上任不久，有一次正开会，突然闹哄哄闯进三四十人。其中一个敦实汉子跨到主席台前，"砰"的一声，把肩上的 100 多斤猪肉摔下，扬声喝道："不让卖肉，给找条活路吧！"

会场一时寂然无声。文建明平静而略带沙哑地说："兄弟，消消气，天太热，先把肉处理了。"他带头买下一块肉，并劝说在场的干部买肉，然后笑着把收来的钱放到汉子手中。

刚才还剑拔弩张的壮汉，此刻就像受伤的孩子，哽咽着道出心中的憋屈："我叫胡一兵，是重庆开县迁来的三峡移民，前任镇干部贪污了安置款，我们只有靠杀猪卖肉为生，城管干部又来罚钱，过不成舒展日子，心里有气啊！"

听到胡一兵的哭诉，文建明心中一阵痛楚，他动情地说："兄弟，你们刚来，人生地不熟，到这是找对人了。这就是你们的家！我代表城南镇人向你们道歉。我保证，欠你们的钱一定很快就还！"

文建明说到做到。会后，他跑到县里汇报情况，先预支了镇干部的工资垫付给移民。此后听说胡一兵懂养牛技术，他又帮助协调租地，落实贷款，办起了肉牛养殖场。第二年，养殖场收入近30万元。又过了两年，胡一兵向所在村党支部递交了入党申请书，并光荣地加入了中国共产党。有人问他为什么入党？他回答："文书记让我感受到共产党的温暖，我也想温暖别人。"

解决问题要抱着为人民服务的态度

在长期的基层工作中，文建明建立了一套行之有效的"入户寻问题"机制。依靠这种机制，使困难群众得到及时帮助，从而化解了党群干群矛盾。

困难户胡素琼一家，丈夫有智障，两个儿子一个考上大学，一个正读高中，却因缴不起学费急得掉泪。文建明入户了解后，掏出自己刚领的1000元奖金，捐给胡素琼，叮嘱兄弟俩勇敢面对困难。然后，又做担保赊来3只黑山羊、1头优质母猪、80只小鸡，送到胡素琼家，鼓励她发展养殖业，并承诺收到效益后再还本。

走马村老支书李松荣年老多病，辗转10年，四处求医，因病致贫，心生绝望，趁妻子外出借钱的夜里，他悄然离开医院，准备外出当"讨口子"乞丐。文建明闻讯后亲自带领一帮人找到老人，耐心安慰，并当场号召捐款。他深情地说："我们不能忘记为基层工作付出心血的老同志啊。群众的困难都是大事，当干部不能麻木不仁！"

"只要活着一天，就要把群众的事情办好"

2003年，文建明被查出患有早期肝硬化。他依旧每天忙忙碌碌，实在是痛得受不了了，就两手按住腹部，等那一阵子痛过后，又坚持上班。家人和同事劝他治病，他总推说工作忙离不开。县上一位领导知道后，狠狠地批评了文建明："莫得身体，你拿啥子干工作?"文建明这才妥协。检查结果，他得的是原发性肝癌。

2005年11月初，文建明的第一次手术在成都进行。第二天，他醒来就拔掉身上的管子，两人将他从病床上扶起来，文建明说要到阳台走走，没想到摸出手机，竟然在问镇上的"十好家庭"评选进程如何了。手术后的第10天，文建明出院了。回家第二天，文建明背着妻子，骑上那辆老式28圈的淡绿色自行车，又上班了。城南镇镇长白秀华见了，连说几个"不可思议"："人家癌症手术，医院要待几个月，家里休养一年半载，他手术后一周多时间又回来，而且骑车来上班。"

更让人不可思议的是，几年来，文建明已经做了23次肝癌手术，"每次只请一周的病假，就像细娃儿（注：营山方言，就是'小孩子'）赶场一样。"

对此，文建明说他已经坦然面对死神的威胁，"我最多就是先走一步，只要活着一天，就要把群众的事情办好。"

（本例文选自《榜样：100位感动中国的道德之星》，本书编写组，红旗出版社2012年3月版）

例文 12：孝老爱亲模范事迹材料

谁言寸草心　报得三春晖

——孝老爱亲模范罗桑扎西的事迹

罗桑扎西，男，蒙古族，1950 年出生于青海省黄南藏族自治州河南蒙古族自治县宁木特乡宁木特村。2009 年，被评为第二届全国孝老爱亲类道德模范。

踏上有亚洲第一草场之称的青海省河南蒙古族自治县广袤无际的草原，呈现在你眼前的是这样一幅美丽的画卷："蓝蓝的天上白云飘，白云下面马儿跑"；各种颜色的野花竞相开放；一条条弯弯曲曲的小溪从远处的雪山缓缓流淌下来；白蘑菇似的蒙古毡房在山坡上、沟谷中星罗棋布，毡房顶端升起袅袅炊烟……

在这个充满诗意的高原牧区，问起宁木特乡宁木特村的罗桑扎西，没有人不伸出大拇指，赞叹道：那可真是一位难得的大好人！

苦难的童年，穷人的孩子早当家

1950 年，罗桑扎西出生在一个祖祖辈辈以放牧为生的牧民家庭。因为是老大的缘故，小小的年纪，他就认为应该为父母分担生活的担子。那是自然灾害时期，饥馑笼罩着整个中国大地，就连偏远的青海牧区也不例外。看着被饿得骨瘦如柴的孩子，他的母亲实在没有办法，只有背着年幼的妹妹出去讨饭。有一次，赶上一家人办喜事，母亲在人家的白眼中讨了一点吃的东西，恰巧让罗桑扎西看见。那家人的不屑和母亲的谦卑让他触电般地呆住了，他永远都忘不了这一幕。虽然那时他只是一个 10 多岁的孩子，却在心里暗暗发下誓言："我一定要快快长大，好好放牧，挣更多的工分，让父母妹妹们吃饱穿暖，过上好日子！"

从那以后，懂事的罗桑扎西每天默默地去放牧。10 岁之前，他没穿过新衣服、新鞋子，经常穿着露出脚指头的鞋子被小伙伴讥笑，但他没偷过一天懒。放牧时，有时一饿就是一天，但只要一坐在羊群堆里，听着羊叫，饥寒交迫似乎就全部抛到了九霄云外。

　　10多岁的罗桑扎西只是一个半劳力，村里每年给家中分配的牛羊肉、酥油、面粉有限，加上人口多，一家人常常是吃了上顿没下顿。为了使一家人能够吃饱肚子，放牧之余，他给别人家去帮忙干活，来贴补家用。

　　1963年秋，因为要照顾父亲年迈的姑姑，在父亲的坚持下，罗桑扎西一家从同德县迁回河南县宁木特落户。虽然家里的生活还是很困难，但他们一家还是把照顾父亲的姑姑放在第一位。对待老人就像亲生父母一样。尤其是罗桑扎西，他总是为老人煎药喂饭，感动得老人总是说："罗桑扎西胜似亲生儿孙呀！没有他，恐怕我早就死了。"罗桑扎西一家的善举感动了许多乡亲。大家纷纷伸出援助之手，这家给一把炒面，那家送一斤酥油，时常接济他们。

照顾父母，养大弟妹

　　时光荏苒，罗桑扎西长成了一位蒙古族汉子。

　　父亲瘫痪，母亲身体不好，照顾父亲全靠罗桑扎西。他总是想尽办法为长期卧床的父亲做一些老人能吃、有助于消化的饭，不让老人消化不良。为了不使老人身体长褥疮，每三个小时罗桑扎西就帮父亲翻一次身。端屎端尿，由于老人便秘，掏大便更是常有的事。有时候父亲犯病心情不好，他也从来不会给老人脸色看，他总是和颜悦色，还经常教育弟妹要懂事听话，不惹父亲生气。

　　1978年，父亲还是离开了。1980年的秋天，母亲又病倒了，心脏病、肝病越发严重了。为了给母亲治病，罗桑扎西四处寻医问药。为了筹药费，他省吃俭用，给母亲买药治病。1983年母亲肝病恶化，需要做手术，他就四处借钱，前后做了三次大手术才保住了性命，花费10余万元。由于刀口感染久久不能愈合，以后多年，母亲一直吃药打针需要护理。

　　为了照顾母亲，他搬到母亲的房间。早上起来就烧好开水先为母亲泡上一杯热茶，然后给老人洗脸、梳头；经常给母亲买回羊肉，煮烂切碎拌饭给老人吃，给她补充营养；母亲夜间大小便不方便，他经常守到很晚，总是等母亲解完手才去睡；担心母亲躺久了背上生疮，他就夜里起来为母亲翻身，有时把手垫在母亲的后背上，一垫就是半个钟头；为使长期卧床的母亲舒服一些，他细心地在床上先垫一层毛毡，再垫上羊皮；天气好的时候，经常把母亲抱到外面去晒晒太阳……

为了给父母治病，10多年来，罗桑扎西吃苦受累也毫无怨言。他的弟妹不少，渐渐长大后，也能够帮着他照顾老人，但他从不让他们投入过多的精力，他深知知识才能改变命运，所以他要弟妹把全部精力放在学习上，做个有文化的人。为此，他把两个弟弟一直供读到中学毕业，让一个弟弟当了兵。为了使弟妹们能够成家立业，他把自己的婚事耽搁下来，他至今都没有结婚，依然和母亲相依为命。目前，他的弟妹都已结婚生子，过着幸福的日子。

滴水之恩涌泉相报

滴水之恩当涌泉相报，罗桑扎西没有忘记当初是好心的群众帮助了他们，知恩图报是做人的良心，他把爱和善良不仅给了父母和家人，还用爱心去关心帮助别人。

在1972年8月的一天，罗桑扎西正在山上放牧。一场大暴雨夹着冰雹突然袭来，当他赶着羊群匆匆下山时，发现山下有一个迷路的女孩，是村里5岁的卓玛。罗桑扎西顾不上惊慌的羊群，把卓玛抱了起来，骑在一头牛的牛背上向沟外奔走。山洪中，牛慌乱了脚步，奔跑中将罗桑扎西摔了下来，当场晕倒，从此落下了腿部残疾。而他紧抱在怀中的小卓玛却安然无恙。

五保户老人才让扎西病重，罗桑扎西拿出家里仅有的800元钱给老人从县上买来抗癌药、止痛药，精心伺候，直至老人含笑离开人世。村民卓玛12岁的女儿在放牧时不慎摔伤，家庭困难无钱看病，他立即给卓玛家送去1500元钱。

罗桑扎西说："自己只是草原上一位普通的牧民，也许做不了什么大事，如果能带动更多的人去尊老爱幼，关心他人，也算为社会尽了一点微薄之力。"他含辛茹苦孝亲敬老，感动草原，那是儿女对父母抚养的感恩。懂得感恩是一种高尚的道德，这种道德是一种财富，需要我们精心呵护；这种道德是一种精神，需要我们不断发扬；这种道德是一种火焰，需要我们添禾加柴；这种道德更是一种力量，需要我们共同传递。

（本例文选自《榜样：100位感动中国的道德之星》，本书编写组，红旗出版社2012年3月版）

钢铁血肉　勇救群众

——爱民模范欧阳海的事迹

欧阳海（1940—1963），男，汉族，湖南省桂阳县人，中共党员。1959年入伍，生前系中国人民解放军 68302 部队 7 连班长。

1963 年冬，在一次野营训练途中，他为了保护 500 多名旅客的生命安全，壮烈牺牲。1964 年，他被广州军区授予"爱民模范"荣誉称号，并追记一等功。同年，国防部命名欧阳海生前所在班为"欧阳海班"。朱德、董必武等老一辈革命家题词号召全国军民学习欧阳海舍己救人的共产主义风格。

一、参 军 报 国

欧阳海出生在湖南省桂阳县莲塘区一个贫苦农民家里。从小就饱受了水深火热的痛苦生活。欧阳海 7 岁时就拿着打狗棍子带着弟弟挨门乞讨。8 岁的欧阳海便挑起了生活的重担。

1949 年，共产党解放了欧阳海的家乡。9 岁的欧阳海第一次得到了人间的温暖。他热爱共产党，热爱解放军，他做梦都想成为一名手握钢枪的战士，为人民站岗放哨，保卫革命的胜利果实。

1958 年冬天，欧阳海到了应征入伍的年龄。他跑了几个地方去报名，可是都扑了空。第二天新兵在沙溪集合时，没报上名的欧阳海缠住兵役局的干部苦苦哀求。领队的同志被他的热情感动，额外地批准他入伍。

欧阳海入伍才 3 个月就加入共青团，并以出色的劳动第一次立下三等功。欧阳海入伍一年后，就被提升为班长。为了搞好全班工作，他处处带头，拼命工作。五次射击，四次优秀；体育科目，上级要求单双杠完成 3 个练习，他提前完成 7 个；学战术，他白天摸爬滚打，夜晚钻研教材，熟悉条令。班长的模范行动鼓舞了全班的同志，仅仅几个月的时间，他领导的四班就成为全师的战术标兵班。欧阳海第二次立下三等功。

二、凌 云 壮 志

1960年5月，欧阳海光荣地加入了中国共产党。他深感自己挑的担子更重了。他认为，作为一个共产党员，每时每刻都应拼命工作，勇挑重担。

部队参加修建铁路时，欧阳海正患着严重腹泻病。领导上决定让他在营房休息。他恳切地要求："连长，我是党员，全连都去支援社会主义建设，我怎么能因为一点小病待在家里。"连长关云贵架不住他再三恳求，终于批准他来到工地。铁路工程时间紧，任务重，为了加速工程进程，领导上决定各排成立突击组，开展红旗竞赛。动员大会上，欧阳海一把将红旗夺在手中："谁也别想把这杆红旗夺走！"他带领全组挑土，每人都是双担，来回都是小跑，你追我赶。第一天评比，别的组每人平均140担，欧阳海的红旗组每人平均200担，大大地超过了规定指标。接连一个半月，红旗一直持在欧阳海手中。修铁路的任务提前完成了，欧阳海第三次立下了三等功。

三、南 岭 青 松

1963年11月，连队准备出发野营。动员会上，欧阳海对大家表示决心说："野营是对我们每个战士的考验。我和七班保证完成党交给的任务。"

18日清晨，欧阳海随着炮兵连进入了峡谷。突然，不远处，两山缝隙里，冲出一列火车。霎时，山谷轰鸣，大地颤动，雨雾疾飞，飞沙刺脸。列车驶近了，炮兵连一匹胆小性躁的黑色马，骤然受惊，背负高大的钢铁炮架，疯狂地蹿上铁道，横在路心，竖耳瞪目，瑟瑟打抖，死活不动。

奔驰而来的列车距离驮着炮架的战马只有40米，眼看就要闯下大祸！欧阳海以异乎寻常的敏捷毫不犹豫地冲上铁轨，使尽全力把吓呆了的牲口猛地往轨道外面推了出去。欧阳海身受重伤俯卧在轨道外侧沙石上。副班长曾阶锋和战士李甫生急忙把班长抱在怀中。火车冲滑了300米后停了下来，司机张世海和王治卫马上向英雄倒下的地方奔来。他俩拉住曾阶锋的手激动地说："快救救这个伟大的战士，是他救了几百名旅客的生命啊！"欧阳海舍身救火车的英雄事迹像疾风一样飞快地传遍了衡山县城。在衡山医院，欧阳海静静地躺着，他是那样安详，好像没有一丝痛苦，突然，他睁开晶亮的眼睛，向人们张望了一下。想不到，这竟是英雄的最后一瞥。

战友们忍泪含悲，在烈士坟前栽下松苗。这些蕴藏着强大生命力的种子，现在已长成一片红松林，像英雄生前一样，骄傲地挺立着……

（本例文选自《感动中国——100位新中国成立以来感动中国人物》，张明林主编，中共党史出版社2010年6月版）

例文 14：拥军模范事迹材料

拥军甘献慈母心　优属尽撒悠悠情

——"拥军优属工作先进个人"、黑龙江省佳木斯市

桥南办事处副主任　尹阿琴

我今年 49 岁，1949 年 11 岁参加部队文工团，13 岁参加抗美援朝，1958 年转业到地方。近 30 年来，我始终如一地为烈军属和部队战士服务，先后两次被省政府授予"拥军优属工作先进个人"称号。

作为幸存者，我心中的信念——对得起牺牲的战友

转业到地方后，组织上安排我担任街道民政助理。在工作中，我看到一些烈军属常常思念战场上失去的亲人，感到寂寞和孤独。特别是有些年迈体弱、生活不能自理的烈属老人，精神负担就更重。每当看到这种情景，我就想起在朝鲜战场上牺牲的战友。1952 年春季，在鱼隐山战斗最激烈最紧张的时刻，我们文工团奉命到前线演出。当时，空中敌机盘旋，地上炮声隆隆，我们却照常为战士们演出。这时，敌人一排罪恶的炮弹落在演出场地，在场的 60 名战友全部倒在血泊之中。我虽然被炸得血肉模糊，46 处受伤，但和另外 5 名负伤的战友幸存下来了。其他 54 名朝夕相处的战友却长眠在朝鲜的土地上，每当想起这些牺牲的战友，我心里就一阵阵绞痛。我反问自己：如果当年我在朝鲜战场上牺牲了，今天的父母不也是和他们一样感到难过和孤独吗？作为幸存者，我应该对得起牺牲的战友，承担起照顾他们父母晚年生活的义务。同时，我又是民政工作者，有责任也有条件为烈军属多做些事情。只要还有一口气，就要尽力为烈军属服务，让烈士的英灵在九泉之下得到宽慰。

从那以后，我对办事处辖区的 19 户孤老烈军属，就像对待自己父母那样，照顾他们的生活，用儿女之情去温暖他们的心。73 岁的朝鲜族烈属韩太姬老大娘，两个儿子都牺牲在朝鲜战场。她孤身过日子，并患有半身麻木和风湿性关节炎，生活不能自理。为了使她愉快地安度晚年，我承担了一个

女儿的义务，经常为她梳头、洗脸、做饭。有一阵，她缺细粮，我就从自己家里拿来大米、挂面和鸡蛋；秋天贮白菜，我挑棵白心实的好菜给送去；引火柴不够烧，我就打发儿子给背一些去。韩大娘有病住院吃不惯医院的饭，我就从家里为她做些可口的饭菜送到医院；她病重时大小便失禁，我一把屎、一把尿地给收拾、洗涮；临终时我给她穿上了寿衣，送到火葬场。20多年来，我先后为37户这样的孤老烈军属送了终。

人是有感情的。特别是老年人，他们不仅需要生活上的照顾，也需要精神上的安慰。每逢春节，那些孤老烈军属更是想念失去的亲人。为了解除他们的孤独伤感之情，使他们欢度节日，我有六个春节是在烈属曲玉爱老大娘家里度过的。好几个大年三十晚上，孩子找我回家吃团圆饭，我都没有回去，而是陪伴着曲大娘包饺子、守岁。由于我把感情倾注到那些孤老烈军属身上，他们也都把我当成了自己的亲闺女。烈属李淑琴老大娘在山东有几位亲属，她要求返籍安度晚年。我把她送上火车，并安排专人护送。临开车的时候，我们俩都哭得像个泪人，她紧紧握住我的手说："闺女啊，这些年我可得你的济了，也把你拖累得够呛，我打心眼里舍不得离开你啊！"李大娘哭着走了。当时我的心空荡荡的，说不出是什么滋味，好长时间也缓不过劲来。

我在帮助烈军属排忧解难的同时，还扶持他们搞些力所能及的多种经营生产，增加收入，勤劳致富。退伍军人孙广清是二等甲级残废军人，儿子也是个残疾人，全家靠每月50元补助费维持生活。听说他会修自行车，但没有本钱；我就积极向民政局建议，提前支付一年的残废金，帮助办起了"荣军自行车修理铺"。同时，我还把他的残疾儿子安排到街道福利厂工作，使他家的生活逐步改善，现在已经成为万元户。

实践使我感到，拥军优属工作是一项社会性工作，只凭一个人的热情和力量是不行的。于是，我就发动大家去干，组织成立了拥军优属三包小组和联合服务网。现在优属包户服务工作在我们办事处已经形成了制度，成为大家的自觉行动。多年来，我总是忙忙碌碌，许多人不理解，有人对我说："阿琴，你自己就是一个残废军人，不要国家照顾就行了，还管那么多事干啥？"孩子们也对我说："妈，你整天东跑西颠，越老跑得越欢，越是过年过节越不着家，累得腿脚都肿了，图个啥呢？"是的，我啥也不图。我就觉得我是战场上的一个幸存者，应该这样做，只有这样才对得起那些牺牲的战友。

作为母亲，我自觉的奉献——向子弟兵敞开慈母的胸怀

1979 年初，新组建的一个部队驻防佳木斯。当时正是隆冬季节，战备施工任务紧张，条件十分艰苦。干部战士们日夜抢修工程，衣服脏了来不及洗，破了也顾不上补。看到这种情况，我就问自己：这要是自己的孩子该怎么办？当年母亲送我参军时的情景又浮现在眼前。我妈妈生了我们姊妹七个，那时家境贫困。我当兵临走的那天，妈妈攥着我的手，眼泪汪汪，送了一程又一程，最后站在高坡上望着我，久久不肯离去。如今我也是两个孩子的妈妈了。切身的体验，使我对这种母爱有了更真切的理解。我深深感到，孩子都是娘的肉，哪个母亲不疼儿？这些小战士尽管不是我身上掉下来的肉，但他们为保卫祖国离开了亲娘，我作为第二故乡的母亲，应该无私地敞开慈母的胸怀，让战士们得到母亲的爱，感受到社会主义大家庭的温暖。于是，我组织了一个拥军服务队，深入到军营，为子弟兵服务。

记得第一次活动我们一共去了 46 位老太婆，年龄最大的 70 岁，最小的 41 岁。早晨 5 点钟，我们用手推车推着两台缝纫机、16 个大洗衣盆，带着肥皂、布角、针线包、老花镜，冒着大雪出发了。为了防止路上滑倒，我让大家用绳子缠上鞋，步行 6 公里路，来到部队的临时驻地。当天就把一个连队的 120 多床被褥全部拆洗一遍，130 多件脏、破衣服全部洗净、补好，直到晚上 8 点多钟才回家。一天的劳动虽然把我们这帮老太婆的腰累酸了，手搓肿了，但我们心里却很敞亮，觉得尽到了母亲的一份责任。从这以后，我们坚持每月登门服务一次。后来部队搬到新营房，距市区 10 多公里路，我们还是定期前去服务。

头几次到部队服务，连队都给我们安排饭，不吃还不行，后来我想，部队新组建，底子薄，副食基地还没建立起来，战士的伙食标准又比较低，我们怎么能再给部队添麻烦，从孩子的碗里分饭吃呢？于是我们就自己带饭。每到部队开饭前，我们就拿着饭盒躲起来。就是这样，后来也不行，你躲起来，干部战士四处找。我们就又想了一个办法，小来小去的活在部队干，大一点的活用褥单包好，每人一大包背回来，洗净补好后再给送去。把活拿到

家里干，说起来简单，其实并不那么容易。夏天还好办，上午洗下午就干了，第二天就可以送回部队。可是冬天就不好办了，在外面冻几天也干不了。为了不影响战士用，我就把炕头腾出来烘衣服，10多件衣服一烘就是一宿，第二天起早送回部队。1983年冬，我们这里下了一场罕见的大雪，全市交通阻塞，许多工厂停产。韩振琴、葛淑珍两位老大娘前一天从部队拿回来的50件军衣虽然缝洗好了，但因大雪封门无法送去，急得两位老人团团转。但她们想到山上的战士急等衣服要换，就毫不犹豫地背着两大包军装，蹚着没膝深的大雪，互相搀扶着向部队走去。10多公里路，足足走了5个小时，到部队时身上的棉袄被汗水浸透了。战士们看到这种情景，紧紧握住两位老妈妈的手，流下了感激的热泪。几年来，我们共为部队拆洗被褥1200多床，拆洗、缝补军装上万件，送慰问品8000余件。战士们热情地称我们是"老妈妈服务队"。

作为老战士，我最大的希望——每个年轻战友都能成为一名真正的军人

曾经有人这样问过我："阿琴，你最大的希望是什么?"我感到，我曾经是个军人，在战场上经受过生与死、血与火的考验，我懂得一个军人的真正价值。作为一个老战士，我最大的希望就是每个年轻的战友都能以自己的行动去珍惜、维护革命军人这个神圣的称号，当他站在用烈士的鲜血染红的军旗下的时候，能够感到问心无愧。是这样一件事使我认识到了一个老战士的责任。有一次，十二委的许秀芝老大娘，在整理从部队拿回来准备拆洗的衣服时，发现里面有一条新军裤，裤兜里有一张纸条，上面写道："亲爱的老妈妈，我这条裤子太肥了，穿着不好看，请您给我改瘦一点，最好带点喇叭型，好吗?"许大娘把这张条子拿给我看，问怎么办。我想，部队的服装都是统一型号，怎么能随便改呢?就告诉她不能改。晚上躺在床上，我反复想这件事，感到过去我只注意在生活上照顾，很少在思想上关心、帮助他们，没真正尽到一个老战士的责任。第二天我来到部队，同这个战士谈心："爱美是人的天性，我并不反对你穿喇叭裤，但在部队里不行。作为军人，必须有严格的组织纪律观念。再说你们现在军事训练、战备施工又特别紧张，如果给你改个瘦腿裤子穿在身上，伸不开腿，哈不下腰，稍一使劲裤线就开

了，到那时不还得大妈来给你缝吗？更何况军人的美并不在于穿什么样的裤子，而在于整齐、威严、庄重，如果谁想怎样穿戴就怎样穿戴，部队不就乱套了吗？"一番话说得这个战士心服口服。

从这以后，我每次到部队都要和战士谈谈心，鼓励他们积极上进。有一次我们到部队服务，看到两个战士蒙着被子躺在床上。我赶紧走上前摸了摸他们的额头，看看热不热，并安慰说："孩子，要注意休息，好好养病。"说完就张罗着要给买水果、罐头。两个战士看到这种情况，感动得流出了热泪，他们病未痊愈，就又上工地去了。这几年部队的条件有了很大改善，但一些新战士还总觉得艰苦。为了教育他们，我平常和战士们唠嗑时，就把当年住板房、睡地铺，甚至没水几天不洗脸的情形讲给他们听。有的战士到街道来帮助搞卫生，我就把委员会里的老复员退伍军人请来，给他们讲解放军的光荣传统。还发动老妈妈们从家里拿来600多册书和笔记本，送给战士们学习用。部队首长深有感触地说："我们给战士们讲革命传统，他们说这是在上政治课，不大愿意听。可同样是那些事，从你们嘴里说出来，他们就往心里去，部队真离不开你们的帮助啊！"

30年来，我只是略尽了一个幸存者、一个母亲和一个老战士的责任，是微不足道的。今后，我要以一个老战士的身份，在有生之年，竭尽自己的全部心血，为部队和优抚对象服好务，让军民团结的光荣传统发扬光大。

（本例文选自《新时期的英模》，中国人民解放军总政治部组织部编，解放军出版社1987年11月版）

例文 15：优秀共产党员事迹材料

当代雷锋——郭明义

郭明义，男，1958 年 12 月生，辽宁鞍山人，1977 年参军，1980 年入党，1982 年复员到齐大山铁矿工作。历任鞍山钢铁集团矿山公司齐大山铁矿生产技术室采场公路管理员。先后任矿用大型生产汽车驾驶员、车间团支部书记、矿党委宣传部干事、车间统计员兼人事员、英文翻译等。郭明义先后荣获部队学雷锋标兵、鞍钢劳动模范、鞍山市特等劳动模范、全国无偿献血奉献奖金奖、鞍山市无偿献血形象代言人、中央企业优秀共产党员、全国"五一劳动奖章"、全国优秀共产党员等荣誉称号；2011 年被评为第三届全国助人为乐道德模范；2011 年 2 月 14 日荣获 2010 年感动中国人物。2012年 3 月 2 日，中央精神文明建设指导委员会授予郭明义同志"当代雷锋"荣誉称号。

1977 年 1 月 11 日，时任鞍山军分区副政委的老红军余新元，亲手把郭明义送上了运兵的专列；1960 年 1 月，同样是在鞍山火车站，余新元还曾把另一个鞍钢矿山的小伙送上军列，他的名字叫雷锋。当年尚显青涩的雷锋、郭明义，都曾代表各自的新兵群体发言，宣誓在部队做个好兵。这铮铮誓言，成为伴随他们一生的追求。送雷锋、郭明义踏上军列时余新元肯定不曾想到，这俩小伙竟然一前一后都成长为感动中国的人物。

"郭傻子"——俺们工友的贴心人

2006 年夏，郭明义听说工友张国斌的女儿张赫得了白血病，立刻到医院去探望，还给孩子留下 200 元钱。

过了不久，郭明义又得知工友刘孝强儿子刘壮得了再生障碍性贫血，也同样需要合适的造血干细胞。于是，他找到鞍山市广播电台交通台，带着张国斌，还有刘孝强的妻子邹玉红到交通台搞直播，向全市征寻造血干细胞。

对郭明义的行为，开始好多人不理解，甚至有人送他一个绰号——"郭傻子"。可是，随着人们对郭明义的了解，知道他不仅不傻，而且非常聪明。

20 多年来，越来越多的人理解了"郭傻子"并和他站到了一起：鞍山市成立了第一支无偿献血志愿者服务队、第一支红十字志愿者服务队、第一支红十字志愿者急救队、"郭明义爱心联队"。齐大山铁矿有职工 2000 多人，参加郭明义各种爱心组织的超过 1000 人，几乎占到全部职工总量的 50％。

资助贫困儿童——郭明义的希望工程

追溯郭明义的奉献善举，要从 1994 年说起。在电视里看到偏远山区的孩子辍学的新闻，看到希望工程的"大眼睛"公益广告时，他被孩子们企盼念书的眼神牢牢抓住了，内心受到强烈冲击，来自心灵深处的声音告诉自己"一定要为他们做点什么"。第二天，他向岫岩满族自治县山区一名失学儿童捐献 200 元，十几天后，又给这孩子寄去 200 元。

此时的郭明义月收入不足 600 元，上有年迈的父母，下有正在上学的女儿，一家三口，挤在市郊 20 世纪 80 年代中期所建的不足 40 平方米的单室里。到现在，郭明义依然住在这里，月收入也就 2000 多元，但是，为了让更多的孩子走进课堂，他 15 年来，已累计捐款 7 万多元，帮助了 100 多名贫困儿童。

从踏上"资助"之路起，郭明义的脚步从来没有停止过，最多时一年资助过 6 名学生。13 年来，郭明义的爱心撒播在海城、岫岩及鞍山市区等地。他先后资助了 100 多名贫困的小学生、中学生以及大学生，捐助资金达 5 万余元。然而，他知道还有很多孩子需要帮助。2008 年 3 月 4 日，他发起成立了以捐资助学为主要活动的"郭明义爱心联队"，仅一年半时间，"爱心联队"的成员已经从开始的 12 人发展到 30 人，已资助了 120 多名贫困学生。

"献血大户"——献血量是他自身血液的 10 倍多

1990 年，齐大山铁矿号召职工义务献血，郭明义立刻报了名。

这是郭明义第一次献血。从此，他年年坚持无偿献血，有时一年两次，20 年了，从未间断。

2005 年，郭明义又开始捐献血小板，每月捐献一次，已捐献 40 多次。郭明义已累计献血 6 万毫升，相当于他身体全部血液量的 10 倍多。2008 年

12月，郭明义获得国家卫生部颁发的"全国无偿献血奉献奖金奖"。

郭明义还经常向工友们宣传无偿献血的意义和相关知识，带动更多人加入无偿献血队伍中来。较大规模的献血郭明义组织了10余次，累计献血达到10万多毫升。2008年，鞍山市第一支"无偿献血志愿者服务队"成立，郭明义被推选为队长……

正像郭明义的街坊邻居说的，郭明义的好事，三天三夜说不完。

在第49个雷锋学习日来临时，我们记起了胡锦涛总书记的指示，他说，郭明义同志是新时期学习实践雷锋精神的优秀代表。

此刻，重温2011年感动中国人物颁奖词，或许我们能够更加清楚地看到，郭明义这位新时期的"活雷锋"的精神内涵：他总看别人，还需要什么，他总问自己，还能多做些什么。他舍出的每一枚硬币，每一滴血都滚烫火热。他越平凡，越发不凡，越简单，越彰显简单的伟大。

（本例文选自《榜样：100位感动中国的道德之星》，本书编写组，红旗出版社2012年3月版）

例文 16：优秀县委书记事迹材料

永远活在人民心中的县委书记——谷文昌

在福建省东山县，到处传颂着老书记谷文昌的动人事迹。他虽然去世22 年了，但他的名字一直铭刻在人民心中，并没有因为他的去世而泯灭，也没有因为岁月的流逝而淡忘。他和全县人民共同创造的业绩，至今在东山大地上闪耀着熠熠光辉。随着东山日新月异的变化，人们对他的怀念与日俱增。

昔日东山，风沙肆虐，旱涝为害，一片荒凉。谷文昌和县委一班人带领全县军民拼搏奋战了 14 个春秋，植树造林防治风沙，打水井、建水库抗旱排涝，修公路、筑海堤、建海港、造盐田……从根本上改变了东山旧貌，为今天的全面发展奠定了坚实的基础。

"一任接着一任干，历任都有新贡献。"特别是改革开放、贯彻落实"三个代表"重要思想以来，东山县发展工业，调整农业，兴办第三产业，开发旅游，呈现出生机蓬勃、兴旺发达的景象。一座水碧、沙白、林绿、礁奇的海岛，雄踞于万顷波涛之中。农业经过产业结构调整，已建立起芦笋种植、海洋捕捞、网箱养鱼、围垦养殖、水果开发五大高优农业生产基地，农业商品率达 96％。去年农民人均纯收入 4171 元，成为全省第一批农村小康县。工业已经形成芦笋制罐、水产加工、建材开发、塑料包装、海盐生产等产业支柱。旅游业从无到有，旅游收入达 2.7 亿元。党的建设、精神文明建设、民主法制建设和社会各项事业取得明显进步。近几年先后被评为"全国科技工作先进县""全省基层组织建设先进县""全省环境最佳县""国家级生态示范县"，连续四次荣获"全省双拥模范县"等荣誉称号。

对于今天的发展和进步，东山人民很自然地把它同共产党、解放军和改革开放、"三个代表"重要思想紧密地联系在一起，同老书记谷文昌紧密地联系在一起，称赞他是"东山翻身解放的带头人，幸福富裕的奠基人""共产党的好干部，人民的好书记！"

不朽丰碑，一个铭刻在人民心中的共产党人

谷文昌，太行山的儿子，河南省林县（今林州市）人。1950 年 5 月随

军渡海解放东山岛，先后在这里担任城关区委书记、县委组织部长、县长、县委书记，1964年调任省林业厅副厅长。"文革"期间下放宁化县农村劳动，1972年后曾任龙溪行署林业局长、农办主任、副专员。

谷文昌在病重弥留之际深情地说："我喜欢东山的土地，东山的人民。我在东山干了14年，有些事情还没有办好。死后，请把我的骨灰撒在东山，我要和东山的人民，东山的大树永远在一起！"1981年1月30日，癌细胞夺走了他的生命。噩耗传到东山，东山的树静静地默哀，东山的水呜咽悲鸣，东山的人民泣不成声："谷书记，没有你哪有我们的今天！"

政声人去后，丰碑在人间。1986年，县委为了弘扬谷文昌精神，满足广大群众的心愿，决定将谷文昌的骨灰安葬在当年他亲手建起的赤山林场。村民们听到这一消息，纷纷赶来，为他的坟墓添加一抔热土。山口村第一任党支部书记陈加福说："谷书记，你为我们辛苦了一辈子，现在我要天天打扫陵园，为你守墓一辈子！"许多两鬓斑白的老人说："过去刮一阵风，谷书记就一脸沙、一身汗地赶来看我们，现在就永远和我们在一起吧！"

1987年7月，在茫茫林海中树起一座"谷文昌同志万古长青"的丰碑。五六十年代和他一起在县委工作过的同志相约来到碑前，栽下8棵青松。面对丰碑，他们重复着谷文昌经常说的话：一个人活着要有伟大的理想，要为人民做好事，为人民奋斗终生。回乡探亲的海外同胞，亲眼目睹了故乡的沧桑巨变，恭恭敬敬地前来瞻仰："共产党真了不起，把人间荒岛变成了人间乐园。丰功伟绩，足以雄视百代。"每逢清明、春节等尊老敬宗的传统节日，当地群众"先祭谷公，后祭祖宗"，许多人带着朴素的感情到碑前缅怀："谷书记，你领导我们战胜贫困，送走穷神，我们不会忘记！"

1990年，全县党员、干部、职工、学生三四万人捐资，为谷文昌建造了一座半身雕像，时任省委书记陈光毅题写了"绿色丰碑"四个大字。12月10日，参加雕像揭幕仪式的有上万人。昔日的"乞丐村"——山口村全村老幼来到雕像前表达他们的思念："谷书记，您生前种树，死后还回东山看护着树林。"

多年以来，中共东山县委、漳州市委、福建省委先后发出向谷文昌同志学习的通知。特别是在开展"三讲"和"三个代表"重要思想学习教育活动、贯彻党的十六大精神中，广大党员干部以谷文昌为榜样，找差距、定措施、抓落实。省、市教育部门把谷文昌的事迹编入当地中小学乡土教材，用谷文昌精神教育下一代。《福建日报》等媒体用多种形式广泛宣传谷文昌事迹。

1999年，全县各界捐资修建了谷文昌事迹展览馆及谷文昌公园。工人、农民、解放军战士、学生怀着崇敬的心情经常到这里参观、瞻仰，少先队员到这里过队日，党员、团员到这里举行入党（团）仪式，过组织生活。许多人动情地说："如今虽然时代不同了，但是，为人民服务的宗旨不能忘，艰苦奋斗的精神不能丢！""全面奔小康，必须学习谷文昌！"

2001年4月省林业厅在东山召开现场会，将谷文昌誉为"林人楷模"，号召全省林业职工学习。

在福建省，凡是知道谷文昌的人，无不对他肃然起敬，大加赞扬。1963年，时任省委书记的叶飞考察东山后，对那里的变化感到吃惊，当即提出让谷文昌在即将召开的全省农村工作会议上介绍经验，并向省委建议重用谷文昌。1981年，时任省委书记项南看了东山后，非常激动地说："搞四化建设就需要这样的好干部。"当听说谷文昌病危时，他连夜冒雨赶往漳州看望。谷文昌去世后，他建议《福建日报》在头版发表消息，并亲自将标题改为《为东山人民造福的谷文昌同志去世》。

谷文昌南下后把中原的先进生产技术、工具介绍到东山，又把南方的经验传播到林县。两县人民为了纪念这位党的好干部，共同在他家乡建立了"谷文昌纪念碑"和"文昌阁"。

丰碑是由事业和民心铸成的。一个热爱人民的人，必然得到人民的热爱。谷文昌的精神和业绩，鲜明生动地回答了一个共产党员"入党为什么，当了干部做什么，身后留点什么"的历史课题。也向我们说明，共产党人只有始终代表先进生产力的发展要求，代表先进文化的前进方向，代表最广大人民的根本利益，才能赢得人民群众的爱戴。

百折不挠，一心让人民过上好日子

千百年来，东山人民被风、沙、旱、涝压得抬不起头、喘不过气。那里流传着这样的民谣："春夏苦旱灾，秋冬风沙害。一年四季里，季季都有灾。""微风三寸土，风大石头飞。"据解放时的记载，东山一年中刮六级以上大风的时间长达150多天，在全岛194平方公里的土地上森林覆盖率仅为

0.12％。中华人民共和国成立前的近百年间，风沙吞没了 13 个村庄，1000 多座房屋，3 万多亩耕地。1949 年全岛 6 万多人，有 2000 人死于天花，外出当苦力、当乞丐的占 1/10。地处风口的山口村共 900 多人，讨饭的就有 600 多人。山口、湖塘两村的 1600 人中因风沙为害而患红眼病、烂眼病的 400 多人，失明或半失明的 90 多人。海岛东南部横亘着 30 多公里长的沙滩，茫茫一片，寸草不生，还有 40 多个流动沙丘，沙随风势不断向人们进逼。有田无法种，种了无收成。粮囤空空，锅里煮着青菜，一年到头缺吃缺烧，许多人扶老携幼，拿着空篮破碗外出讨饭，乘船过海到大陆上割草砍柴。

面对多灾多难的群众，谷文昌流下了泪水，吃不好饭、睡不好觉，做梦也在想着战胜风沙，根治旱涝，让人民过上好日子。他反复思考一个问题："群众希望共产党给他们带来幸福，如果我们不为民造福，要我们到这里来干什么？群众分到了土地，但种不出粮食，分地又有什么用？""不解除群众疾苦，我们心里有愧啊！"

在这样一个世代受苦的地方，谁不想改变面貌呢？但是，怎么改？怎么变？很多人感到无能为力。谷文昌动情地说："共产党人，不能做自然的奴隶，不能听天由命，不能在困难面前退缩！"

"要向风沙宣战，条件再差也要建设社会主义！"

经过多次讨论，县委、县政府的思想统一了："挖掉东山穷根，必先制服风沙。"他们带领群众踏上了治理风沙的漫漫征途。

在一个飞沙走石的冬天，谷文昌率领林业技术员吴志成等同志，探风口、查沙丘，在风沙扑打中前进，用血肉之躯，感受狂风的力度、飞沙的流向。从苏峰山到澳角山，从亲营山到南门湾，谷文昌走遍了东山的大小山头，把一个个风口的风力，一座座沙丘的位置详细记录下来。他走村串户，和村干部、老农民促膝长谈，制订了"筑堤拦沙、种草固沙、造林防沙"的方案。

从计划到实践、从实践到成功，是一个多么艰难的历程啊！县委、县政府统一指挥，千万人上阵，花了几十万个劳动日，在风口地带筑起了 2 米高 10 米宽的拦沙堤 39 条、22000 多米。但是，好景不长，仅仅过了一年，无情的风沙就摧垮了长堤。种草固沙，谈何容易！草籽播下，不是随风沙搬家就是被掩埋沙底，勉强出土的幼苗，一经风吹沙打随即奄奄一息。县委、县政府领导群众植树造林，先后种过 10 多个树种，几十万株苗木，一次也没有成功，灾荒和贫困依然笼罩着东山。许多人摇头叹息："东山这个鬼地方，神仙也治不住风沙！"

失败和挫折，没有压垮谷文昌。他指天发誓："不制服风沙，就让风沙把我埋掉！"他和县委的同志一道认真总结经验教训，重新制订方案。1956 年东山县第一次党代会还就全面实现绿化、根治风沙通过决议。谷文昌号召全县人民"苦干几年，将荒岛勾销，把灾难埋葬海底！"他还描绘了一幅宏伟蓝图："要把东山建设成美丽幸福富裕的海岛。"

1957 年，转机终于出现了，喜讯不断。林业技术员吴志成报告，查到了国外种植木麻黄有效防治风沙的资料。谷文昌高兴地说："不管外国货中国货，只要能治风沙就行！"第二个喜讯，省林业部门通报：广东省电白县种植木麻黄成功。又一个喜讯，调查组发现白埕村的沙丘旁生长着 6 株挺拔的木麻黄。谷文昌面对一个个信息又惊又喜，第二天就带领参加县区乡三级干部会议的同志到 6 株树下，边看边议。木麻黄能在这里成活，全岛不能种活吗？时任县委农业部长（后为副书记）的靳国富带领林业技术员、农村干部 20 多人到广东省电白县参观。他们亲自种树，实地学习，还向电白县的同志要回一捆树苗，分种在西山岩林场和几个村庄，一段时间后，长势甚好。县委决定：大种木麻黄。县长樊生林亲自指挥调种。全县派出 230 多人到厦门、永春、平和、南靖等地采种。省林业厅、地委、专署大力支持，林业部从国外进口树种给予支援。

改变东山面貌的时机到了！1958 年县委向全县军民发出号召："上战秃头山，下战飞沙滩，绿化全海岛，建设新东山。"谷文昌亲任指挥，驻岛部队和有关部门负责同志任副指挥。县直机关干部、驻军、工人、农民、店员、学生，几天突击，种下 1000 多万株木麻黄、黑松、相思树等幼苗。人们看着这绿色的生命，忘记了苦干的疲劳，绽开喜悦的笑脸，翘首企盼新生命的复苏。岂料，天不作美，树刚种完，气温突降，持续一个多月的低温，成活的树苗寥寥无几，东山的绿色之梦再一次被击碎。

面对大片枯死的树苗，悲痛、叹息、埋怨、懊丧、讽刺、挖苦接踵而至。有的说："荒沙能长树，鸡蛋能长毛！""夏天烫得可炒花生，冬天狂风吹倒房，站不住人、睁不开眼的地方怎么能种树呢？"谷文昌到白埕村现场，看到大片苗木死掉了，但又发现九株幸存者。他看了又看，摸了又摸，亲切地对技术员和随行的同志、赶来的群众说："没有失败就没有成功，失败了再干，这就是共产党人的气概和风格！大家看，不是活了九株吗？能活九株，就能活九千、九万，绿化全东山。""只要我们有决心，光秃秃的海岛，一定会变成绿油油的海岛。"他还风趣地说，待树木长高了我们要昂起头来看，还得当心帽子掉下来呢！

吃一堑长一智。东山县委组成了由领导干部、林业技术员、老农三结合的试验小组，谷文昌亲任组长。他们在飞沙滩上，"旬旬种树"，定时观察气候、湿度、风向、风力对新种植木麻黄回青、成活的影响。谷文昌又在白埕村和村林业队一道种下20亩丰产试验林。功夫不负有心人，他们终于摸清了木麻黄的生长习性，总结出了种植木麻黄的技术要点，并通过多种方式让广大干部群众掌握。为了在全县造林，县委制定了新的政策：国造国有，社造社有，房前屋后个人所有。集体种树实行包工、包产、包成本、包质量，同工同酬，一亩以上的育苗地抵销征购任务。政策调动了群众的积极性，试验坚定了群众的信心。

1959年，在全县军民植树造林誓师大会上，谷文昌代表县委提出了绿化东山的目标："举首不见石头山，下看不见飞沙滩，上路不被太阳晒，树林里面找村庄。"每逢雨天，有线广播即刻播送造林紧急通知，各级干部率先冲进雨幕，百里海滩上布满了造林大军，歌声同雨声齐飞，汗水与雨水交融。连续3年，天一下雨，东山人民就冒雨出动，先后植树8.2万亩。400多座山头，3万多亩沙滩，全部披上了绿装。

种树还要管树。县政府下发文件：老天下雨就冒雨种树；天旱了幼树不返青，磨破肩膀、冒着烈日、踏着火烫的细沙也要挑水浇树；遇到大风天气，要及时把被风沙掩埋的幼树挖开，被吹歪了的扶正；肥料不足，到大海捞小鱼小虾积肥喂幼树。全县广泛开展护林教育，加强病虫防治，很快建立起62个林业队，有护林员1100多人。谷文昌每次下乡总要带上一把剪刀、一把铁铲，看见歪倒的小树亲手扶起来，看到该剪的枝杈随手剪掉。他爱树如命，见人就说，谁要伤一棵树，就是伤了我的胳膊，谁折断一根树枝，就是折了我的手指。他经常告诫基层干部："喊破嗓子，不如干出样子。"在他带动下，全县管树护林蔚然成风。细种精管，几年下来，177条每条宽50

至 100 米、总长达 194 公里的林带，覆盖了东山大地。一排排木麻黄四季常青、昂首挺立，构成第一道防线。用材林、经济林次第展开，纵横交错，宛如一条条绿色长龙，顶狂风、镇飞沙、抗怒涛，环护着田园村舍。"林成片，地成方，大路两旁树成行"，不仅美景如画，而且扩大耕地 1 万多亩，改良农田 7 万多亩，提高了复种指数，出现了林茂粮丰、百业兴旺的景象。群众高兴地说："人种了树，树保了地，地增了粮，粮养了人"，"林带就是粮带、钱带、生命带"。谷文昌所描绘的蓝图变成了现实：荒岛变绿洲。

40 多年过去了，经过全县人民的不懈努力，目前全县林地面积已达 12 万亩，森林覆盖率达 36%，绿化率达 96%。据省林业部门测定，岛上风力减弱了 41%—61%，冬温提高了 1.5 摄氏度，蒸发量减少 22%，相对湿度提高 10%—25%。过去颗粒无收的沙地，现在不仅可以种植粮食作物，而且大量种植优质高效的经济作物，荔枝、龙眼、芒果也已在这里安家落户。一个个荒沙村，彻底摆脱了风沙之苦，人们生活在枝繁叶茂、绿树成荫、花红草绿的优美环境中。一些富裕起来的小康村年人均收入 6000 多元，粉墙红瓦的别墅楼林立成片。人们面对蓝天碧波，无忧无愁，抚今追昔，怎能忘怀当年与他们同甘共苦的谷书记呢！

实事求是，一切向人民负责

东山解放后，面临一个非常特殊的"壮丁"家属问题。蒋军溃退时从岛上抓走的"壮丁" 4700 多人被迫当了国民党兵。他们的家属、姻亲关系遍及全岛。能不能为他们摘掉"敌伪家属"这顶帽子呢？谷文昌想到了入岛的那一天，既有欢腾的锣鼓，又有哭诉的群众，"亲人哪！你们怎么不早来一天？"谷文昌向县委提出建议："共产党人要敢于面对实际，对人民负责。国民党造灾，共产党要救灾。"县委决定：把"敌伪家属"改为"兵灾家属"。对他们政治上不歧视，经济上平等相待，困难户予以救济，孤寡老人由乡村照顾。这两个字的改变，是一项多么重大的政策！又需要多么大的勇气和胆量啊！一项德政，十万民心。这些家属对国民党恨之入骨，对共产党亲上加亲。他们说："国民党抓走亲人，共产党却把我们当作亲人，哪怕死了做鬼，也愿为共产党守岛。"

1958 年，"千斤稻，万斤薯""拔白旗，放卫星"之风吹进海岛。在地区评比的图表上，东山养的猪还不如外县的猪尾巴大。谷文昌心里有数，掷下铿锵有力的四个大字：实事求是。年终东山县超额完成生猪调拨任务，在地区评比表上"猪尾巴"变成了"猪头"。

大炼钢铁之风吹遍全国，许多地方小高炉林立，炉火熊熊，扶"钢铁元帅升帐"。东山怎么办？谷文昌冷静地说："东山缺柴烧，又没有矿石，怎么炼？"上边催得紧，下边更着急。谷文昌说："那就先砌个炉子试一试。"试的结果，不言而喻。

"人有多大胆，地有多高产"的口号铺天盖地，把亩产吨半谷万斤薯的典型吹上了天。谷文昌带上县乡干部到"吨半谷"的地方参观。不看不知道，一看吓一跳。谷文昌彻底明白了，这样的密植不能搞。但是，上边批评他"右倾保守"。他却不急不躁地说："我们先试一试吧！"他在埯英大队搞了一分试验稻，按照上边的要求密植，一周后叶黄了、根烂了。还在山后大队搞了一亩密植地瓜试验，结果是枝叶茂盛，但不是万斤薯，而是万根须。

当"大办食堂敞开肚皮吃饱饭"的时候，食堂的大锅里却没有饭吃，有些人还得了水肿病。谷文昌面对现实，直言不讳："革命的目的，就是为了群众生活，如果我们不关心群众疾苦，就是没有群众观点，就无所谓革命。"他鲜明地提出，"抓生活就是抓政策，就是抓生产力。"他建议渔业部门向灾区群众每人出售几十斤杂鱼，盐业部门供应低价盐，向地委、专署报告实际情况……县委做出决定："不准在东山饿死一个人！"要特别关心妇女、儿童、老人；机关干部要下基层，组织农民抢种蔬菜和早熟作物，安排生活；组织医生、护士下乡巡回医疗，为群众治病。地委、专署也向东山调拨了200万斤粮食。谷文昌和县委办公室、组织部的同志到困难较大的樟塘村蹲点，住在农民的柴草间里，一日三餐与群众吃在一起，白天和群众一起劳动，晚上与群众一起座谈，共商抗灾和恢复发展生产大计。当时谷文昌身患胃病、肺病，常常头昏、咳嗽、出冷汗。随行的同志找医生开了证明买来一斤饼干，他当即严肃批评并让退掉。他说："我们要和群众吃一样的饭，受一样的苦，干一样的活，群众才会信任我们。"经过几个月的艰苦奋斗，终于带领全县人民度过了最为困难的日子。

谷文昌经常教育干部，无论办什么事情都要有群众观点，为群众着想，从实际出发，不能随心所欲。他语重心长地说：事实是无情的，好的动机并

新编典型材料写作方法与范例

不一定收到好的效果。要把动机和效果统一起来，必须深入群众，吃透情况。他说："我们既然是为人民服务的，为什么不多听听群众的意见呢？"

他要求干部坚持群众路线，发扬优良作风，到农村工作时，不当东转西看的"风水先生"；说话办事一是一、二是二，不能弄虚作假；吃饭住宿不搞特殊；关系群众的事同群众商量，不能强迫命令。谷文昌还要求干部"把政治、技术、业务结合起来，孜孜不倦地学习。结合的最好方法是做什么学什么，管农业的，要懂农业、会干农活，管盐业的要会制盐坎、晒盐……不仅要从书本上学，还要从实践中学"。他以身作则，不仅刻苦学习理论，而且带头学习技术。

谷文昌一年到头，大部分时间在基层。东山的山山水水闪动着他的身影，村村寨寨留下他的足迹，在田头他与农民席地而坐谈生产，在村舍他与农民一道卷着土烟拉家常。全县四五百位生产队长，他大都能叫出名字来。干部找他汇报工作，群众找他反映问题，他什么时候都不烦，三更半夜也不嫌。他自己常年穿一双黑布鞋，一套灰中山装，深入到田间，挽起袖筒植树，卷起裤脚犁田，拿起钢钎打石头，群众想什么，盼什么，他就带领群众干什么。这样的县委书记，怎能不赢得群众的信任呢？

殚精竭虑，一刻不停地为人民造福

东山岛地处福建东南海域，与大陆的最近距离只不过五六百米，但水深浪高，给群众的生产生活带来很大困难。千百年来，舟覆人亡的惨剧时有发生。世世代代的海岛人，总想有一天奇迹出现，天上的玉皇或哪一路神仙修一条海堤，架一座彩桥，把东山与大陆相接，使孤岛变成半岛。几百年、几千年过去了，奇迹没有出现，人们面对滚滚怒涛，无不望而生畏，"精卫填海"只不过是千古神话。当时的东山，人力、财力都非常有限，修一条海堤谈何容易！

"把海岛变半岛"是人民群众的愿望。谷文昌说："人民的需要就是我们的工作。我们要敢闯新路，勇往直前！"他反复听取群众和技术人员的意见，与县委、县政府的同志酝酿讨论，毅然拍板：修一条海堤！把海岛与大陆连接起来，将会促进海岛发展，扩大对外联系；方便群众，免除舟楫之苦；有利于加强战备，巩固国防；促进发展养殖，利用苦卤制造化工原料；围垦盐田，扩收渔盐之利；沿堤修筑渡槽，引大陆淡水入岛，解决人畜饮水、浇地用水……

谷文昌担任建堤领导小组组长，县长樊生林亲任指挥。经过勘察设计，海堤从东山县八尺门至云霄县。这一段海水最深处10.9米，全长569米，外延公路1000米。大堤高出水面5米，底宽110米，顶宽13米，防浪墙高6.25米。初步测算需投入普通工、船工、技工100万个工日，土、石、沙料近50万立方米，总投资200万元。真可谓工程浩大！福建省委、省政府、龙溪地委、专署批准了这一方案，由国家投资，福州军区、龙溪军分区全力支持。1960年初工程动工，县长樊生林吃住在工地，全力以赴，具体指挥。东山县民工是主力，龙海、云霄、诏安等县的民工、船工、技工，驻岛部队指战员、机关干部组成了浩浩荡荡的筑堤大军。谷文昌经常到工地检查指导，参加劳动。经过一年多的艰苦奋战，到1961年6月海堤竣工，天堑变通途，海岛变半岛的美梦终于成了现实。如今从东山开往四面八方的大小车辆，日夜在海堤上穿梭；高21米长4公里的雄伟渡槽，跨过海堤，把云霄县的淡水引入东山，造福人民。

谷文昌经常告诫自己，"世上没有永远不变的事物，必须不断前进。党要求什么，群众需要什么，我们就去做什么。"东山原来没有一条像样的公路，谷文昌就带领群众修路，到60年代中期实现了村村可以开进汽车、拖拉机。如今四通八达、纵横交错的公路网，就是在当年基础上建成的。

东山缺水，十年九旱。谷文昌带领全县人民大办水利，一眼眼水井、一处处塘坝、一座座水库、一条条管道逐步建立起来。全县最大的红旗水库干支渠长达13公里，直至目前不仅仍灌溉着6000多亩土地，而且以水库为水源建起了自来水厂，为城镇居民、码头、企业提供用水。1963年大旱，连续241天没有下雨，谷文昌和县委副书记陈维义等同志到群众中总结抗旱经验。"地面无水向地下进军！"打大井、深井、塘中套井……建永久性抗旱工程285处，临时工程892处，省政府调来抽水机支援，这一年仍然取得较好收成。

东山还是一个易涝的地方，特别是遇到海潮，"一次水淹，三年绝收"。谷文昌请水利部门统一规划，建水库、修水渠，挖沟排洪，筑堤建闸防海潮。1961年8月，东沈、南埔、樟塘等村，又一次暴雨成灾。谷文昌和县委副书记靳国富、办公室主任林周发冒雨赶到，深一脚浅一脚，跌跌撞撞，查看水势。情况探明后，当即研究决定，清理旧沟、开挖新沟，筑海堤、建闸门、修扬水站，使之抗旱、排涝、防潮三全其美。工程完工后，一条长1500米、宽50米的鸿沟既可排水又可蓄水，两座13孔节制闸，有效地发挥调控作用。这些村庄不仅扩大了500多亩耕地，而且粮食、甘蔗、花生大幅度增产，至今免除了内涝、扩大了灌溉的土地仍然是一片丰产田。

建海堤、防海潮，发展多种经营，也是谷文昌的日夜所思。当时的岐下、西崎等7个自然村深受海潮之害、无路之苦。县委即确定修一条1300米长的海堤，阻挡海潮，兴建盐场、农场。海堤建成后，大路相通，保护了群众的生命财产。县里还建起了1.8万公亩盐场，最高年产达3万吨，为当时的东山创造了可观的财政收入，至今仍发挥着较好效益。

东山土地不多，他提出"以海为田，向海域进军"。大力发展制盐、捕捞、养殖。中华人民共和国成立初期全岛渔船都是破旧的木船，网具落后。谷文昌与渔民乘船出海，体验渔民生活，到渔民中调查研究。面对渔民的疾苦，他千方百计带领群众改造旧船，改进网具，重建后澳避风港，渔民们无不喜笑颜开。

中华人民共和国成立前的东山，文化教育十分落后，全县儿童入学率很低，没有一处文化娱乐场所。谷文昌提出抓教育、抓扫盲。经多方筹资，建起了剧场、影院，至今仍在使用。为了让群众听到广播，他亲自出面请盐场赞助，建起了有线广播站。东山当时成为全省第一个村村通广播的县。当地群众喜欢看潮剧，他就提议建潮剧团，没有武功师傅，他从家乡请人来传授武功。为了繁荣当地文化生活，他还鼓励文化馆的同志创作好作品，广泛开展农村文化活动。江泽民同志说："党的先进性是具体的、历史的，必须放到推动当代中国先进生产力和先进文化的发展中去考察，放到维护和实现最广大人民根本利益的奋斗中去考察，归根到底要看党在推动历史前进中的作用。"谷文昌就是一位带领人民群众不断推动历史前进的共产党人。

廉洁奉公，一生保持人民公仆的高尚情操

谷文昌心里装着人民，从不计较个人得失。1958年一度被调为二把手，他毫无怨言，一如既往地工作。"文革"期间，他遭受残酷批斗，全家被下

放到三明地区宁化县禾口公社红旗大队（今石壁镇红旗村）当社员。谷文昌把自己的厄运置之度外，千方百计帮助生产队发展生产，手不闲、腿不闲、口不闲，使红旗大队亩产跃上千斤。群众看着黄澄澄金灿灿的稻谷满囤满仓，把谷文昌亲切地称为"谷满仓"。

1970年7月，谷文昌被任命为隆陂水库总指挥，他和民工一起，吃住在工地。经过一年奋战，水库建成了，禾口人民结束了缺水缺电的时代。30多年来，水库在防洪、抗旱、发电、改变生态环境、群众饮水等方面，发挥了重大效益，至今人们对他念念不忘。

谷文昌总是满腔热忱地对待群众，为群众排忧解难。人们数不清谷文昌究竟亲自接待了多少群众，帮助了多少有困难的人。但许多鲜活的事例：资助贫困学生，为烈军属、五保户送温暖，为来访群众买车票，为民工买红糖熬姜汤，关心水利技术员的婚事……至今被人们传为美谈。

1972年，谷文昌在龙溪地区任林业局长。他回到东山，走进造林模范蔡海福的家。从50年代到60年代，蔡海福亲手种下的树不计其数。为护林，他不管刮风下雨或天寒地冻，整夜打着手电筒在树林里巡逻。因为护林还得罪了一些人，"文革"中他受到批斗，贫病交加，家人想为他准备一口棺材，却没有木板。谷文昌看到多病的蔡海福，心情沉重，带他到龙溪医院治病。1978年蔡海福去世，谷文昌特地关照民政部门为他批了木板，让这位种了一辈子树的老模范在寿板中安眠。

谷文昌严于律己，始终保持了共产党人的高尚情操。1962年东山县的高考落榜生，绝大多数安排了工作。谷文昌的大女儿哲惠也未考上大学，却仅安排为临时工。谷文昌开导女儿说："总不能自己安排自己吧！年轻人应该多锻炼锻炼。"1964年当谷文昌调离东山时，有关部门提出给哲惠转成正式职工，一起调到福州。谷文昌说："省里调的是我，没有调女儿，给她转什么正？"就这样把一个孩子留在东山，直到1979年才转为正式工。小女儿哲英，1974年高中刚毕业，谷文昌就让她到农村插队锻炼。谷文昌的二女儿结婚，想让他批点木材做家具，他严词拒绝："我管林业，如果我做一张桌子，下面就会做几十张、几百张，我犯小错误，下面就会犯大错误。当领导的要先把自己的手洗净，把自己的腰杆挺直！"谷文昌大半辈子与林业打交道，从不沾公家一寸木材。从福州回到漳州，妻子提出是不是去买点家具？谷文昌买了竹凳、藤椅、石饭桌。"为什么不买点木制的？"妻子问他。谷文昌说："林业局长家一下子添了木制家具，外人会产生误会，我们也不能写个声明贴出去：这是买的。"他经常教育家属子女："要看看老百姓穿的是什么，吃的是什么，不能一饱忘百饥啊！"1980 年他的儿媳杨小云从师范毕业了，想让公公出面安排个工作单位。谷文昌说："还是听从组织分配吧！"后来小云被分配在市区一所小学校，又想让他帮助调一调。他说："不论单位大小，只要努力，在哪里都可以做出成绩。"这样，小云在那里一干就是 13 年。

谷文昌一贯严格要求自己和家属子女，不搞特殊，不以权谋私。许多人称赞他是一位"时刻想着群众，忘记自己的人"，是"一辈子做好事，不做坏事，一贯地有益于广大群众，一贯地有益于青年，一贯地有益于革命，艰苦奋斗几十年如一日"，非常高尚的人。

前人栽树，福荫后人。谷文昌把自己的生命注入生生不息的绿树，融入为人民造福的伟大事业，而在人民群众中获得了永生。

著名诗人臧克家在一首诗中写道：有的人活着，他已经死了；有的人死了，他还活着……给人民做牛马的，人民永远记住他！

（本例文选自《十八大以来总书记点赞的优秀共产党员》，新华出版社 2017 年 7 月版。原载《人民日报》2003 年 2 月 21 日第 1 版）

同甘共苦　忠于事业

——优秀镇党委书记吴金印的事迹

吴金印，男，汉族，河南省新乡市人，中共党员。1942 年出生，现任新乡市人大常委会副主任兼卫辉市唐庄镇党委书记。

1959 年 10 月参加工作。1960 年 1 月加入中国共产党。曾任河南汲县李元屯公社大队会计、大队长、大队党支部书记、公社党委委员、团委书记。1966 年 1 月入中央团校学习。同年 8 月后，任狮豹头公社党委委员、团委书记、党的领导核心小组组长、革委会主任。1971 年 5 月任中共汲县县委委员、狮豹头公社党委书记。1979 年后，任中共汲县县委委员兼公社、乡干部。1983 年 5 月任卫辉市五四农场场长。1986 年 9 月任卫辉市李元屯乡党委书记。1987 年后，任卫辉市唐庄乡党委书记、中共卫辉市委委员。1993 年 3 月任中共卫辉市委副书记兼唐庄镇党委书记。中共十五大、十六大代表，第十届全国政协委员，中共第十五届中央候补委员。

在吴金印的带领下，唐庄镇新农村建设不断取得成就的背后，隐藏着一套"加减乘除"法则。

一、加法：发展生产，增加农民收入

1987 年，吴金印初到唐庄镇担任党委书记，当时全镇财政收入仅为 37 万元，农民人均纯收入 400 元。

为发展生产，增加农民收入，经过实地调查后吴金印发现，唐庄镇西部有山，靠山吃山，因此可以在石头上做文章。

据此，以吴金印为首的新一届领导班子提出了"西抓石头东抓菜，北抓林果南抓粮，乡镇企业挑大梁，沿着国道做文章"的发展思路，由此为全镇每个地方的农民都打开了一条增收致富的门路。

有了正确的发展思路，再加上干部群众的苦干实干，唐庄镇很快发生了翻天覆地的变化，2007 年，全镇财政收入和农民人均纯收入分别达到 3292 万元和 4140 元。

二、减法：村镇改造，减少土地浪费

俗话说，"农村工作两台戏，计划生育宅基地"。富起来的唐庄人开始争先恐后建新房，但由于缺少规划，一方面形成大量"空心村"；另一方面反复投资建房，建房周期长的 10 来年，短的甚至三五年，从而造成土地和钱财的双重浪费。在此背景下，唐庄镇开始了村镇改造建设。

"村镇改造后，虽然我们人均住房面积增加了，但是整体占地大为减少，效果非常好。"石屏村村民刘成安开心地说。

数据显示，改造前平原区和丘陵山区户均宅基用地分别为 423 平方米和 397.8 平方米，但人均住房面积仅为 25 平方米；改造后平原区和丘陵山区户均宅基用地分别减少至 134 平方米和 200 平方米，但人均住房面积增加到了 50 平方米。

据了解，村镇规划后，唐庄镇共节约土地 2000 多亩。除建工厂用地外，还可腾出 1500 多亩土地，并且部分村庄规划改造后，可达到 30 年内不再新占土地。

三、乘法：民主决策，集中群众智慧

作为镇党委书记，吴金印深知集体的力量和群众的智慧远超个人，因此在推动社会经济发展的每次决策前，当地领导班子都发扬民主，集中群众智慧，从而使决策引发乘数效应。

代庄村是新乡市新农村建设的示范村。村支书李灿明说，全村从 1999 年起开始进行统一规划和改建，但当时不少村民不理解，工作阻力很大。为此，全村召开党员干部和群众代表大会，多方讨论，最终制定了"先拆给补助，后拆少补助，影响工程没补助和先拆者优先挑选宅基地位置"的奖惩措施。

方案定下来后，拆迁工作进行得非常顺利，很多村民由于自家人手不够，甚至把亲戚都叫来帮忙，形成一个相互拆迁的高潮。

由于全镇各行政村所处山区平原地形各异，住房观念也不相同，为了使村庄规划符合实际，镇里不但多次请来规划设计部门实地勘察，并将设计图张榜公布，然后各村从下至上屡次开会讨论，力争充分尊重民意。

"一切为了老百姓，一切也要依靠老百姓。"吴金印说，"干群关系就是鱼水关系，善于利用群众的力量，一就能变成十，离开了群众，再简单的工作也没戏。"

四、除法：科学发展，革除污染企业

唐庄镇的发展并非总是一帆风顺。在当年提出"西抓石头"的发展思路后，全镇一度出现了上百家石料加工厂。但多数厂工艺落后，没有除尘设备，致使唐庄一度成为当地的污染大户。

盆窑村村民张泳是当时全镇拥有石料加工厂最多的老板。"我的3家加工厂全在107国道两边，行人从附近经过后，身上立即留下一层粉尘。"张泳说，"最受影响的是两边的庄稼和果树，粉尘影响了授粉，结出来的桃子又小又难看。"

说起这段"弯路"，作为唐庄镇"领头人"的吴金印毫不回避："石料加工厂在发展全镇经济、增加村民收入方面确实起了不小的作用，但中央提出科学发展观，提出人与自然要和谐发展，一对照，我们确实是污染大户。"

就这样，吴金印带着全镇领导干部，一边检讨和调整工作思路，一边痛下决心革除污染企业。

现在，当年受污染最重的107国道两边都栽上了树，12个环保型石料加工厂分别集中在唐庄镇新建设的两个园区内。

40多年来，吴金印主动放弃组织上调他到上级机关工作的机会，深深扎根基层，与群众同甘共苦，忠于党的事业，不计名利，不怕艰苦，带领群众脱贫致富，在平凡的工作岗位上做出了优异的成绩，树立起了基层党员干部的良好形象，赢得了人民群众的拥护和爱戴。在卫辉市狮豹头公社工作10多年间，他在群众家住了7年，在治水工地住了8年，带领群众打通6个山洞，筑起85道大坝，建起25座水库和蓄水池，架起8座公路大桥，营造良田2400亩，植树20多万株，使一穷二白的山区发生了巨大变化。1987年，吴金印调任唐庄乡党委书记，带领群众建起了万亩林果园、万亩蔬菜田，兴办了无氧铜杆厂、电工厂、水泥厂等企业，使唐庄乡插上了腾飞的翅膀。2008 年唐庄实现工业固定资产投资 3.7 亿元，工农业总产值 10.65 亿元，一般预算收入 3810 万元，农民人均纯收入达到 4760 元。他严于律己，心系农民，甘愿到最贫困、最艰苦的地方工作，被誉为"乡镇党委书记的榜样"。

（本例文选自《感动中国——100 位新中国成立以来感动中国人物》，张明林主编，中共党史出版社 2010 年 6 月版）

例文 18：优秀村干部事迹材料

共同富裕的带头人——史来贺

有这样一位农村党支部书记，他 4 次被评为全国劳动模范，9 次见到毛泽东主席，14 次进京观礼，多次受到周恩来、刘少奇、朱德、陈云、邓小平等老一辈无产阶级革命家的接见。他领导的村庄，成为闻名全国的社会主义新农村的典范。

前不久，中共中央组织部将他的名字与雷锋、焦裕禄、王进喜、钱学森列在一起，誉为解放后 40 年来在群众中享有崇高威望的共产党员的优秀代表。

他就是河南省新乡县七里营乡刘庄党总支书记史来贺。

坚持社会主义道路

1989 年 4 月 7 日，几辆轿车突然停在刘庄新村的广场上。一位身材魁伟的老人，下车后健步向村里走去，他就是全国政协主席李先念。

李先念主席亲切会见村民，兴致勃勃地问起生产和分配的情况。史来贺汇报说："1988 年全村工农业总产值已达 4200 多万元，人均产值 3 万多元。人均分配 2000 元。全村从事工业和农业的劳力都实行月工资制，工资和效益挂钩，实行联产奖罚。"李主席频频点头，充满激情地对在场的人们说："我今年 80 岁了，中国千千万万人几十年流血牺牲打天下，为了什么？就是为了建设社会主义！一定要把社会主义建设好！"他深情地在村头栽了一棵雪松，为刘庄挥毫题写了"坚持社会主义道路"8 个大字。这时，首都北京的上空，一股反社会主义的逆流正在酝酿着。

"坚持社会主义道路"，望着这 8 个苍劲有力的大字，史来贺的眼睛湿润了。40 年来，他带领刘庄 1400 余名群众走的就是社会主义道路。

1952 年冬天，年仅 21 岁的史来贺当选为刘庄党支部书记，挑起了带领全村人治穷致富的重担。那时候，刘庄的粮食亩产只有 100 来公斤，群众温饱问题尚未解决，700 多块"盐碱洼""蛤蟆窝"，横陈在村子周围，成了刘庄贫穷的象征。

史来贺的心头像压了一块石头。他走进老贫农的茅屋，坐在老党员的炕头，寻求治穷致富的办法。他领着党支部一班人反复在全村 1.5 平方公里的沟沟坎坎上察看，制定平地改土的规划。他十分严肃地对干部们说："党让咱在这里带领群众干社会主义，咱就得扑下身子，舍得奉献，干实事，创新业，为党争光"！

1953 年春天，史来贺带头建起初级社。一场平整土地的战斗在刘庄打响。全村 400 多名劳力，热火朝天地干起来。史来贺把推车装得满满的，和大家比着干。平整土地的战斗持续了 20 年，据统计，平整土地投工 40 多万个，动土 200 多万方。如果一方方摆起来，可以从北京排到广州。盐碱洼终于变成旱涝保收的丰产田。

在实现刘庄农业由低产变高产的过程中，史来贺不满足老经验，决心钻研新技术。1957 年春，他扛起行李，搬进棉花试验田，不顾风吹日晒，夏暑冬寒，反复进行试验。当年，刘庄实现了皮棉亩产 53.5 公斤、粮食亩产 215 公斤，创造出历史以来的最高水平。刘庄一跃成为全省和全国的先进典型。在全国棉花会议上，周总理紧握史来贺的手说："希望你们高产再高产，彻底改变贫困面貌，给全国树立个榜样！"周总理的话，激励着史来贺和刘庄人不断进取。

党的十一届三中全会的春风鼓满了刘庄前进的风帆。史来贺带领群众实行农工商并举，办起造纸、食品、化工、制药等 14 个工厂，各业生产稳定、协调发展。1980 年，刘庄率先跨入"小康"行列。1989 年，全村工农业总产值 4500 万元，比 1978 年翻了四番多；公共积累累计达到 4700 万元，比 1978 年增长 7 倍多，人均集体分配 2200 元，比 10 年前增长 6.3 倍。户均存款 2.5 万元，300 户农民全部搬进集体统一盖的双层楼房，人均住房 23.7 平方米。家家都有电视机、电冰箱、洗衣机等家用电器。村上没有偷盗、赌博、违犯计划生育现象，没有封建迷信活动。邻里团结，家庭和睦，尊老爱幼，勤奋工作。一派社会主义新农村的繁荣景象。

一位美国女记者慕名到刘庄采访，前后两次在社员家中住了 32 天。她亲眼看到刘庄物质文明和精神文明的巨大成绩，连声称赞"还是刘庄好，还是社会主义好！"

遇事要有个主心骨

史来贺把当"官"看得很轻，而把为人民服务、为革命作贡献看得很重。解放初期，县里想调他当区长，他说不愿离农村；后来，地委打算让他当农业局长，他说不想进城市。他担任县委副书记、地委书记、副书记的那几年里，照样不离刘庄。

史来贺常说："当干部一定得有主心骨，不能听风就是雨。"

党的十一届三中全会以后，全国大多数农村实行了家庭联产承包责任制。有的领导同志找到史来贺，好心劝说："还是把地分了吧，不然可要犯错误哩！"

他召开党员会、干部会、群众会，让大家学文件，谈意见。中央文件上写着："……应从实际需要和实际情况出发，允许有多种经营形式。"他把文件看了一遍又一遍，决心从刘庄实际出发，寻找一种适合刘庄经济发展的责任制形式，这就是"综合经营，专业生产，分级管理，奖罚联产"的联产承包责任制。

事实证明，这种责任制形式，适合刘庄的情况。后来，中央一位领导同志来到刘庄调查后，赞扬说："你们做得对，我们支持你们！"

前些年，社会上出现了忽视思想政治工作的倾向，而史来贺总是反复强调思想政治工作的重要性。他对干部们说："咱当干部要学会做思想政治工作，引导群众心甘情愿地跟党走社会主义道路。把人教育好，比啥都重要！"

史来贺根据农民的思想特点，经常运用新旧社会对比、十一届三中全会前后对比、待遇与贡献对比等"五对比"的方法，教育群众不忘过去苦，珍惜今日甜。前几年，社会上有人竭力宣扬资本主义比社会主义好的论调，史来贺听到后气得直皱眉头。他请曾到美国参观访问过的领导干部和到日本访问过的总支副书记史世兰谈访问观感，帮助大家认识资本主义的本质。他组织大家学习刘胡兰、雷锋、焦裕禄、王进喜的英雄事迹，要求把发生在身边的好人好事写成材料，登报纸，上广播，大会小会表扬，让大家向他们学习。刘庄每年都要评选出劳动模范、模范干部、五好家庭等，并且张榜公布。在刘庄，14个姓氏、300户、1400多口人，没有宗族矛盾、派别矛盾，人心齐在"公"字上，齐在干社会主义事业上。

去年春夏之交，在北京发生动乱和反革命暴乱期间，北京、郑州有人给史来贺来信，让他在一份召开人大紧急会议的呼吁书上签名，史来贺断然拒绝。济南一个大学生到刘庄串联，想让史来贺支持他们的"行动"，史来贺教育他"应该听党的话，不应当搞动乱"。为了支援戒严部队，史来贺带领群众选出上等小麦，率先超额交售爱国粮；他还率领干部、领导代表，带着慰问品前往戒严部队进行慰问。

干部要劳动带头，吃亏也要带头

史来贺常说："当干部是为群众谋利益，不光要劳动带头，吃亏也要带头。"40年来，他一直把这句话作为自己的座右铭。

筑黄河堤，史来贺带领民工吃住在工地，一干就是3个月，回来瘦掉10斤肉；堵河口，他带头跳进刺骨的冰水中……

1963年8月，他父亲病故。当时正遇上一场暴雨，庄稼泡在2尺多深的水里。他推迟了父亲的安葬日期，扛起铁锹，带领社员下地排水去了，直到排完积水，才办理丧事。

1976年冬天，他母亲病危，当时史来贺正领着社员建设造纸厂。他把照料母亲的事交给老伴和姐姐，一个多月没有离开工地。就在试车的那天晚上，他的老母亲病危，女儿连去叫他3次，干部群众都催他回家，他始终没有回去。他深知，在这个节骨眼上，他不能离开，万一试车不成，集体财产将要蒙受严重的损失。他把眼泪咽进肚里，直到看见金黄色的纸张出来，才飞快跑回家去。当他来到母亲床前时，老人家已告别了人世……

实干，他带头；吃亏，他也带头。刘庄每年要收入几千万元，可史来贺仍然处处打紧开支。药厂扩建时，提取车间需要增加24个提取罐，派人去购买，一个就要3.8万元，史来贺嫌太贵，决定由本村机械厂加工制造，只用了15万元，为集体节省70多万元。他到外地参加一个会议，会上发了件上百元的纪念品，并开出发票让回单位报销，老史觉得这是损公肥私，当场退回了纪念品。史来贺当干部以后，前13年一直是按群众平均水平拿工分。上级规定给党支部书记和干部的补贴工分，他一个也不要。1965年，他开始拿国家干部的工资。当群众平均收入比他低的时候，他又把工资全部交到队里，按劳力平均水平参加集体分配。近几年，群众的分配水平超过他的工资收入，他却只拿自己的工资，从来不要村上任何补贴。村里免费发的十几种福利，别人都有，唯独他一样不要。

史来贺对"吃亏"问题有自己的看法。他说："当干部要有不怕吃亏的精神，才能干好。但是总的来说，当干部又没吃亏。你想，你带领全村人共同富裕，当大家都富裕了，干部不也就富裕起来了吗？"

给群众送温暖是干部的义务

1976 年以前，刘庄群众多数住的是低矮的土屋，还有一些住的是草屋。史来贺想，千百年来，房子问题是压在农民身上的大包袱。穷苦农民年年省吃俭用，出力流汗，却盖不起像样的房屋。咱难道就不能依靠集体的力量，使全村人住上宽敞明亮的新房子，让大家看到社会主义的优越性？

1976 年，刘庄新村楼房正式破土动工。要把全村 200 多户的旧房全部拆除，盖上 1000 多间单面向阳的双层楼房，确实不容易。面对重重困难，史来贺坚定而有信心地对大家说："世上没有不费力就成功的事，只要咱干部带头，齐心协力，什么困难也难不倒咱！"老史家有 6 棵大榆树和一些杂树，当时有人出 2700 元要买，老伴还要留一棵给将要出嫁的女儿做嫁妆。他劝老伴："现在盖房正需要木料，咱当干部的要给社员做好样子。"新村建设一动工，他第一个把自家的树低价交给集体。在老史的带动下，群众纷纷把自家的木料交给集体，盖房的木料问题顺利解决了。

头三幢新楼盖好后，干部、群众首先想到老史，动员他第一批搬进新居，他婉言谢绝。第 4 幢、第 5 幢……第 20 幢新楼房盖好了，史来贺还是住在他那合作化时盖的又低又破的旧房里。他说："只要咱村还有一户没搬进新房，我心里就不踏实。"6 年后刘庄住宅楼房全部盖齐，史来贺才和最后一批群众一起搬进了新居。

史来贺把为群众造福作为最大的乐趣。冬天，他提前派人拉来烧煤，分到各家各户；春节，他及早备好肉、油、面、菜和多种糕点送到社员手中。群众有了病，他去看望；谁家有了事，找他商量。从初级社开始，每年除夕，他都带领干部到饲养室值班，把饲养员替换下来，让他们回家团聚。一次，饲养员马新政看到史来贺又来替他值班，无论如何也不回去，他流着泪对史来贺说："你们干部也有一家老小，可你们不想自己的家，却让俺回家过年团聚。俺知你的一片心意，俺领下党的这份情意！"这一夜，他没有回家，和史来贺坐在草铺上一直谈到天亮。

1986年春节前夕，家家户户都在忙着准备过节。赶马车的刘树广因公被轧伤了腿，正躺在距刘庄25公里的新乡市中心医院病床上接受治疗，他妻子坐在一旁陪伴着他。腊月三十下午，史来贺匆忙开完干部会，急忙喊住副书记张秀贞和村干部刘树业，让他们准备好罐头和糕点，去看望正在住院的刘树广。干部们看到老史劳累的样子，劝他派别人去。史来贺执意不肯，说："树广是为集体受的伤，他住院好几天了，还没去看他，我心里不安。"史来贺与张秀贞、刘树业一道驱车来到医院，史来贺握住刘树广的手，问寒问暖，刘树广感动得热泪盈眶。

新时期要学会新本领

在多年的生产实践过程中，史来贺越来越清楚地意识到：单一农业生产，农村很难富裕，必须走农林牧副渔全面发展的路子。党的十一届三中全会做出全党工作重点转向经济建设的决定，又使史来贺萌动起来的商品经济意识发生了新的"飞跃"，他引导党员、干部学习、讨论，冲破小农经济的藩篱，向社会主义大农业进军。他对大家说："搞经济翻番，指望科学技术，指望知识、人才。新时期党对咱提出了新要求，咱必须树立新观念，学习新本领，增长新才干，适应新形势！"

史来贺首先带头学习。他有一股"钻"劲，不管读政治理论书籍，还是学习技术知识，他都要一个问题一个问题地学懂弄通，从不马虎。他认真学习《毛泽东选集》《邓小平文选》和党的十一届三中全会以来的主要文献，还学习了有关经济管理方面的书籍。在他的住室里，枕头边常放着三样东西：一是各种政治、经济业务书；二是收音机；三是笔记本。

他从刘庄现代化农业发展的前景出发，教育干部、群众重视智力投资。几年来，刘庄集体投资50多万元建设了新学校，组织青年上电大、刊大、函大和业余文化进修班；请专家、教授前来讲课；先后选送14批青年技术人员到国营大厂、各大专院校进修深造。现在，全村已有117人被评为工程师、农艺师、畜牧师、会计师和一二级技术员。

史来贺运用新掌握的领导科学和管理知识，总揽全村商品生产的全局，使刘庄形成了以农促工，以工建农，农工商并举的商品经济的新格局。他重视农业的基础地位，向机械化要速度。现在，刘庄拥有拖拉机、播种机、联合收割机、汽车等大型农业机械 70 多部，还有农用飞机一架，新式喷雾器100 多部。耕地、播种、脱粒、运输、治虫、浇水、收获等，实现了机械化或半机械化。现在，刘庄 1900 亩农田，只有 41 名管理者，农业劳动生产率之高远近闻名。

1985 年，史来贺根据本村经济、技术能力，通过广泛的市场调查和科学分析、论证，决定筹建华星药厂，生产医药原料肌苷。在农村搞生物工程，标志着刘庄企业从劳动密集型向资金、技术密集型的转变，标志着产品由低技术粗加工向高技术精加工的转变。老几辈人没搞，如今，史来贺却要闯一闯这道难关。

有人担心打不到狐狸惹一身骚，问老史："这高、精、尖项目，咱能搞成？"

史来贺满怀信心地说："事在人为，路在人走，业在人创。人家能干成，咱也干得成！"

开始建厂时，资金不足，史来贺就依靠集体积累和社员集资，自力更生造设备，自己动手搞安装；技术力量不足，他派出人员到天津、无锡等地学习。原计划从外地请来工程师进行设计，谁知人家一开口就要几十万元，于是，他叫自己的儿子史世领承担药厂的设计任务。史世领把自己学的机械设计与生物工程原理有机地结合起来，一边查阅资料，一边进行设计。苦战两个月，终于设计成功，为集体节省了几十万元资金。药厂投产后，遇到的第一个难题是染菌问题。史来贺带领技术人员逐项进行检查、试验、对比、分析，终于找到原因，并且研究出防治染菌的新方法，大大提高了产苷率。1988 年，这个厂产值 3000 多万元。肌苷产量占全国的 1/2 强，是目前我国生产肌苷的最大厂家，每年可为国家节省外汇 1000 多万美元。现在，史来贺又带领全村人民，依靠科技进步，向着新的目标挺进。他们又投资 1700万元，筹建华星药厂第二分厂。投产后，年产值可达 5000 多万美元。

刘庄经济发展了，富裕了，党总支不忘扶助周围比较穷困的村共同富裕。刘庄先后借出资金 5 万元，无偿支援 8 万元，扶持 13 个兄弟村建工厂38 个，培训技术人员 300 多名，提供技术援助 950 人次。1988 年，这 13 个村工副业纯收入共 273 万元，人均 674 元，分别比上年增长 88％和 19％。这些村的干部和群众说："是史来贺和刘庄人的奉献精神，把我们带上了富裕道路！"

在 1989 年 9 月全国先进基层党组织和优秀党务工作者表彰大会上，刘庄党总支被授予先进基层党组织的光荣称号。史来贺和刘庄人的模范事迹，鼓舞着人们向美好的理想登攀。

（本例文选自《时代楷模》，朱新民主编，《人民日报》1990 年 2 月 27 日）

例文 19：优秀军官事迹材料

蓝天碧海写青春

海军某驱逐舰支队×××舰舰长　柏耀平

　　我叫柏耀平，今年 35 岁，是海军新型导弹护卫舰 542 舰的舰长。在此之前，我曾是海军航空兵部队一名歼击机飞行员，飞行时间已达 600 小时。在舰长的岗位上，我曾经率舰航行 30000 海里，横跨地球 60 多个纬度，同志们都亲切地称呼我为"飞行员舰长"。

从蓝天走向大海

　　1980 年 7 月 12 日，经过严格筛选，我应征入伍，离开故乡安徽省淮南市，成为某航空预备学校的一名学员。这一年，我只有 17 岁。

　　穿上军装，我对自己的未来，对自己选择的飞行事业，充满了憧憬和希望。我甚至幻想，一夜之间插上翅膀，翱翔在祖国的万里蓝天。

　　但是，要真正飞起来，远没有想象的这样轻松、这样浪漫。飞行毕竟是人类最具风险的事业。

　　一次战斗值班，双机编队紧急起飞，我在僚机位置。飞机发动起来，我与长机一起加足油门，冲向跑道，时速转眼达到 250 公里。就在这时，长机不慎偏到了跑道中心线上，为了不和他相撞，我只好随他一起向外偏。眼看着跑道灯从我的机翼下"唰唰"闪过，我知道我已经到了跑道的最边缘，不能再往外偏了！这时，速度已经接近 300 公里，我们逐渐离开了地面。离地后，长机还在向我这边压，我不得不带着坡度，侧着机身，和长机拉开距离。只见大地在机翼下旋转，天空在头顶上倾斜。这是非常危险的，稍有不慎，飞机就可能一下子翻扣到地面。我所在的飞行团，曾经就在这个机场，因为同样的情况发生过一起机毁人亡的飞行事故。生死关头，就听见塔台里指挥员喊："左舵！左舵！"这个时候，我已经把舵慢慢地压了上去。几秒钟以后，飞机逐渐恢复正常状态，终于平稳地飞起来了。

像这样的险情还遇到过好几次：减速伞脱落、轮胎爆破、罗盘失灵，我都成功地摆脱了危险。但是，和我朝夕相处的同学、战友有的却不幸牺牲。

有一位战友，起飞前和我还有说有笑，我们曾经一起相约去飞新科目，去飞新机种，一起飞上更高的天空。但是，我们转眼就永远地分别了。看着他生前的照片，我常常想，从大地飞上蓝天，是多不容易呀！这是用生命的代价换来的！我成功了，但这不是我一个人的成功，我是代表着那些牺牲的战友们在守卫祖国的领空啊！

云里来，雾里去。18岁，我就在同学中第一批放了单飞；21岁，我成为海军航空兵一名歼击机飞行员；24岁，我已经飞行了600小时，飞过4种机型，具有3种气象飞行能力，转战过祖国从南到北十几个野战机场，数十次战斗起飞，我终于闯过来了！

就在这个时候，一个改变我军旅生涯的机遇，突然出现在面前。1987年8月，海军广州舰艇学院从飞行员中招收学员，培养舰长，部队推荐我去应考。

我犹豫了。

飞行生涯刚刚开始，突然要我放弃飞行，我一时转不过这个弯子。经过艰难的起飞，我的面前已经是一片前途似锦的万里长空，从蓝天走向大海，我将面对一个完全陌生的领域。

那些天，有不少的战友、同学和我一起在思考，大家也都觉得，放弃飞行太可惜，毕竟，飞行员是千里挑一的佼佼者。再说，我所在的飞行团，驻扎在大城市，是海军航空兵部队生活条件最好的一支部队。我已经到了成家立业的年龄，选择报考飞行员舰长班，意味着放弃在大城市安家的机会。

那些天，我一直在想，从飞行员中培养舰长，这到底是为什么？我该怎样面对这个抉择？

我想起发生在16年前遥远的南大西洋上的那场海战。1982年5月，由核潜艇、航空母舰、驱逐舰和大型综合补给船组成的英国皇家海军特混舰队，长驱7000多海里，抵达马尔维纳斯群岛海域。围绕马岛主权的争夺，英国和阿根廷展开了一场激烈的海空立体战。

当时，我还在航校。我还不能预见到我将来会当一名舰长，我只能用一名普通飞行员的头脑思考这场战争。我从战场资料上了解到，"超级军旗"

战斗机在发射"飞鱼"导弹之前，曾经从超低空状态突然爬高，用机载雷达锁定目标，然后迅速下降高度，在敌舰雷达盲区发射导弹。这短暂爬高的几秒钟，曾经在"谢菲尔德"驱逐舰的雷达屏幕上出现一个小小的波形。但是，这个危险的信号却被"谢菲尔德"驱逐舰的舰长忽视了！当时，我的脑海中曾经有过这样一个问号——如果这位舰长及时捕捉到这个警报，是否还会葬送掉这艘价值2亿美元的现代化战舰？

在我走进人民海军航空兵的战斗序列之后，我才知道，就在我用幼稚的眼光观察这场战争的时候，军委和海军的首长正在从战略高度审视这场战争。这场海空一体战，以前所未有的崭新样式，拉开了高技术海战的序幕。它告诉中国海军——未来高技术海战，大海和天空的界限模糊了。海天一体，舰机协同，是对现代化战舰舰长素质的基本要求！

战场无亚军。当代军人只有抢占高技术的制高点，才能在未来战争中为祖国赢得金牌！

未来高技术战争对于我们的国家、我们的民族、我们的军队，乃至每一个军人意味着什么？我是中国军人，祖国的盛衰荣辱，在我的心中有着深刻的印记。

我的故乡淮南，1600年前的东晋，8万晋军在这里一举击败4倍于己、号称百万之众的秦军，创造了"淝水之战"以少胜多的军事奇迹。中国发达的古代冶炼技术，曾经锻造出世界上最锋利的青铜兵器。冷兵器时代的中国，曾经拥有世界上最强大的军队、最杰出的军事将领、最伟大的军事思想家！

但是，在以蒸汽机为标志的世界工业革命中，中国落伍了。舟山群岛，是鸦片战争中一场著名战役——定海保卫战的古战场。在海军航空兵某机场驻训期间，我曾经多次在群岛上空飞行。1841年9月26日至10月1日，葛云飞、王锡朋、郑国鸿三总兵率领手持长矛大刀的清军，在这里与英军的坚船利炮激战6昼夜，5800名将士壮烈殉国。竹山脚下，悬挂着这样一副挽联："那六天洒流五千人英雄血，这一仗打痛每一颗中国心"。

历史告诉我们，落后就要挨打！一支军队，仅仅有忠诚和勇敢是不够的，如果不能用科技革命的成果来武装，不能根据科技革命的需要而变革，它的战斗力就会萎缩，国家就会蒙受耻辱和灾难！

在军人事业抉择的天平上，祖国的需要，永远是至高无上的砝码。

我知道，选择中国第一代飞行员舰长的职业，荣誉与风险同在。但是，飞行员舰长绝非世界超级大国海军军人的专利，没有胆量顶风冒险，绝对干不成大事业。中国军人，就是要有这个勇气，我们就是要向世界证明：新一代中国军人，有能力把握未来战争的胜券，有能力迎接新技术革命的挑战，有能力保卫 21 世纪的中国！

1987 年 7 月 21 日，是我难忘的一天。

这天清早，我在师部碰到干部科的一位干事，他告诉我，刚刚接到电话通知，我已经以第三名的成绩，被广州舰艇学院录取。

我听了，半天没有一句话。尽管我有充分的思想准备，但这一天来得还是太快了！

这一天，我正好有飞行任务，去还是不去？我几乎没有犹豫，登车赶向机场。最后一次飞行了，我怀着一种依依不舍的心情登上飞机，坐进机舱。这一天是飞特技，我认真地做每一个动作，自己都觉得飞得特别精彩，特别漂亮。

1987 年 8 月 26 日，我正式到广州舰艇学院报到。

从这一天起，我的眼前展现了一个全新的世界。

搏击在现代化的潮头

就在我们开学不久，中央电视台新闻联播播出了我们这期飞行员舰长班的新闻，立即在国内外引起广泛关注。

1991 年 1 月，我以总分第一名、30 多门功课平均 92 分的成绩毕业了。继取得飞行大专学历之后，我又获得了舰艇指挥专业本科学历和工学学士学位。这年 5 月，我被分配到东海舰队某驱逐舰支队，任护卫舰见习副舰长。

就在这一年，海湾战争爆发了。从马岛之战到海湾战争，仅仅 9 年之隔，高技术战争已经从幕后走到前台。

我所在的部队，是海军的一支英雄部队。进入 90 年代，这支部队面向未来战争需要，进行现代化改装，一批新型现代化战舰陆续加入序列。我，就在这个时候来到了这支部队。

尽管我在广州舰艇学院学习期间，曾经到舰艇部队实习过，但是，我毕竟没有当过一天水兵，更何况，我面对的是刚刚出厂的、集中了我国尖端科技成果的新型现代化战舰。

新型现代化战舰，就像一个高科技的迷宫，光是设计图纸和各种资料就可以装满 2 辆大卡车。第一次登上军舰，尽管我有意识地像当年默记飞行航路图一样，努力想记住这艘几层楼高的战舰里我所走过的每一个通道和舱室，但是第二天，我还是记不准各舱室的位置。来到指挥室，看着密密麻麻的仪表、指示灯、荧光屏，我不由得有点头晕眼花。

飞行员舰长班第一名的毕业成绩单，曾经让我骄傲。但是今天，我才知道，它并不是我走向舰长岗位唯一的通行证。

从课堂走上战舰，如果说我缺少的是实践经验，我不担心。当年，我虽然在课堂里看着挂图和课本认识了飞机，当我真正坐在机舱里的时候，面对数不清的仪器仪表，还是感到眼花缭乱。可是，时间不长，我就可以蒙起双眼，一伸手就能准确地摸到各种电钮、开关、手柄。这是千万次机械重复强化训练的结果。如今，面对这艘现代化战舰，我突然发现，我所熟知的一切，在这里一下子变得陌生了。

单靠手疾眼快，无法在精密雷达的荧光屏上准确判断哪个是我要打击的目标；单靠类似条件反射的敏捷生理反应，难以在错综复杂的海空情况中透彻分析战场的态势；单靠死记硬背的苦功夫，不可能把全舰十几个系统、30 多个战位、50 多个专业的所有信息都装进大脑。

要真正成为熟练驾驭现代化战舰闯荡大洋的一舰之长，这意味着我必须在军舰的甲板上第二次"放单飞"！

我坚信，既然当年我能从大地冲向蓝天，今天，我就一定能在大海上挺起腰杆！既然祖国挑选了我，我就要练硬肩膀，担负起祖国的重托！

我给自己制定了一个"从上到下，从内到外"的学习计划，先熟悉舰艇看得见、摸得着的武器装备，摸透所有的战位舱室，再全面掌握装备的构造、原理以及战术技术性能。为了搞清楚雷达天线的"自锁器"装置，我随雷达班的战士一起爬上桅杆顶端；为了弄明白主机构造，我随主机班战士又一起钻到军舰的最底舱。遇到不懂的问题，我就掏出小本子，扯住战士刨根问底。接着，我又一鼓作气围绕舰长的职责攻关。我自学了《舰载电子战系统原理与操纵》《雷达原理》《控制原理》《信息网络》等高新技术军事专著，详细研究了几百万字的有关装备技术资料。老舰长指挥训练的时候，我就站在他的身旁，一句一句记下舰长的口令，用心琢磨。几年下来．光笔记就写了几十万字，能装一大纸箱。

为了抓紧时间学习，我买了一只小闹钟，每天中午只休息 30 分钟，时间一到，爬起来擦一把脸，就捧起书籍资料，摘记笔记。几年来，我都是这样度过的。但是，写在本子上不是目的，关键是要消化它，把它记在脑子里。再说，装备的迅速发展，也要求知识不断地更新。于是，我想了一个近乎残忍的办法，那就是到了一定的时候，就把前一段时间的笔记烧掉。用这种办法把自己逼到墙角，告诫自己——不记住就等于白学，不更新就没有进步！

有多少次，我让通信员把笔记本烧掉，通信员不忍心，再三追问我："舰长，真的烧啊？"我总是一挥手："烧！"有几次，笔记本烧掉了，要用的时候，我又实在记不起来，只好再去啃书本，翻资料，认认真真地做笔记。过了一段时间，我又强迫自己，再次把笔记本烧掉！

这几把火，让我的学习更扎实了，心里更亮堂了。我想，我就是要自我加压，破釜沉舟，背水一战。

把后退的路堵死了，脚下就只有向前的路！

我在奋斗，但我并不是孤军奋战。从飞行员中培养舰长，这是中国军队前所未有的大事业！

支队的首长在思考、舰队的首长在思考、海军首长也在思考——该如何让我们这批飞行员出身的舰长，尽快成为熟练驾驭现代化战舰的指挥员？

按照一般的规律，无论我国，还是科技高度发达的西方军事大国，一名舰长的培训周期至少需要 15 至 18 年的时间！

但是，我们是共和国的第一代飞行员舰长，历史没有赐予我们这种按部就班的从容。在各级首长为我们设计的时间表上，完成从飞行员到舰长的跨越，只有 4 年！

遵照海军党委和首长的指示，东海舰队党委、驱逐舰支队党委对我们这批飞行员舰长采取了超常规的培养步骤。记得首长这样说："培养大人才，要有大气魄；对待非常人才，需用非常之策！"

我很快就感觉到首长对我们这种破格培养的力度有多大！短短 4 年时

间，我就换了 3 艘军舰，先后担任了见习副舰长、实习副舰长、舰务长、作战长、实习舰长、舰长，我在这 4 年里担任的职务，都是超常规调配的。用句形象的话说，叫做"加塞"，就是打破干部任职常规，频繁调动，小步快跑。

我明白自己的身上集中了多少热切的期望！在这支英雄的部队，论海上生活经历，论舰艇操纵技术，论指挥管理能力，有多少"老舰艇"在我之上！讲论资排辈，我们这些飞行员出身的舰长，根本不可能在如此短的时间里跃升到舰长的岗位。

说实话，我于心不安，与这些从当水兵起就闯荡在风口浪尖上的"老舰艇"相比，我毕竟只能算是个新水兵。我担心冷言冷语。

但是，我错了！因为，我在频繁的任命中，没有听到哪怕半句牢骚怪话。我所到的每一艘军舰，我所接触到的每一位首长和同事，包括因为我们的"加塞"而延期晋升的，都给予我热情的鼓励和帮助。我敬爱的兄长们，用他们无私的胸怀拥抱着我，用他们坚实的臂膀托举着我。我真切地感到，在他们眼里，我柏耀平不是一名竞争对手，而是他们为之献身的事业的一部分。如果说，中国海军需要飞行员舰长，他们宁愿把自己碾碎，铺成大道，也让我踩着他们的身躯走过！

正是从这些"老舰艇"身上，我学习到许多课本上永远也学不到的东西。

一次，海上大雾茫茫，能见度不到 30 米，在驾驶室都看不清舰艏。返航进港的时候，海雾更大了，我心头一阵阵发紧，向随舰出海的张支队长报告："能见度太低，进港困难。"言外之意，我想在港外抛锚。

支队长似乎故意要和我过不去，他反问我："你不是有导航雷达吗？现在不用什么时候用？"我到导航雷达显示屏前一看，不禁出了一身冷汗！只见港里密密麻麻，停满了船。原来，由于雾大，港外的船都跑到港里来抛锚了。我实在底气不足，心想雾这么大，光用雷达导航，行不行？

我又扭头看了一眼支队长，他好像没有注意到我的表情，平静地说："你注意看导航雷达，慢慢往前摸！"

到了这一步，我没有退路了。雷达兵不断报告："左舷 10 度，距离两链，有一艘大船。""舰首距离 3 链，有一条渔船……"我两眼紧盯雷达屏幕，谨慎地向操舵兵下达一个个口令，军舰慢慢往前滑，眼看着一艘艘大船从浓雾中露出来，从我们身边闪过。

雾确实太大了，军舰到了码头正面，我才认出这是要停靠的位置。军舰靠上码头，我的前胸后背都是汗水。但是扭头看看支队长，他好像什么事也没有发生，站起来，伸伸腰，扩扩胸，走了！

支队长这种在危难面前镇定自如的风度，深深地震撼了我！

应该说，我不是没有胆量的人。在飞行部队，我飞超低空科目时，曾经钻进雁荡山的山谷，也曾经掠过海面的浪花。但是，站在舰长的岗位上，我才知道，舰长的勇敢不是单枪匹马之勇，那是站立在相信科学、掌握科学的坚实基础上，娴熟驾驭高技术装备的大智大勇！

点点滴滴，潜移默化，使我一步步向舰长的岗位接近，又逐步在舰长的岗位上站稳脚跟。当我响亮地发出一个个口令，指挥战舰在大海上行驶，我的心情难以用语言形容。看着军舰高高的舰艏劈开层层波浪，我的心忍不住在呼唤："大海，我终于来了！"

1993 年 11 月 20 日，我被任命为正在建造的我国最新式的导弹护卫舰——542 舰的实习舰长。这一天，细雨霏霏。当我和政委陆衔和同志代表542 舰全体官兵，从首长手中接过神圣的军旗，迈着正步，走向水兵方队的行列，我感到自己再次走向一个崭新的天地。

两年之后，我通过了全训合格舰长考试，拿到了我梦寐以求的全训舰长合格证书。

这一天晚上，我给远在家乡的父亲写去一封信，想让他分享我的欢乐。

我知道，对于父亲来说，这是儿子对他最好的回报。

8 年之前，就在我到广州舰艇学院学习期间，我的母亲不幸去世了。当时，我正在复习考试，父亲做主，不让兄弟姐妹告诉我。他还给我学员队的政委写来一封信，要求政委等我考试结束以后，再把母亲病逝的消息告诉我。

8 年过去了。我没有想到，今年 3 月份，父亲突发脑溢血，也病危住进了医院。这时，我正在大连舰艇学院学习，准备接受新的任务。考虑到母亲病逝时我不在身边，这一次，兄弟姐妹没有瞒我，给我发来了电报。

我匆匆赶到医院，父亲已经昏迷不醒，头上身上插着好几根管子，喉管也切开了，我来到他身边，他不能睁眼看我，也说不出一句话。我在父亲床前守了几天，期盼着奇迹的出现。兄弟姐妹们看到我整夜守在床前，就催着我归队，我的大哥对我说，爸爸要是醒过来，也一定不愿我放弃学业，守在他的身边。

出发之前，我最后一次来到爸爸床前，久久不忍离开。

几天以后，父亲去世了。

辛辛苦苦把我养大成人的父母，在我两次入校学习、两次处在事业转折点的时候，相继离开了我。谁也没有给我留下一句话，但是，我觉得他们已经告诉了我很多、很多……

在跨世纪的航道上

1997 年春，人民海军首次同时组织两支舰艇编队走出国门，出访美洲四国、东南亚三国。我率领 542 舰参加了出访泰国、马来西亚、菲律宾东南亚三国之行。

作为一名中国舰长，我接待过很多来访的外国海军。看到他们跨洋过海，我有一个深深的渴望，那就是驾驶我的战舰，走出国门，跨过大洋，走向世界！这个愿望，终于实现了！

我知道，当今世界的海军强国，战舰纵横四海。我是中国舰长，我必须告诉世界海军同行，四大洋是彼此贯通的，我们巡航在同一个蓝色的星球，大海能托起你们的军舰，就一定能托起中国的军舰！

我的自信没有错！在出访东南亚三国 32 昼夜、往返 7400 海里的航程中，542 舰先后跨越东海、南海、泰国湾、新加坡海峡和马六甲海峡，在烈日、暴雨、激流、险滩中经受了全面的考验。

途经马六甲海峡，要经过海况险恶的"一拓浅滩"。这里的航道上，布满防止舰船搁浅的航标。到了夜晚，大海落潮，海底几乎擦着大船的船底，螺旋桨都能搅起海底的泥沙。世界航海组织推荐的通行时间，都是白天。但是，我舰艇编队要准时到达马来西亚，必须在午夜 12 时 30 分通过。那一夜，放眼望去，海面上都是闪烁的航标灯，我和我的水兵们严守岗位，精心操舰，一切都像平时训练一样周密稳妥。黎明时分，太阳刚刚跳出海面，战舰编队已经静悄悄穿越险滩。马来西亚前来迎接的海军引水员惊叹："马六甲来了一流的航海家！"

世界在注视着我们。在马来西亚的卢木军港，我们的军舰一靠码头，前来参观中国军舰的游客就在舷梯下排成一眼望不到头的长蛇阵。542舰与113舰正式开放参观，我们原来和马来西亚军方商定的接待规模是800人，谁知，当天来了几万人。卢木基地的大门前，车辆排了几公里长！

我深切地感到，海外华侨是多么盼望祖国早日强大起来！就在我们军舰停泊的码头，停泊过许多国家的军舰，但是从来没有一艘是中国的；华侨们见过许多趾高气扬的外国水兵，但是从来没有见过祖国的水兵。他们盼望了多少年啊！难怪，一位华侨老人深情地说："500年前，中国有郑和下西洋，访问过马六甲，500年后，又见到中国军舰了！"

老人的话让我陷入深思。是的，500年了！500年前，浩浩荡荡的中国船队七下西洋，走的就是这条航线。这是写满中国人自豪和骄傲的一条航线啊！但是，这条航线，也曾洒满中国人辛酸的泪水。19世纪末叶，外敌入侵，山河破碎，有多少我们的祖辈为躲避战乱，背井离乡，沿着这条航线漂流到海外！

今天，又是一个世纪之交，还是在这片蓝色的海洋，还是在这条古老的航线，中国现代化的战舰、掌握高技术装备的中国军人，用我们的壮举，向世界传达着一个响亮的声音——走向现代化的中国，即将迎来中华民族复兴的光辉纪元！

1995年以来，542舰先后接待过美国、俄罗斯、意大利、英国、印度、巴基斯坦、缅甸等10多个国家的军事代表团和海军舰船。作为舰长，我为542舰是一艘可以与世界各国海军媲美的现代化战舰而自豪，更为我们能够驾驭这样的现代化战舰而骄傲。

1997年，美国太平洋舰队司令克莱明斯上将参观542舰，从他的身上，我感受到了美利坚民族外向而自信的性格。我发现，他经常用"first class"和"excellent"也就是"一流的"和"出类拔萃的"这两个词汇赞扬美国海军。当陪同克莱明斯参观的舰队首长向他介绍我曾经是一名飞行员时，他马上说："哦，美国的很多舰长也曾经是飞行员，他们都是出类拔萃的。"接着，他就问我飞的是什么飞机，我说："高速歼击机。"这一下，他似乎很意外，立即很感兴趣地用蓝色的眼睛打量着我，说："歼击机很厉害，速度快，火力大，美国的舰长有很多曾是飞直升机的，飞歼击机的还不多见。"

在以后的交谈中，我回答了克莱明斯提出的各种问题。下舰之前，克莱明斯在留言簿上写下这样一段话："今天是我十分难忘的日子，中国一流的军舰和一流的舰长给我留下了美好的印象。"

这次外事活动让我深深地感到，有实力的军队才能挺直腰杆。在高技术战争的时代，拥有高技术装备、掌握高科技知识的军人才能赢得尊敬。面向世界，我再次为自己曾经做出的正确选择而欣慰，我与我们伟大的祖国、强大的人民军队，共同前进在走向现代化的航道上！

海军是技术密集型军种，也是高消耗军种。一艘现代化的战舰，它的造价、维修、训练，费用是惊人的。

因此，我常常这样和水兵讲："新型现代化战舰，一艘造价几亿元人民币。把这笔钱分摊在我们每个舰员身上，人人都是百万富翁。国家把这笔资产交给我们，不是让我们去看守的，而是让我们去增值的、去产生效益的，这个增值的效益不是别的，就是为祖国的现代化建设创造和平的环境。"

"首战用我、硬战用我、突发之战用我，用我必胜！"这是我所在的这支英雄的部队对伟大祖国的庄严承诺！

1996 年 9 月，我奉命随舰艇编队奔赴东海某海域进行舰机协同演练。

这一天，20 号强台风刚刚过去，海面上巨浪滔天，几千吨的战舰剧烈地颠簸，就像一片小小的树叶。凌晨 1 点钟，风浪越来越大，风力高达 10 级，浪高 4 米。一个个大浪扑来，从舰首卷到舰尾，军舰撞到浪上，就像撞到墙上一样，发出一阵阵令人胆战心惊的抖动。军舰一会儿深深地跌入波谷，一会儿又被抬上浪峰，舰尾不时高高翘起，飞旋的螺旋桨露出水面，打得空气呜呜作响。

长时间这样，战舰的轮机是受不了的，容易"飞车"。于是，我请示编队转向航行。不想，军舰刚刚转向，就受到横浪的冲击，一个大浪打来，军舰猛地一偏，舱室里，用三角铁固定在地板上几百斤重的保险柜被猛地甩了出来。这一瞬间，人的汗毛都倒竖起来，舰体横摇达到 38 度，舰艇有倾覆的危险！

只有继续转向，避开横浪的冲击，才能摆脱危险。我下令："左舵 5！"但在风浪的巨大压力之下，军舰无法转向。我再下令舵角增大两度，舰艇还是不转向，我再下令加大舵角时，往日特别自信的操舵班长迟疑了，说："舰长，不能再压舵了，太危险！"

大家的目光都集中到我的身上。根据大风浪航行的理论知识和目前的实际情况，我坚定地说："停在这里更危险！现在舰艇左倾严重，向左压舵，有利于舰艇平衡！"

舵角压上去了，大家的眼睛紧紧盯着航向显示器。慢慢地，舰艇开始转向了！

这次大风浪，持续50多个小时，风浪过后，甲板上结了白花花的一层盐末。

舰机协同演练的那一天，正是国庆节。我们就在风浪中举行了庄严的升旗仪式，鲜艳的五星红旗，在桅杆上飘扬、漫卷，象征着祖国神圣不可侵犯的主权。

演习开始了，我们的航空兵战友驾驶着战鹰准时出现在战舰上空，编队指挥一声令下，炮声隆隆，惊天动海。我们战舰的全自动大口径火炮开火了，火光映红了翻滚的海浪。

这一瞬间，我好像意识到，人类最崇高的情感，都汇聚在这风起云涌的海面。当祖国把安全的重托交给她的儿女，当人民把民族的希望交给她的子弟，当这一切沉重而光荣的使命由我们来承担，我要说，祖国，请您放心！

1995年10月14日，一个我永远难忘的日子。

这一天，江泽民主席率领军委领导集体，在海军首长的陪同下视察了海军部队。

江主席来了！我激动地向最高统帅报告："主席同志，542舰全体官兵列队完毕，请您检阅。舰长柏耀平！"

江主席登上542舰，我陪同他检阅了我舰的仪仗队。随后，在会议室里，向江主席汇报了我舰的基本情况，江主席注视着我，认真地听，不时轻轻地点头。最后，我请示江主席："您是否现在就视察本舰的武器装备？"

江主席笑容满面地说："好啊，听从你们的安排！"

导弹发射架下，全自动火炮前，舰载直升机平台上，江主席详细地询问了这些现代化武器装备的性能指标、生产厂家和战斗使用情况，我一一流利回答。

视察结束，江主席就要离开542舰了。在舷梯边，他转过身来，握着我的手，亲切地说："海军是高技术军种，你们要很好地学习和掌握现代技术，成为思想、技术都过硬的海上精兵!"

第二天,江主席等军委领导就要观看海上演习,我暗自下定决心,一定要率领542舰发挥出最高的水平,向江主席汇报,向党和人民汇报!

演习这一天,我人民海军现代化的核潜艇、潜艇、导弹驱逐舰、导弹护卫舰、轰炸机、歼击机等多舰种、多机种在辽阔的海面空间展开威武的阵容。

我舰在这次演习中,进行了各种武器的发射演示。其中,难度最大的是打飞机拖靶。

在几千米的高空,轰炸机拖着长2米、宽18厘米的拖靶,在目视范围里就像一只小小的飞鸟。在我们这次演习之前,有两个国家的海军搞了一次联合军事演习,在同样的科目中,一方的水面舰艇就把另一方的牵引飞机打下来了。所以说,用导弹打飞机拖靶是有一定危险的,搞不好就要打到飞机上。而且,我们这次演习要求双发齐射,保证两发都能打中拖靶,难度更大。

舰上的战士们担心,天上的飞行员更担心。就在前一天,我与飞行员告别的时候,这位飞行员还重重地握了一下我的手。我明白他的意思,笑着回答他:"你放心,我曾经也是个飞行员!"

演习开始了,飞机从远处飞来。荧光屏上,出现了一个小小的亮点。渐渐地,一个亮点变成两个,后面的那个,就是我们要打的拖靶。只见两个亮点紧紧地贴在一起,在荧光屏上慢慢地移动。

飞机到达预定海区上空,我下达了目标指示。这对于我是一个关口。前面的一系列判断,就是为了给导弹指示目标。目标指示错误,后果不堪设想。我仔细核实一遍数据,果断下令:"对空导弹射击,打击2001批目标,双发齐射!"副舰长马上通过键盘,把这个目标的数据传输给计算机,带动火控雷达转向目标。我随后命令:"攻击雷达开机,准备发射,人员隐蔽!"

随着导弹发射架腾起一团烟火,第一枚导弹,像一条红色的闪电,将拖靶拦腰斩断。紧接着,第二枚导弹将拖靶残骸打了一个凌空开花!

在指挥舰上,江主席看见两枚导弹都准确击中目标,高兴地说:"打得好!打得好!"

蓝天碧海之间的战火硝烟,让我更加坚信我的选择。

21世纪正向我们走来。

站在新世纪的地平线上，我们肩负着历史与未来的双重重托。重温毛泽东、邓小平、江泽民党的三代领导核心对海军建设的殷切嘱托，面对可能发生的未来高技术条件下的海上局部战争，新一代中国海军军人，根本不应该讨论能不能打赢的问题，为了祖国的安危，我们的回答只能是一个字，那就是——"赢"！

在这里，请允许我代表542舰的全体官兵，代表人民海军的全体将士，向全国人民宣誓——为了维护祖国的主权和领土完整，为了捍卫祖国300万平方公里海洋国土的神圣权益，我们将脚踏祖国的大地，背负民族的希望，用我们威武的钢铁战舰，和我们忠诚的血肉之躯，在祖国辽阔的蓝天碧海之间，筑起坚不可摧的铁壁铜墙！

（柏耀平同志为第九届"全国十大杰出青年"，中宣部、总政治部联合将其作为全国重大典型，在中央各大新闻媒体上进行了突出宣传，在军内外引起广泛反响。海军首长签署通令，给他荣记一等功）

例文 20：优秀士兵事迹材料

新时期英雄战士——李向群

李向群，生前是陆军第×××集团军×××师×××团九连一班战士，海南省琼山市人，1978 年 9 月 21 日出生，1996 年 12 月入伍。1997 年先后获团、营、连 3 次嘉奖，年底被评为"优秀士兵"，1998 年 4 月参加光缆施工荣立三等功一次。同年 8 月随部队赴湖北省参加抗洪抢险，在抗洪斗争中，不畏艰险，奋不顾身，8 月 14 日"火线"入党。8 月 21 日在湖北省公安县南平镇中剅村堤段抢险中，因过度疲劳晕倒在大堤上，后诊断为钩端螺旋体症晚期，经多方全力抢救，终因肺部大面积出血无法救治，于 8 月 22 日 10 时 10 分壮烈牺牲。李向群牺牲后，×××集团军批准他为革命烈士，追记一等功；广州军区党委、×××集团军党委、海南省委省政府、湖北省荆州市委，以及他家乡琼山市委、部队驻地广西桂林市委，分别作出了向李向群同志学习的决定；琼山市将他曾经就读的东山圩小学改名为"向群小学"；广州军区授予他"抗洪勇士"荣誉称号，命名他生前所在班为"李向群班"。

李向群以 20 岁的青春年华走过了一条灿烂的人生之路，他用全部生命实践了"人活着要有美好追求，家富了更要报效祖国"的信念。他短暂而光辉的一生，是全力追求高尚人生，积极弘扬时代精神，自觉服务人民、奉献社会的一生。

一、胸怀远大志向，家富不忘报效祖国

李向群出生在"琼崖革命 23 年红旗不倒"的革命老区，沐浴着改革开放的春风长大。伴随着海南大特区改革开放的历史进程，李向群的家经历了由穷到富的变化。过去，李向群的父亲李德清 3 兄弟 3 家人挤在一栋破旧的木楼里，李德清在镇上当汽车修理工，妻子王立琼种菜，每月总共 300 多元的收入，要抚养 4 个孩子，赡养两位老人，日子过得比较清贫。靠着党的富民政策，他们从 1983 年开始搞个体经营，先后创办了两个服装加工车间，

两个服装批发摊档，一个运输车队（最多时 5 台车）。全家人勤劳致富，1993 年新盖了一栋面积约 200 平方米的楼院，成为拥有百万元资产的富裕之家。李德清夫妇切身感受到党的改革开放政策的温暖，他们反复给孩子灌输的是家富不忘报党恩，一家富了想百家，小家富了帮大家。

　　在这种社会和家庭环境中成长起来的李向群，从小受到时代新风的熏陶和传统美德的滋润。他家附近住着一个叫王阿婆的老大娘，身边没有亲友，体弱多病。李向群经常帮她挑水劈柴，洗衣做饭，有时还拿自己的零用钱给她买生活日用品。有一次，老大娘哮喘病发作起不了床，家里没米没柴。李向群带着一帮小伙伴拿出自己的零花钱，一共凑了 70 多元，买了 10 多公斤大米和 3 担干柴，送到了大娘家。王阿婆紧紧拉着小向群的手，热泪盈眶地说："乖乖仔，阿婆谢谢你！"李向群在学校积极向上，品学兼优。小学一年级时加入了少先队，任副中队长。1991 年春天，他在东山圩小学读五年级，班上成立全校第一个"学雷锋小组"，李向群被同学们推选为组长。他多次被评为"三好学生""优秀班干部"，上初二时加入了中国共产主义青年团。1992 年李向群上初中一年级，班上一位叫林烈华的同学是孤儿，靠姑妈接济上学。他刚读两个月，就找到李向群说："我不想上学了，你跟你爸妈说说，让我到你家的服装厂打工吧。"李向群问明原因，得知林烈华是不愿给姑妈添负担而想辍学，就向班主任建议，在全班开展向林烈华献爱心活动，全班同学共捐款 201.5 元，李向群一人捐了 50 元。此后，李向群把自己的零用钱与林烈华合着花，买校服、书包和其他学习用品，从来都是买两份，还常常带着林烈华到家里吃饭，直到初中毕业。走上社会后，李向群守法经商，重义轻利，从不赚一分昧心钱，他曾为退还一位顾客买衣服多付的 50 元钱，追出几公里路。他先后 20 余次免费开车送镇上患病的乡亲到 40 多公里外的市医院治病。1996 年端午节，成千上万的人拥挤在南渡江边，观看镇里组织的龙舟赛。突然一阵呼救声传来："小孩落水了，快救孩子！"李向群在人群中，望见一个小孩在江水里时隐时现，双手拼命挥动。他来不及脱掉衣服，纵身跳入湍急的水流中，奋不顾身地将不满 5 岁的小男孩许振光救上了岸。

　　1995 年 7 月，李向群初中毕业考试前患了疟疾，病了一个多月，差 2 分没有考上琼山市重点中学。当时家里经商正红火，于是就跟着父亲当帮手，有时开中巴在海口、东山两地搞运输，有时经管服装加工车间，有时在海口市文明路的服装摊档上做批发商，也不时到广州、长沙、武汉、福州等地找客户、跑业务，成了一名地地道道的"小老板"、有钱人。在生意场上跑南走北的日子里，李向群没有沉湎于物质上的富足，也从不在酒绿灯红中放纵自己。他关注社会，关心国家，不安于泡在商海，寻思着更大的人生舞台。1995 年 9 月，他看到哥哥的一位同学穿着一身崭新的军装从部队探亲回家，一下牵动了他久已萌动的向往：当兵去。两个月后征兵开始了，他毅然报名参加应征体检。当时李向群个子瘦小单薄，体重不够，他缠着镇武装部梁昌宏副部长，非要他保自己过关。参军不成，父母亲跟他商量，花了 5.7 万元从出租车公司买了部"夏利"车，让他跑出租。可李向群人在车上，心却仍然向往军营。1996 年入夏的一个晚上，他早早地收车回家，与父母亲作了一次长谈。父母深明大义，家富思报国。看着自小在祖母、外婆和父母兄姐呵护下长大的孩子，父亲说："细息，我也不愿意你们姐弟 4 人都这样围在我们身边，可是你眼下挣钱、花钱都容易，去当兵可要吃得了那份苦呀！" 7 月底，李向群跟着父亲到出租车公司，将那部已经赚了 1.5 万多元的"夏利"车以 4 万元的价格盘出。回到镇上，他马上到武装部报名参加了一年一度的民兵训练。此后，他每天 6 点钟起来练长跑，买来哑铃练臂力，整整坚持了 3 个半月。11 月下旬，李向群顺利地通过应征体检，终于穿上了绿军装。李向群要当兵走了，父母心头的千言万语归结为一个期望和嘱托："阿群，咱李家没出一个党员，你当兵一定要当上党员啊。"李向群坚定地说："我要是入不了党，就不回来见你们。"到军营的第 3 天，李向群在日记里记下了这样一段话："朋友说我是富家子弟，来当兵有点奇怪。我认为，当兵是尽义务，报效自己的国家。为富要仁。这个仁，讲小点，就是要多做好事、做善事；讲大点，就是要为国分忧，为国效力。"

二、刻苦学习磨炼，努力争做高素质青年军人

李向群以"不比家富比成才"的誓言激励自己在部队不断进取。他在日记中这样写道："面向 21 世纪不是一句空洞的口号，当代青年不仅要有现代化的崭新观念，更要有现代化的全面素质。"入伍后，李向群雏燕初飞，他基础不好不气馁，学历不高不自弃，坚持不懈地学习磨炼，始终朝着他心目

中的成才目标努力攀登。

　　刚到部队时，李向群 1.7 米的个头，体重只有 51 公斤，参加新兵摸底测试，5 项科目只有 2 项勉强及格。第一次参加 5 公里武装越野，他足足跑了 36 分钟，离及格还差 9 分钟。一到部队就遇上"拦路虎"，李向群非常懊恼，难过得早饭都没吃，一人悄悄走到墙角，用拳头捶打墙壁，泪水夺眶而出。班长王绍看到李向群急成这个样子，便耐心地开导他，并针对他的体质情况，帮他制定了体能训练计划。此后，战友们都看到李向群在暗暗使劲。单、双杠上经常看到他拉臂收腹，放在连队门口的杠铃他举得最多，操场上、草坪上天天都看到他在练俯卧撑。为提高 5 公里越野成绩，他买来白布缝制两个沙袋绑在腿上，每天中午或晚饭后围着营区跑上几公里。星期天、节假日背上水壶，塞上两三个馒头，到营区后边的山坡上，反复奔跑冲刺，直到累得瘫倒在地。3 个月新兵训练结束，他取得了 5 项科目 3 项优秀、2 项良好的成绩，总分排在新兵营第一名，获得了连嘉奖。分到连队后，李向群又朝着训练尖子的目标冲击。为提高 400 米障碍的成绩，他中午、晚饭后都泡在障碍场，一个障碍物一个障碍物量步幅、测距离，找准最佳起跳点，每个动作都反复体验上百次。过矮墙时，他原先怕摔跤不敢飞越，而是一手支撑，一脚踩在上沿跳过去。为了克服心理障碍，他在矮墙的一端水平撑起一根木棍，或是用橡皮筋绑在两棵树之间，一遍又一遍地跨越，使跨越矮墙比原来缩短了 1.5 秒。他就是这样逐个动作、逐个项目地严抠苦练，到 1997 年 7 月，团组织军事训练等级评定，李向群各科成绩全部优秀，被评为"优等士兵"，成为全团新兵中第一批训练尖子，受到了营嘉奖。李向群没有以此满足，而是不断升高着跨越的横杆。连队图书室里的《间谍战》《当代军事热点透视》《美国新军事革命》《现代高科技武器装备》等有关军事科技的书，他一本一本地"啃"，还帮排长细心收集报刊上有关军事高科技知识资料，将它们剪贴成高科技常识、高技术武器装备、现代化战例等 6 大类资料，一有空闲就翻看。脑子里高科技名词和常识装多了，李向群就在训练中寻找用场。夜间伪装训练，为躲避微光夜视仪侦察，他捆扎稻草人接上手电开关启动的小灯泡，以扰乱敌人的"眼睛"。为增强排雷训练的效果，他依据地雷的不同受力方式，用夹板、铁钩和气球等制成触发式、压爆式"地雷"，使大家获得近似实战的体验。1997 年 10 月，连队为检验班进攻训练效果，决定组织对抗性演练，由一班充当"蓝军"小分队。李向群和王绍一起用两个半天查阅了外军小分队攻防战术资料，根据敌我双方现有装备，设置了立体火力打击、弹性坚守和主动反击的防御方案。结果，按照老办法组织演练的"红军"小分队吃了败仗。有的战士嘀咕："小小步兵连，又没什么高科技武器，用不着练那么'玄'！"李向群在小结会上发言："不管装备有没有，练兵先得有那股味！"

在连队这所学校里，李向群如饥似渴地吸吮着各种知识。政治教育他勤奋认真，在新兵中最先读完政治理论士兵读本、《邓小平文选》第三卷。遇到公差勤务误了课，他都要找来别人的笔记，端端正正抄上一遍。李向群对自己没有上过高中感到懊悔，下决心把它补回来。他报名参加了团组织的文化补习班，每逢周六上课他总是最先到，6本文化补习教材都翻烂了书角，到牺牲前已学完高中一年级全部课程。1997年7月，《中国青年报》一篇文章中提出"跨世纪青年应该具备会开车、会外语、会电脑、会法律"4种基本技能。他心里一亮，给自己订了个3年计划：1997年攻法律，1998年学电脑，然后再学英语。不几天，就报名参加了西南两用人才培训中心公安专业函授班，开始一本本地啃函授教材和学习书刊。在连队没有完整的时间用于学习，他利用点滴时间看书，节假日是他自学的"黄金时间"。这年9月，部队到广西潮田驻训，正值南国"秋老虎"季节，屋子里又闷又热，晚上没有电灯，李向群点燃蜡烛看书。山里蚊子又多又毒，他双腿和脚上被叮出一个又一个红包，他便在铁桶里装满水，双脚踩在里面坚持学习。9月21日是李向群的生日，正赶上连队驻训休整，几个海南籍同乡约他一聚，四处寻找不见，后来在后山坡洼地里，发现李向群坐在石头上，手里正捧着一本《刑事诉讼法》。就是凭着这股劲头，李向群用大半年时间，先后学完了《犯罪学》《预审学》《刑事侦察学》《刑事诉讼法》等6门功课，被评为"优秀学员"，获"结业证书"和"专业技术人才合格证书"。1998年7月初，连里来了4名桂林陆军学院的学员任实习排长，其中叫蒋海明的排长还带来一台电脑。李向群抓住机会，立即与战友林文雄"合资"买了一台"小霸王"学习机，向蒋排长学打字。刚开始，他手指总是不听使唤。一次他受到一位战友弹吉他时指头贴上胶布的启发，当晚就在10个指头各贴上一匝胶布，在朝上的胶布上写上相应的字键号，盯着指头反复练习。到部队抗洪抢险时，李向群已基本掌握中文五笔字型输入法，1分钟能打30多个字。

李向群在部队的大熔炉里"淬火"，逐渐领悟着现代青年军人的应有内涵，高度自觉地全面磨炼自己。他刚入伍时也有一些"小老板"的做派，见到干部不是先敬礼，而是先敬烟。在新兵连时，很不情愿地理掉了"费翔"式发型。在第一次拉练中，连队让他帮助体质较弱的战友赶队，他却掏10元钱租用一辆人货两用车提前回到驻地，受到连队批评。新兵训练刚结束，他在日记中写道："汽车不守交通规则，公路会血流成河；做人不守法规，社会会一片混乱；当兵不守军纪，部队会一盘散沙。"为加强自我约束，他把条令有关内容做成卡片，经常带在身上，反复背诵，坚持按条令办事。过去生意场上的朋友来电话要他帮助打听生意信息，李向群严守部队规定，一次次地拒绝了。1997年4月，李向群父母来部队看望儿子，离开部队时，李向群请假到桂林送父母上火车。因火车晚点，送走父母后，公共汽车已经停开。眼看离归队的时间不多了，李向群徒步跑了12公里，按时赶回连队。部队拉练到桂林灵川县潮田乡驻训时，李向群正患重感冒，与体质较弱的战士陈金团掉在后面。这时地方一辆拖拉机路过，好心的司机见两位战士汗流浃背，走路一瘸一拐的，主动停下请他们上车。小陈说："向群，看来咱俩没法追上大部队了，反正连队不知道，咱就搭一段路吧。"李向群说："野营拉练不允许搭乘地方车辆。无论连队知不知道，我们都应该自觉执行。"他俩谢绝了司机的好意，互相鼓励，互相帮助，终于赶上了部队。1998年6月，李向群回到阔别一年半的家乡探亲，同学朋友纷纷前来看望，对李向群说："阿群，你在部队辛苦了，咱们请你出去吃个饭，到歌舞厅乐一乐。"李向群总是委婉谢绝，他对朋友们说："我现在是军人，部队规定这些地方不能去，请你们理解。"李向群回到家不到两天，父亲为李向群做了一套高级西装，哥哥也给他买了一双"老人头"红皮鞋。李向群不忍心拂了家人心意，当即在全家人面前穿了起来。可第二天一早，李向群又不声不响地换上了自己的迷彩服和解放鞋。李向群归队时，父亲让他把西装、皮鞋带上，李向群说什么也不肯带，对父亲说："部队规定战士不能穿便服，我穿这些去，战友们会另眼看我的。"

三、追求高尚人生，做好每件事迈好每步路

李向群日记中有这么一段话："成绩等不来喊不来，要靠脚踏实地干出来。惊天动地的事业固然可以创造奇迹，而平凡的工作也同样有价值。"他把自己的远大理想转化为具体行动，胸有目标，脚踏实地，珍惜生命的每一天，在平凡岗位、平凡工作中，奋力追求和实现一个普通士兵的人生价值。

李向群爱管事，大伙儿说他："不是党员说党员的话，不是班长干班长的活，不是干部操干部的心。"他看到班里有的战士抽烟多，有的时不时到驻地附近小吃店吃米粉，喝啤酒、可乐，个别战士当兵不到半年，两次让家里寄钱。他找到班长王绍，建议召开班务会统一大家思想，好好抓一抓上级倡导的"四不一有"（不抽烟、不下馆子、不进发廊、不让家里寄钱，人人有存款）活动。他在班务会上说："'四不一有'活动看起来对人苛刻，实际上是对战士成长负责任。通过这个活动可以养成勤俭节约的好习惯，今后会管用一辈子。我们都要积极参与，坚决做到。"在李向群的提议下，一班向全连发出了争做"四不一有"先进班的倡议，到年底一班果真被评为先进。

平时，李向群非常活跃，到哪里都喜欢把气氛搞得热乎。在训练和施工间隙，他经常领着大家唱歌、猜字谜、做游戏；双休日、节假日活动，次次都少不了他的节目。李向群眼里有小事，乐于做小事。他看营区哪儿有垃圾，总是主动去清扫；看到门窗上面有灰尘，就顺手拿起抹布擦干净；看到连队图书室存书不多，就带头买书献书。1997年8月，李向群看到连队在农贸市场买来的菜苗品种不好，就写信叫家里寄来海南的萝卜、辣椒和茄子等优良菜种。为了育好菜苗，他专门到附近村庄向菜农请教，挑来塘泥和土杂肥改良土壤。播种时他怕播得太密，就用细沙和菜籽搅拌在一起撒播，然后在菜垄上撒上一层细肥和防晒防雨的稻草。李向群把菜苗当成宝贝，每天晚饭后总要转一圈，掀开稻草让菜籽吸露水，每天清早，他又去浇上水，盖好草。半个月后，菜地里长出了喜人的菜苗。其他班的战士见李向群育的菜苗又肥又壮，都来抢着要。一天中午，李向群看到连队的厕所堵了，粪便、手纸和其他秽物将下水道口厚厚地盖住。他找来粪桶和铁锹，一铲一铲地把秽物铲进粪桶。塞在管道里的脏物不好清除，他干脆脱掉上衣，趴下身子，一把一把地把脏物往外掏。李向群见小便池白色瓷砖被尿渍蚀得发黄，就到

服务社买来砂纸，不声不响地将瓷砖一块一块打磨干净。一个星期六晚上，大伙儿在俱乐部唱卡拉 OK，王绍、陈金团不见李向群的身影，便四处寻找。路过厕所门口时，听到里面有响动，进去一看，发现李向群又在冲洗厕所，小陈脱口而出："向群，你真是一个'厕所所长'！"此后，李向群"厕所所长"的外号叫开了。李向群发现离连队 300 多米远的大操场的厕所没有人负责冲洗，他又把这个厕所包了下来。

李向群在部队 20 个月的时间里，一步一个脚印，不断用一个个具体目标牵动着自己向上攀登，"积跬步以至千里"。一进军营他立志当个好兵，3 个多月的新兵训练，他成为全营训练成绩最好的新战士。紧接着他又给自己立下当班长、争当优秀士兵、立功入党的一个个具体目标。1997 年 4 月，团组织预提班长军事素质摸底考核，李向群因在前不久光缆施工中抢救小孩，右腿被石头砸伤无法参加，失去了进教导队当班长的机会。李向群为此很懊丧，一连两天闷着不说话。指导员清楚李向群的心事，和他促膝谈心，教育他要像雷锋那样正确对待个人得失，并详细讲述了连队饲养员在本职岗位敬业奉献、因表现突出而立功入党的情况。明白事理的李向群很快振作起来，决心当不了班长，照样要当训练尖子、破纪录。当年他以全优的成绩被评为"优等士兵"，并在"双争"评比中被评为"优秀士兵"。李向群入伍后 3 次递交入党申请书，每次都是在部队执行重大任务的时候。1997 年 12 月，部队奉命到广西贺州参加国防施工，李向群向党支部递交了第一份入党申请书。1998 年 3 月，部队到湖南沅陵担负光缆施工任务，他第二次递交了入党申请书。这次施工任务尤为艰巨，九连及三营施工地段全是高山岩石，为此，全营组织了一支专门负责打眼放炮的党员突击队，24 小时轮番作业。李向群为实现自己的入党誓言，找营连领导软缠硬磨成为唯一一个不是党员的突击队员。4 月 8 日至 10 日是施工的关键时刻，偏偏下起了雪，他和 3 名党员冒着风雪，停人不停机地轮番打风钻。由于气候寒冷，握着风钻机柄犹如抓着冰块，被汗水浸湿的内衣贴在身上，寒风一吹浑身打哆嗦，但李向群毫不畏惧。他们连续干了 3 天 3 夜，在 4.6 公里的地段上打了 1000 多个炮眼。第 4 天 4 名突击队员撤下来时，手指、耳朵、鼻子冻得又红又肿。李向群的双手震裂了，手指合不拢，双掌满是血泡。由于他表现突出，施工结束时荣立三等功。1998 年 8 月 5 日，李向群随部队参加湖北抗洪抢险。到达沙市当夜，他趴在背包上写了第三份入党申请书。他写道："我是一名军人，有责任有义务去保卫祖国母亲，请领导把最危险、最困难、最重要的任务交给我，请党组织在最关键的时刻考验我。"在抗洪战斗中，他用行动实现了自己的誓言。8月14日，李向群光荣地加入了中国共产党，成为全团第一个"火线"入党的战士。

四、努力实践我军宗旨，把真情爱心献给战友和群众

在连队组织"四个教育"心得体会演讲时，李向群曾说过这样一段话："过去，我以为人与人之间的关系不可能是无私的。现在我明白了，世上真有无私的爱。在共同理想的驱使下，只要你付出真情，就会收获无私的友谊。"他在短暂的军旅生涯中，始终执着地追求着这种"无私"的道德精神。

李向群俭以养德，甘于苦自己。他对自己近乎刻薄，告诫自己来自特区不当"特殊兵"，家有万金不做有钱人；对他人却热情慷慨，总是想别人所想，帮别人所需。他在学习体会中写道："现在很多有远见的父母花钱为孩子买苦吃，是有道理的。我们这代人，不可能像前辈那样过苦日子，但要学会将好日子当紧日子过……艰苦奋斗作为一面旗帜，永远不会过时。谁养成了艰苦奋斗的良好习惯，谁就拥有一笔宝贵财富。"为约束自己，他制订了每月只花10元津贴费的计划：牙膏1.5元、香皂2元、洗衣粉1.5元、卫生纸1.5元、信纸（封）1.5元、机动2元。1997年3月，他父亲来部队看他，给钱他一分不要，给他买了两双袜子他只要了一双。到部队后，他没下过馆子，没买过便衣便鞋，没单独请假去过桂林市区，没游览过与驻地近在咫尺的漓江。当兵以来，李向群极少给家里打电话，一直坚持写家信，他觉得写信一来少花钱，二来父母亲可以经常拿出来看看。1997年7月的一个星期天，班长叫过李向群和入伍前已是广州市二轻集团职员的战士温宝添，让他们去为菜地捡牛粪。小温边走边嘟囔："阿群，穿着这身军装捡牛粪丢人扎眼，咱们花钱找老乡买两担回去得了。"李向群说："再多的钱我俩都花得起，但你想过没有，并不是任何东西都能用钱买来的。"1998年6月，他探亲到家，母亲做了满满一桌菜，一家人团聚在一起吃得很香。第二天妈妈又张罗着去菜市买这买那，李向群拽住妈妈的手高低不让去，并嗔怪着："妈，如果每餐都这样，回到部队后我可能要当逃兵的。"李向群在抗洪前线

牺牲后，指导员胡纯林在清理他的遗物时，发现他口袋里没有一分钱，他抗洪前带去的半支中华牙膏用尽已挤破了皮，一支白玉牌牙刷已经用秃了头，一双解放鞋底已经磨穿，大脚指前各有一个洞。熟悉他的官兵对李向群入伍后的全部开支算了一笔账：当兵 20 个月，领取津贴费 830 元，加上入伍时家里带来的 900 元，共计 1730 元。日常用品每月开支 10 元，函授学费 360 元，捐款资助他人开支 1030 元，其他开支仅有 140 元。一位采访李向群事迹的记者听到这些，当场写下两句话："最贫穷的富家子弟，最富有的年轻士兵。"

李向群对别人总是舍得一切，全力相助。他走到哪里，哪里就会发生一串好人好事。1997 年 9 月，部队在潮田地区驻训，李向群住在一位秦姓群众家中。他训练之余帮老乡割稻子、摘白果、挖树坑，无活不干。当老乡得知他曾经是个小老板时，更是感到惊讶和感动。时隔一个月，李向群随部队到广西象州县寺村镇进行军事演习，20 多天里，他经常抽空帮助驻地一位 60 多岁的志愿军伤残老战士挑水劈柴，洗衣做饭。还照当地的习惯，用牛粪、稀泥和稻草，把老人残破的土墙重新粉刷一新。部队撤离时，老人特意点燃鞭炮为部队送行，拉着李向群的手连声说："部队的老传统没有丢。"1998 年 3 月在湖南沅陵县光缆施工时，李向群看到供村里二十几户人家喝水的蓄水池非常破旧，水被脏物污染。他自己买来两袋水泥，利用工余把蓄水池整修一新。看到十几名小学生天天蹚过冰冷的河水去上学，他就天天早上去河边把小学生一个个背过河，下午一个个接回来，施工期间无特殊情况从不间断。有一天他发现少了一个孩子，问其他小学生，得知这位叫杨丽的学生因交不起学费不上学了。李向群找到她的家，原来杨丽的爸爸在效益非常不好的县水泥厂当工人，杨嫂带着两个孩子种责任田，低矮的木房里没有一件像样的家具，床上只有补了又补的两床破被，生活非常艰难。李向群心里很难过，当晚便从司务长那里预借了一个月的津贴，加上身上带的钱，凑足 130 元，给杨丽交了学费。这以后，他不顾施工的劳累，有空就去帮助杨嫂干活。杨家没有耕牛，他带上两名战士，用双肩给杨家拉犁，耕完了两亩多地。光缆施工结束时，李向群又把施工期间发的工作服和胶鞋送给了杨家。杨嫂无以回报，把平时舍不得吃而攒下的一只腊猪腿，做了一盘菜给李向群端来，含泪拉过杨丽，硬是逼着李向群他们把菜吃下。1997 年夏天，李向群从父亲那里得知他以前的同学好友周道雄吸上了白粉，心里十分焦急，决心尽其所能挽救小周。他连续写了 10 多封信，不厌其烦地给小周介绍吸毒的危害，激励小周摆脱毒魔重新做人。1998 年 6 月李向群探家时，特意去桂林市音像市场买到《中华之剑》缉毒录像带，回家当天就送给了小周，并与他一起观看了录像。从第二天起，李向群尽量抽出时间与小周在一起，晚上两人同睡一张床，在小周毒瘾发作时制住他、劝导他，终于使小周痛下决心强制戒毒。返回部队后，李向群还给其他同学写信打电话，要他们对小周实施"监控"。后来，小周成功地戒掉了毒瘾，他提起往事总说："是阿群帮我从鬼变回人。"李向群牺牲后，他三天两头往李家跑，陪着两位老人和阿群父母度过那段极度悲痛的日子。

李向群在战友中间就像一团火，影响带动大家一同进步。他看到战友训练成绩上不去，拖连队后腿，比谁都心急。战友代勇刚夜间射击三练习总是瞄不准，急得直掉泪。李向群买来打火机伏在他身边，手把手地教他练瞄准，打火机用坏了两个，手指烫出了大水泡。新战友朱天军臂力不够，投弹成绩只有 10 多米。李向群找来砖头和木棍为他做了一个挥臂器，并反复讲解动作要领，直到小朱取得了 38 米的良好成绩。海南籍新战士林文雄，参军时只有 16 岁，体检时硬是喝了 6 瓶矿泉水增加体重才合格。新兵训练时小林跟不上，李向群主动帮他练毅力和耐力，把自己当新兵时用的沙袋给了小林，并带着小林练长跑。在李向群帮助下，小林训练成绩进步很大，受到连队嘉奖。遇到战友有了思想疙瘩，他主动靠上去做工作。同乡林肯家里很有钱，到部队后，作风比较散漫，花钱大手大脚，多次受到连队批评。一次林肯不假外出，喝醉了酒，受到行政警告处分。他因此情绪低落，曾一度想离开部队。李向群知道后，多次找他谈心，把自己当兵的体会讲给他听，要他为父母争气，为家乡争光。为了让林肯改掉坏习气，他把自己做的条令学习卡片送给他，帮助他熟记条令内容。在李向群的影响下，林肯变化很大，训练施工样样争先，自觉遵守纪律，受到连队表扬，后来调到团警侦连当了副班长。从河南省西华县入伍的三班战士朱春旭，父亲是工程师，家里开着电器商行，从小养成一副"少爷"脾气。一天晚上三班组织练俯卧撑，小朱做了几个就不做了，班长说不动。李向群看不过眼，劈头盖脸说了他一通，把朱春旭说哭了。之后李向群很后悔，主动找朱春旭作了自我批评。李向群借此机会与朱春旭多交流，做朋友，教他、帮他洗衣服，做好事带他一起去，送书给他看，教他怎么安排津贴费支出。训练中，一招一式地教，5公里越野和他跑在一起，边跑边鼓励。小朱渐渐地变了，爱训练、守纪律、懂道理了，李向群成了他"最亲近的人"。李向群牺牲后，朱春旭常常偷偷地抹眼泪，谁问都只有一句话："他就像我的亲哥哥。"

五、坚决听党的话，在祖国和人民需要的时候勇于牺牲一切

李向群曾经在家乡的南渡江中两次入水救人，被家乡人民传为佳话。见义勇为英雄女战士邱玲到部队来作报告，深深撼动了李向群的心弦：一个身单力薄的女战士，不惜冒着被毁容甚至牺牲的危险，挺身而出勇斗歹徒，多么了不起的英雄气概。邱玲走后，李向群接连写了两篇日记，道出了他对英雄的向往和认识："怕苦不成人，怕苦不是汉，怕死不当兵。""要奋斗就会有牺牲，关键是看值得不值得，为人民的利益而奋斗，虽死犹荣。"正因为有这样的思想底子，李向群在入伍后又3次在生死关头舍己救人。1998年1月，李向群和战友们在广西贺州会灵村施工时，炸石开电缆沟。由于连续爆破有时差间隔，点火的7炮响过4炮之后，突然有3个小孩嬉闹着从废弃的木材加工厂跑出来。李向群急忙喊道："小朋友，危险！不要过来！"两个大点的小孩听懂了跑了回去。另一个四五岁的孩子，却被吓蒙了，站在原地一动不动。李向群一个箭步冲上去，一把将小孩揽在怀里滚倒在屋角处。"轰！轰！轰！"炮声响过，孩子安然无恙，李向群的右脚却被飞落的石头砸伤。1998年3月9日凌晨，在湖南沅陵施工的李向群正在睡梦中，突然听到洪水坪村传来"村子起火了，赶快救火！"的呼救声。李向群和战友们火速赶到，忙着抢救被烈火围困的群众和物资。火借风势，越烧越大。突然有人指着一间火苗已蹿上屋顶的房子叫喊："有位老大爷没有出来！"李向群奋不顾身地冲进火海，在浓烟中找到老大爷背了出来。可刚一转身，老大爷又跑回屋子，试图抢出儿子的结婚用品。李向群又一次冲进火海，强行背起老大爷往外冲。突然一根烧断的房梁砸落下来挡住出路，两人被困在屋里。战友们立即从外往里打开一条通路，拼力将他们救了出来。只见李向群满脸乌黑，头发、眉毛烧焦了，迷彩服右下襟烧掉了一截，身上燎起了10多个水泡。1998年4月9日，九连在光缆施工中遇到一处叫"鬼落石"的山岩，由于

施工放炮震动了已经风化的岩体，4 名突击队员在岩脚用风钻打炮眼时，突然一块 10 多吨重的大石头从山上滚落下来，刚换下休息担任安全警戒的李向群发现后大叫一声："危险，快闪开！"班长陈友权为关风钻，慢了半步。李向群一个箭步冲上去，一把将陈班长拉下来，用力把他推向安全地带。巨石从李向群身后呼啸着擦过，撞出的碎石把李向群小腿削开一道口子，鲜血直流。大家情绪刚定，李向群又带着伤痛在山边砍了一根竹竿，沿着放过炮的路线把松动的石头往下捅。此后，每次施工前，他都要仔细地查一遍捅一遍。

李向群这种在危急关头义无反顾、生死等闲的英雄气概，在长江抗洪抢险中放出夺目的光彩。他在荆江大堤上先后 4 次昏倒，顽强坚持不下火线，用自己的热血和生命，实践着军委江主席"严防死守、死保死守"这一钢铁般的号令。8 月 7 日，李向群随部队到达荆州抗洪抢险指定位置，就立即找到连长、指导员，一边递上入党申请书，一边要求参加突击队。经连队党支部研究，李向群终因平时表现突出和水性好，成为一名突击队员。8 日上午，连队冒雨投入加固大堤和垒筑子堤的战斗，李向群一路小跑，别人扛一包，他扛两包，一天运送沙袋近 300 包，成为连队扛沙包最多的一个。8 月 13 日，长江第五次洪峰逼近沙市，水位再度暴涨。10 时 25 分，荆州市江南防汛指挥部告急：太坪口幸福闸出现管涌，请部队火速前往排险。李向群随连队赶到太坪口时，幸福闸周围已站满群众。这段江面弯多流急，浊浪排空，漩涡不断，加上闸深近 4 米，下水查洞非常危险。李向群看在眼里，急在心头。他走到闸前对连长说："让我下去试试。"未等连长答应，便一个猛子扎入水中。1 分多钟过去了，李向群在下游 10 多米的地方冒了出来。指导员忙跑过去焦急地问："怎么样？"李向群说："水流太急，控制不住身子。"连长见这样太危险，急忙拿出背包带把 6 包沙袋捆在一起投入水中，并脱掉衣服要顺着沙包下水。李向群连忙把背包带抢过来说："连长，我下去过一次，心里有底，还是我下！"说完抓住背包带，抱住沙袋沉了下去。由于下沉速度太快，他左脚踝夹在沙袋与闸门之间，划开了一道 4 厘米长的口子。他强忍着疼痛，憋足气，手脚并用，来回探寻，终于准确地找到了闸门漏水的部位。上堤后，连长见他左脚踝血流不止，立即叫卫生员包扎，并要他就地休息，他说："这个时候我怎能休息得下！"说完，又扛起沙袋，继续投入封堵管涌的战斗。8 月 14 日，正是江主席亲临长江视察的日子。晚饭后，连队利用难得的空隙，集中在驻地学校的操场上，收看江主席在大堤上作抗洪抢险总动员的电视。指导员找到李向群，告诉他上级已批准他为全团第一批"火线"入党的党员。李向群激动不已，当战友们向他祝贺时，他禁不住涌出了热泪。

8 月 17 日上午，已连续奋战了 14 个小时的李向群感到头晕发热，就找到营部卫生员要了几片速效感冒胶囊。听说教导员来查过伤病员名单，便一再叮嘱卫生员替他保密。这天他硬撑着干到下午，后在烈日暴晒之下晕倒在地，发烧达 40 摄氏度。连队派人把他送进了团卫生队。19 日 14 时，公安县南平镇天兴堤段发现管涌群，正在输液的李向群听到紧急集合哨音，一把拔掉针管，抓起衣服奔向大堤。上堤后他看到浑浊的江水从管涌口喷出，心急如焚，扛起沙袋就跑。他完全忘了病痛，尽管头脑发沉，脚下发飘，步履踉跄，他仍然咬着牙，扛了一袋又一袋。突然，他感到和什么东西撞到了一起，抬头一看，指导员和排长正挡在眼前。指导员看到他脸色发青，把他拉到一边，要他老老实实说出病情，他强定住神，喃喃解释："医生说只是感冒，打了针吃过药，不碍事，不碍事的。"正说着，他两眼一黑，又一次晕倒在堤上，被排长再次送进卫生队。21 日 8 时许，南平镇中剅村堤段由于堤基塌陷，出现约 70 米长的内滑坡，情况万分紧急。听到紧急集合哨和汽车轰鸣声响起，李向群本能地从病床上爬起来，穿好作训服拔腿要往外跑，值班军医和卫生员急忙拦住他说："你高烧还没退，不要命了！"李向群一把推开他们的手："今天能用的人全部都上去了，我怎么躺得下！"没等两人追过来，他已经爬上了炮营前去大堤的卡车。这次他头痛得非常厉害，就顺手找了根捆扎编织袋的细布带，紧紧地系在头上，又出现在扛着沙袋来回奔跑的队伍当中。指导员一眼发现李向群，向他发起火来："你给我下去，还要不要命啦！"李向群也拿出倔劲："这时候下去，我治病也不安心！"因险情紧急，指导员只好吩咐两名战士边干边留神看住李向群，不让他再干。可两名战士一疏忽，李向群又扛起了沙袋。10 时左右，他扛着沙袋又一次摔倒，沙袋沉沉地压在右肩窝，人已爬不起来。这时，正在为官兵送开水的村民周荣英发现后，急忙和另一位村民一起掀掉沙袋，把李向群扶了起来，只见他脸色铁青，接连吐出两口带血的痰就昏了过去。周荣英一摸他的额头很烫，赶紧把他抬到堤脚的一个阴凉处，同来送水的唐书秀大娘马上褪下手上的银戒指为他刮痧。5分钟后，李向群醒了过来。周荣英对他说："孩子，你病得不轻，不能再干了。"李向群挤出一脸笑容摇摇头，随后连喝了两杯凉开水，谢绝了乡亲们的阻拦，又拖着沉重的步伐投入战斗。一包、两包、三包……每扛一包双腿就像灌了铅一样沉重，可他使出浑身的劲支撑着不让自己倒下。在又一次扛到20多包时，他终于支撑不住，连人带包倒在水里，口鼻渗出鲜血。团卫生队火速将他送到南平镇医院，又迅即转送广州军区武汉总医院，可已经太晚了。在生命垂危之际，李向群还用微弱的声音断断续续地对教导员王战飞说："晚上还有没有任务？一定要让我去……"

李向群壮烈牺牲后，他的家人没有提出任何要求。得悉儿子"火线"入党、顽强拼搏的详细经过后，李德清夫妇在悲痛之中油然生出自豪之情。李德清毅然穿上儿子的军装，加入了巡堤抢险的队伍；王立琼带着对儿子的慈爱，给九连官兵缝洗军衣；夫妇俩拿出2000元替儿子交了第一次也是最后一次党费，把当地政府送来的2万元慰问金全部捐给灾区群众，还把儿子的骨灰撒在儿子为之战斗和倒下的地方。深明大义的父母，为英雄儿子的壮举增添了新的光彩。8月28日，李向群烈士追悼会在公安县南平镇隆重举行，全镇万人空巷。自发赶来的近两万名群众夹道洒泪为烈士送行，十里大道哀乐低沉，鞭炮声不断，抗洪军民表达出对英雄战士无尽的敬佩和思念之情。

（总政治部组织部、广州军区政治部、某集团军政治部联合调查组）

例文 21—22：优秀教育工作者事迹材料

做科学理论的"播火者"

国防大学政治理论教研室主任　许志功

多年来我只是做了我一个共产党员应该做的工作，而且做得很不够。如果说我们在学习研究和宣传马列主义、毛泽东思想特别是邓小平理论方面做出了一些成绩的话，那首先是以江泽民同志为核心的党中央、中央军委及总部首长重视理论教育的结果，是我们校党委、校首长具体领导的结果，是我们教研室的同志们共同努力的结果。

（一）

我作为一个政治理论教员，无论是在教学实践中，还是在社会生活中，经常听到人们对理想信念问题的议论。透过各种各样的议论，联系社会生活的实际，深感这个问题太重要、太直接、太现实了。因此多年来，我们非常重视把坚定理想信念问题作为教学的核心，紧紧抓住不放。

多年的教学实践和社会生活使我感受到，理想信念是人们对未来的向往、追求以及对理论的真实性和实践行为的正确性的确认，一旦形成，就会成为持久的活动动机。我常想，中华民族五千年生生不息，维系它的是什么？毛泽东同志的一句话给我很大启发。

他说："中华民族有光复旧物的决心，有自立于世界民族之林的能力。"为了光复旧物，为了自立于世界民族之林，一代代仁人志士，他们可以"鞠躬尽瘁，死而后已"；他们可以"我自横刀向天笑，去留肝胆两昆仑"；他们可以"富贵而不淫，贫贱而不移，威武而不屈"。我感到，一代代仁人志士这种"至大至刚"的浩然正气，都是源于振兴中华的理想信念的。有了这样的理想信念，就可以与天地共存，与日月同辉，就可以成为中华民族的脊梁和灵魂。中华民族五千年之所以历经磨难而生生不息，就在于有这样的脊梁，有这样的灵魂。

　　中国共产党人的理想信念，是中华民族五千年文化传统的延续和升华，是对马克思主义理论和在党领导下的社会主义实践的确信。具有这样的理想信念是非常重要的，它是中国革命和建设取得胜利的一种强大精神动力。正如邓小平同志所说，我们之所以能在非常困难的情况下奋斗出来，就是因为我们有理想，有马克思主义信念，有共产主义信念。无数革命先烈在战争年代之所以抛头颅、洒热血，战斗失败了，他们之所以又能够擦干身上的血迹、掩埋好同伴的尸体继续战斗，靠的就是对社会主义的向往和忠诚，尽管他们明明知道自己未必能够看到社会主义，但却坚定地相信社会主义是美好的正义事业，坚信在党的领导下一定会取得社会主义的胜利。坚定的理想信念，是凝聚人民团结奋斗的思想基础。小平同志说，我们的最高理想是实现共产主义，在不同的历史阶段又有代表着那个阶段最广大人民利益的奋斗纲领。因此我们才能够团结和动员最广大的人民群众，叫做万众一心。有了这样的理想、有了这样的团结，任何困难和挫折都能克服。回顾历史我们可以不无骄傲地说，正是凭着这种信念、这种团结，我们不仅从战争年代闯过来了，不仅从三年困难时期闯过来了，而且经受了 80 年代末、90 年代初国际国内政治风波的严峻考验。凭着这种信念、这种团结，不管将来有什么艰险，我们都可以成功地闯过去，以达到胜利的彼岸。坚定的理想信念，还是我们维护国家独立、保证国家安全发展的需要。中国本来是个穷国，为什么在世界政治格局中能占一角？原因是我们是独立自主的国家。为什么中国能够独立自主？最根本的又是我们坚持了社会主义道路。正如小平同志所说，如果我们不坚持社会主义，最终发展起来也不过成为资本主义的附庸，而且就连想发展起来也不容易。

　　在理想信念问题上，我们党的总体状况是好的。我们的广大党员和干部对党的领导是十分信赖的，对建设有中国特色社会主义充满必胜的信心。但也确有值得注意的问题。在复杂的国际国内环境下，一些人淡漠甚至动摇、丧失了对马克思主义、社会主义的理想信念。前一段，有关部门对一个省的县一级党员领导干部进行了不记名的问卷调查，其中有一项是"你是否相信马列主义"，竟然有 20% 的人填"说不清楚"，有 10% 的人填"不一定非要相信马列主义"。有的人甚至说，现在社会是多元化的，不要再搞指导思想一元化那种"左"的东西了。一些人甚至公开讲不为社会主义、共产主义奋斗了，认为共产主义是没有经过实践检验的空洞说教，说什么现阶段要人们为社会主义、共产主义奋斗是越超了历史阶段，是"左"。在思想理论界，有少数人公开主张私有化、多党制，发表鼓吹"私有化救国"的文章；有的说什么国企改革，改到没有国企了改革就成功了。还有某些年轻人甚至丧失了起码的爱国主义精神。我的一位同事曾经和我讲过这样一件事。一个日本学生在北京学习，一次和几位中国学生交谈时说日本有个好传统，就是为民族、为国家流血牺牲的人，人们是不会忘记他们的。其实你们中国也一样，你们不是还纪念张思德、黄继光、邱少云吗？可我们的一位学生却说：不错，过去我们是有这样一些人，但将来不会有像他们那样的傻瓜了。日本学生听后瞪起了双眼大吼道：我从心底里瞧不起你，瞧不起像你这样的中国人。听了这种情况，我心里不知是个什么滋味。

上面说的一些情况在很大程度上还是个认识问题。但是，现在有的人已经按照这样一些认识支配行动了。有的崇拜金钱，不择手段地聚敛财富，甚至因此而丧失国格人格，滑进了犯罪的深渊。譬如像褚时健、胡长清、邵松高等，看起来是个经济犯罪的问题，但深层的东西却是理想信念的动摇。有这样一件事情对我触动非常大：地方上一个年轻干部很有发展前途，组织上为了培养他让他下去挂职锻炼，他在不到一年的时间竟贪污受贿一百万。组织上非常吃惊，在审查他时，他说了一句更加令人吃惊的话：组织上对我不错，共产党对我不薄，但是共产党垮了我靠谁呢？还是先捞点钱，将来好有个依靠。面对着这类情况，有的同志气愤地说：我们都是生活在社会主义这条大船上的，自己从没有和社会主义分过心。但左右一看，有的身后带着小舢板，有的腰里别着救生圈。这些问题如不能有效地解决，我们党和国家的前途命运是非常令人担忧的。唐朝韩愈曾经说过"忧国如家"的话。江主席经常讲党的高中级干部要有忧患意识。有时自己的确也有一种忧党、忧国犹如家的心情。

今天，有没有坚定正确的理想信念，对马列主义、毛泽东思想、邓小平理论是不是真信、深信，我感到已经不只是个人的信仰问题，而是一个严肃、重大的政治问题了。面对着东欧剧变、苏联解体的事实，我们不能不感到这一问题的重大。我非常清楚地记得，戈尔巴乔夫下台时说过这样一段话：如果说有什么遗憾的话，我的最大遗憾就是使伟大的苏联公民丢掉了伟大的苏联国籍。当然，对于戈尔巴乔夫来说不是一个遗憾不遗憾的问题，他本来就是社会主义的叛徒。当年东欧剧变、苏联解体，有的人说他们过几年可能会搞得更好。可10年了，政治动乱不已、武装冲突不断、经济大幅度下滑。2000年元旦过后，俄罗斯代总统普京一方面处理着车臣问题，一方面关注着经济形势。他说，"俄罗斯国内生产总值下降了50%，当年的世界第二大强国，今天仅相当于中国的1/5"。更重要的是共产党人被打到了社会的最底层，有的连起码的生活都没有保证，许多在卫国战争中、在国家建设中做出重要贡献的老干部，晚年十分凄凉。造成俄罗斯这种后果的原因固然是多方面的，但意识形态出了问题，动摇甚至丧失了对马克思主义、社会主义的信仰、信念，不能说不是一个重要原因。美国人似乎更注重从这个角度上看问题，如著名学者亨廷顿就曾明确地讲过："苏联败在了意识形态上，败在了对马列主义、对社会主义的信仰、信念上。"别人走过的路我们不能再走，别人尝过的苦果我们不能再尝。这就必须在坚定正确的理想信念上下功夫，这是一项强基固本的工作。正是基于这种认识，我们在教学中特别重视理想信念问题，把它作为政治理论教学的核心。

强调对马克思主义、社会主义的信仰、信念，我感到问题的实质在于用什么样的宇宙观作为观察国家前途命运的工具。毛泽东同志当年说，中国人找到了马列主义，中国革命的面目就为之一新。我们今天强调理想信念，从最根本的意义上说，就是要使我们的广大干部，尤其是高中级干部，能够更加自觉地用马列主义、毛泽东思想，特别是邓小平理论作为观察国家前途命运的工具。毛泽东同志在延安整风时曾经这样说过：学好了马克思主义，我们的队伍就能巩固，我们的干部就能得到提高，我们也才能够有本事迎接未来的光明世界，掌握这个新的光明世界。他还说："加强全党的思想教育，这是对付黑暗和迎接光明的思想准备。"从那时到现在，情况根本不同了。但是从为了迎接下一个世纪和经受各种可能的风险考验而做思想准备的意义上说，今天我们抓紧理论学习，强调理想信念，我感到做的是同样的工作。江总书记特别强调要"讲学习，讲政治，讲正气""领导干部要成为政治家""要划清重大的原则界限"，我感到都是基于这样的考虑，都是在为迎接21世纪，为经受各种可能的风险考验而做"思想准备"。

（二）

　　社会生活和教学实践使我认识和体会到，做领导工作的人、讲马克思主义的人，坚信马克思主义是至关重要的。作为领导干部、作为党的理论教育工作者，如果自己没有坚定的理想信念，对马列主义、毛泽东思想、邓小平理论不是真信、深信，那么从你口中讲出来的马克思主义就是言不由衷的。而那样一来，要想让别人相信则是非常困难甚至是根本不可能的。所以我常对我的同事们说，讲马克思主义的人信马克思主义，是至关重要的。

　　这次组织宣传我，好多记者都来采访，其中很多人都问到了同一个问题：当前，不少人淡化甚至动摇了对马克思主义的信仰，可你却非常坚定地信仰它，你是怎样坚定对马克思主义的信仰的，在教学中又是怎样体现的？

　　清理自己的思想，首先，我感到对马克思主义的信仰大体经历了一个由感性到理性的过程。像我这个年龄段的人大都有这样的经历。年轻时，受党的培养教育，受当时社会环境和舆论氛围的影响，打心眼里信仰马克思主义，但对马克思主义的信仰还只是处在一种朴素感情的阶段上。随着社会阅历的增加，当我比较系统地学习了马克思主义之后，慢慢地就对马克思主义有了比较深刻的理解，因而对它的信仰也就慢慢地由感性升华到了理性。这种升华使我认识到，马克思主义不仅是"主义"，而且是"科学"。我深深地感到，如果只知道它是主义，而没有认识到它是科学，那么这种信仰就还是不成熟的、靠不住的。只有认识到马克思主义是科学，进而把它作为主义，也就是说把对它的信仰建立在科学认识的基础之上，对马克思主义的信仰才是成熟的，才是靠得住的。我常用自己的这种感受和学员交谈。在教学中我经常提醒大家思考这样一个问题：为什么社会主义处于高潮时一些人盲目地崇拜它，社会主义遇到挑战时一些人又胡乱地猜疑它？经过思考，大家感到这都是不能理智、成熟地对待马克思主义的表现。马克思主义的理想信念，是建立在辩证唯物主义、历史唯物主义基础之上的。它不可能与生俱来，必须通过长期的学习和实践才能确立。马克思主义从诞生、发展到今天，一百五十多个春秋，潮起潮落，怀疑、议论甚至否定者始终不断，而且这种情况今后还会持续下去。但是只要我们努力学习，深入地理解马克思主义的科学实质，把对马克思主义的信仰由感性上升到理性，我们就能够比较好地经受各种风风雨雨。

在多年的社会生活和教学实践中我感受到，对马克思主义的信仰有一个对马克思主义的态度问题、思想方法问题。是教条主义地还是历史主义地看待马克思主义，对于人们坚定对马克思主义的信仰是至关重要的。如果把马克思主义作为教条，那么今天的好多问题它并没有提供现成的答案，因而不免会产生马克思主义过时了的认识；我们党运用马克思主义回答新的重大问题而产生的新理论，又往往不被当作马克思主义。如果坚持历史主义的态度，情况就不同了。按照这样一种态度去思考，我感到，马克思主义的生命力就在于它要随着时代、实践的发展而不断地发展，马列主义、毛泽东思想、邓小平理论，由于它们具体、历史地依次回答了社会主义运动的重大时代课题，而成为统一的科学理论体系。按照这种态度去思考，马克思主义既有一般性的原理，又有特殊性的原理，还有一些在特殊情况下做出的个别结论。马克思主义理论中的某些个别结论当然会随着时代的发展而失去意义；马克思主义的特殊性原理也将随着实践的发展而发展，以致被新的实践所修正；但马克思主义的一般原理，则是始终起作用的。正是基于这种认识，在教学中我十分注意引导大家，既不能因为要坚持马克思主义的一般原理而否认抛弃应该抛弃的个别结论，也不能因为抛弃马克思主义经典作家的个别结论而放弃马克思主义的一般原理。有了这种认识，对马克思主义的态度就会更加清醒，对马克思主义的信仰就会更加坚定。回顾自己的思想和教学，我感到对马克思主义的信仰，很重要的一条就是得益于这种认识、这种态度。

我体会，要坚定对马克思主义的信仰，还要经过对各种学说的反复比较。我们部队的基层教育是以正面教育为主，这无疑是完全正确的。但是对有一定社会阅历的人，对于高中级领导干部来说，单有这一条是不够的，需要有对各种社会学说的反复比较。世界上许多社会主义国家早期都曾采取过单一的"苏联模式"，以为那就是社会主义，就是马克思主义。但实践证明那些"左"的僵化的做法是不成功的。于是有人就走到了另一个极端，倡导什么偏离甚至全盘否定马克思主义的"新思维"。结果是东欧剧变了、苏联解体了。历史的实践证明，搞社会主义，"左"的不行，"右"的不行，唯一正确的就是把马克思主义的基本理论和本国实际与时代特征有机结合起来，建设具有本国特色的社会主义。邓小平理论就是马克思主义和中国实际相结合的产物，就是当代中国的马克思主义。在当代中国，信仰邓小平理论，就是信仰马克思主义；坚持邓小平理论，就是坚持马克思主义。对"十五大"报告的这一结论，我感到，只有经过对涉及社会主义命运问题的"左"的和"右"的各种理论的反复比较，才能有着一种深刻的理解。正是基于这种认识，我们在教学中，特别注重引导大家总结正反两个方面的经验教训，在消化"左"和"右"的教训中加深对马克思主义的理解。坚定对马克思主义的信仰，不仅要有同"左"和"右"的比较，而且要有马克思主义和反马克思主义的比较。布热津斯基曾经在《大失败》中讲"社会主义是 20 世纪的产物，也必将终结于 20 世纪"。这是要我们放弃社会主义，走资本主义道路。这条路我们不能走，如果那样，我们就只能成为西方发达国家的附庸。美国人还出过一本书，叫《资本家宣言》，其作者公然讲他们要用这本书对抗并否定马克思、恩格斯的《共产党宣言》。我们在教学中把两者加以对比，大家更感到马克思主义的科学。其实对于这一点，就连资产阶级有头脑的思想家都是深信不疑的。美国的著名学者沙弥尔逊就曾明确地讲过："马克思主义是分析社会历史问题的解剖刀，每一个愿意洞察社会历史底蕴的人都必须学习马克思主义，研究马克思主义。"回顾自己的思想和教学，我深深地感到，有了各种社会学说的反复比较，才能更加深刻地认识马克思主义是科学，对马克思主义的信仰才能更加坚定。

另外，我感到要坚定对马克思主义的信仰，还必须对理论和现实的差别加以冷静地思索。我经常这样想，现在我们不是在马克思主义"高歌"的年代谈马克思主义，而是在社会主义处于"低潮"的时期谈马克思主义的。现实生活中不如人愿的地方确实很多，这就有一个如何看待理论和实际的差别问题。如果对这种差别不加以冷静地思索，就很容易把社会现实中不如人愿的东西都简单地归结于马克思主义，从而动摇对它的信仰。事实上，一些人对马克思主义信仰的淡漠甚至动摇，是有着复杂的主客观原因的。从客观上说，比如"文化大革命"中我们执行过"左"的政策，使社会主义的优越性没有很好地发挥出来，伤害了一些人对社会主义的感情；当前社会主义陷入低潮，以美国为首的西方社会霸气十足，这种情况下影响了我们队伍中的一些意志薄弱者，我们正处于由计划经济体制向社会主义市场经济体制转变的过程中，市场经济的有些具体做法从形式上看和资本主义市场经济的一些具体方法差不多，于是有些人就以为社会主义和资本主义"趋同"了；与建立社会主义市场经济体制相联系，经过20多年的改革，我们的社会生活发生了很大变化，所有制关系多样化，分配方式多样化，社会组织方式多样化，人们的就业方式多样化。这些变化的积极方面是主要的，但其负面效应也不可避免地会在人们的思想上发生作用。另外就是党内腐败的滋生，使党的组织凝聚力相对减弱。现在同乡会、同学会、知青会、战友会等的发展，说明我们党的组织凝聚力亟待增强。从主观认识上讲，一个重要原因就是把理论与实际简单地对接起来了。基于这种认识，在思想理论教育中我们特别注意讲清楚理论和实际不是简单对接的关系，特别注重引导大家研究并把握理论转化为实际的一系列中间环节，引导大家自觉地为实现这种转化而努力。同志们深有感触地说，社会生活中好多不如人愿的地方并不是马克思主义指导的结果，恰恰相反，是偏离甚至违背了马克思主义的结果。如果我们能够自觉地坚持把理论与实际之间的过渡环节搞清楚，就不会简单地用社会生活中那些不如人愿的东西来否定马克思主义。

（三）

现实生活和教学实践使我认识和体会到，一个理论教育工作者的责任，就在于让更多的人了解马克思主义，相信马克思主义，坚定社会主义的理想信念。多年来，经常有人对我说，现在人们都图实惠，很少有人愿意干这种理论研究和宣传的事情了，可你还干得那么卖劲，何苦啊！老实说，我听到这类话，遇到一些不顺心的事，心里也常常有一种酸楚的感觉。后来听的多了，认识清楚了，心地也就坦然了。之所以能在这个岗位上执着地干下来，支撑着我的是一种追求、一种责任。

根据我对社会生活的理解，总感到一个民族、一个国家、一个政党，不能没有一个统一的思想。而对于我们来说，这个统一的思想就是马列主义、毛泽东思想，特别是邓小平理论。我总感到，一个社会，只有马克思主义占据主导地位才是美好的。基于这种认识，我总担心苏联、东欧那样的命运在我们国家重演。于是生成了一种责任：做宣传马克思主义的战士，让更多的人了解马克思主义，相信马克思主义，坚定走有中国特色社会主义道路的理想信念。

20 多年来，我一直在全军最高学府这个特殊的教学岗位上工作。一开始我也只是单纯地把它看作一个工作岗位。但是随着时间的延长，我越来越体会到在这个岗位上工作责任是多么的重大。那还是十一届三中全会后不久，当时政治学院一些学员的思想比较混乱，个别同志甚至对十一届三中全会的精神说三道四，受到了邓小平同志的严肃批评。我作为这个学校的一个政治理论教员，触动是非常大的。特别是 80 年代末以后，东欧剧变、苏联解体，这些国家的军队倒戈现象更令人触目惊心。我们的军队是在党绝对领导下的人民军队，是党和人民完全可以信赖的军队。但是面对国际国内的复杂形势，军队确实有一个会不会变质的问题。每当想起江主席强调的"两个关注"，我就想我们的学员都是军队的高中级干部，他们的马克思主义理论水平如何，他们的理想信念如何，不仅直接关系着军队的性质，而且从一定的意义上说，决定着党和国家的前途命运。基于这样的认识，我常对我的同事们说，如果我们搞不好马列主义、毛泽东思想特别是邓小平理论教学，将有负于党、有负于国家、有负于人民。

我的这种责任意识是与受一代代老的理论工作者执着追求的影响有关的。党的历史和多年的教学实践使我深深地认识到，马克思主义在中国的传播，毛泽东思想、邓小平理论的形成和宣传，渗透着一代代理论、宣传工作者的辛劳和汗水。有的老同志、老首长在晚年甚至在即将告别人世的时候，还在挂念党的理论武装工作。从一代代老的理论教育工作者的追求中我看到了自己应负的责任。因而我常对我的同事们说，马克思主义是我们党的根，我们政治理论教员的责任是使马克思主义的根扎得越来越深。如果在我们这一代人手里马克思主义的根动摇了，这种历史责任我们是担当不起的。

坚定马克思主义的理想信念，我感到当前最重要的就是要高举邓小平理论的伟大旗帜，维护以江泽民同志为核心的党中央的权威。多年的社会生活和教学实践使我领悟到，人们的理想信念凝聚并表征着人们奋斗的方向、奋斗的目标、奋斗的力量。要明确奋斗的方向，激励起奋斗的力量，达到奋斗的目标，就必须有一面旗帜。为了高举马列主义、毛泽东思想的伟大旗帜，邓小平同志同"左"和"右"的错误思潮进行了不懈的斗争，在纠正"文化大革命"的严重错误时，他为了维护毛泽东思想的旗帜，先后发表了九次重要讲话，使全党在这一问题上统一了思想。我常想，假如当年没有邓小平维护毛泽东思想的旗帜，我们的社会将会是怎样的呢？东欧剧变、苏联解体，一个重要原因就在于丢掉了马列主义的旗帜。旗帜一倒，人亡政息，这可以说是一条规律。

邓小平同志逝世以后，我们之所以能够战胜各种风险，克服前进道路上的各种困难，取得社会主义事业的新发展，一个重要原因就在于以江泽民同志为核心的党中央、中央军委高举邓小平理论的伟大旗帜。面对着各种错误思潮，我感到以江泽民同志为核心的党中央、中央军委是特别重视高举邓小平理论这面旗帜的。但是这些年来我也感到，我们有些同志对这个问题并没有引起高度重视。几年来我常想这样一个问题，当一种科学理论正在指导着这个国家时，人们不一定意识到这种理论的价值，而一旦失去了这种理论的指导并显现出另外的后果时，人们才意识到这种理论的价值原来是如此的重要，但却已是悔之晚矣。研究东欧剧变、苏联解体后广大人民的心态，足以说明这一点。

要高举马列主义、毛泽东思想特别是邓小平理论的旗帜，我感到关键是要坚定对以江泽民同志为核心的党中央的信赖。根据我对历史的了解，总感到，一个领导集体是不能没有一个核心的，没有核心的领导是靠不住的。特别是领导我们这么大一个党，治理我们这么大一个国家，建设我们这么大一支军队，必须有一个团结的核心，可以说这是一条历史的规律。

当年毛泽东同志逝世时，人们不仅感到万分悲痛，而且有一种失落感，好像天要塌下来了；邓小平同志逝世时，人们同样万分悲痛，但感到很踏实，原因就是我们有了以江泽民同志为核心的第三代领导集体。江泽民同志作为党的第三代领导集体的核心，是邓小平同志提议、党的十三届四中全会决定的。这个决定是合党心、合军心、合民心的，经过实践检验是完全正确的。没有以江泽民同志为核心的党中央的领导，这些年来，要经受住政治风险、金融风险和自然风险的考验，克服前进道路上一个又一个的艰难险阻，取得令世人瞩目的巨大成就是不可想象的。回顾这些年的风雨历程，我深深地感到，江泽民同志是一位具有治党治国治军的雄才大略、具有驾驭复杂局势的卓越才能的领袖，是带领我们奔向新世纪的领路人。他不仅具有很强的政治意识、群众观点和求实精神，而且处变不惊、沉稳坚毅，他善于利用优势、创造机遇，他对国际国内一系列重大问题的处理总是使我们处于主动。

所以我感到，以他为核心的党中央是完全值得信赖的。

中央和中央军委首长常讲要服从大局。服从大局，最重要的就是要自觉维护以江泽民同志为核心的党中央的权威，坚决执行党的路线、方针、政策，在任何时候都要做到令行禁止。如果没有这一条，那就可能出现灾难性的局面。所以，同以江泽民同志为核心的党中央保持高度的一致，这是党和人民的根本利益之所在，是我们国家和社会主义的前途命运之所在，每一个关心社会主义事业、具有坚定理想信念的人，都应该有这样的政治自觉。

坚定人们对马克思主义、社会主义的理想信念，有很多工作要做。马克思主义的理论教育，无疑是非常重要的。但是我想，更重要的还在于我们的事业更加兴旺发达。而要使我们的事业更加兴旺发达，关键在于在以江泽民同志为核心的党中央的领导下，高举马列主义、毛泽东思想、特别是邓小平理论的伟大旗帜，全党齐心协力地艰苦奋斗。现在，社会主义遭受了挫折，有人怀疑落后国家搞社会主义是不是符合社会发展的规律。我想，什么叫社会发展的规律？社会发展的规律不就是人的活动的规律吗！离开人的活动，哪来历史发展的规律！当年假如没有无产阶级和劳动人民艰苦卓绝的斗争，哪来社会主义的建立！同样地，今天假如没有我们全党、全军和全国人民的艰苦奋斗，哪来社会主义事业的兴旺发达！基于这种认识，我总和我的同事们说，共产党员不做局外人，而是投身其中为社会主义努力奋斗，这是最最重要的。

（许志功同志现任国防大学副校长、教授、博士生导师。全军、全国优秀教师，曾当选为第八届全国人大代表，曾获"半月谈思想政治工作创新奖"特等奖。中宣部、总政治部将许志功作为重大典型向全国推出，其先进事迹在全国各大新闻媒体进行了集中宣传，在全社会引起了强烈反响，人们赞誉他为"用忠诚托起使命的理论战士"）

扎根穷山区　办成"洋学堂"

陕西省延长县罗子山乡下西渠小学教师　王思明

　　我是来自陕西省延安地区延长县罗子山乡下西渠小学的一名普通教师。我们村距延安市 160 公里，距延长县城也有 80 多公里。人们常常形容这里是"十里同村，隔山为邻"，自然条件十分恶劣，山大沟深，峁梁纵横，经济非常落后。全村只有 47 户村民，176 口人，20 个劳动力。直到 80 年代，这里的交通工具还是靠骑着毛驴进出。

　　我所在的下西渠小学，是一所村办小学。实行单班多级复式教学，六个年级还带一个学前班，20 多名学生在一个教室里上课，教师只有我一个。

　　任教 27 年来，在党和政府的培养下，在群众的支持下，我带领学生挖药材、育树苗、建果园，艰苦奋斗，不等不靠，大搞勤工俭学，累计产值达到 16 万元。使下西渠的两代人享受"三免一自给"教育，即免除学杂费、免除书本费、免除文具费、办公费达到自给。从 1970 年开始，适龄儿童的入学率、巩固率、合格率、毕业率都实现了 100%，比延安地区普及初等教育规划整整提前了 15 个年头。十一届三中全会以来，下西渠村和全国一样，发生了很大变化，但变化最大的还是我们学校，三迁校址，四修校舍，由最初的两孔破土窑洞，发展到现在的一座两层 12 间 340 平方米的小楼房。从 1971 年算起，我们学校共有 18 届 91 名学生毕业，全部升入了初中，其中后来有 30 名取得了大中专文凭，其余的也都因为在校期间学到一门致富的技术，成为当地经济建设的带头人。现在我的学生在遵守纪律上做到了自治自理，在刻苦学习上实现了自学自醒，在如何做人上达到了自强自立。

　　在工作中：我做了我所应该做的事情，但党和人民给予了我许多许多荣誉。多年来，我获得了 28 项荣誉称号，其中省部级以上荣誉称号 13 项。中央党校、延安地区教育局、延长县人民政府联合拍摄了以我为原型的四集电视连续剧《走出黄土地》。1994 年教师节，我作为应邀赴京参加庆祝活动的 50 名代表之一，受到了党和国家领导人的亲切接见。在中南海座谈会上，安排我第一个向领导做了汇报；在中央电视台《走进九月》的文艺晚会上，我坐在了李岚清副总理的身边。一名普通的教师，何以受到党和国家领导人的如此关怀与厚爱？今天，我就把这27年的工作情况汇报给大家。

山沟里办成了"洋学堂"

1968年秋天，在民办教师回队挣工分的情况下，下西渠小学原有的教师也就回去了。当时群众看我老实，也勤快，就推荐我这个初中没有毕业，却算是全村文化最高的人，担任了学校的挣工分教师。

记得刚开始任教的那天早晨，我刚刚起床，孩子们就来到我家的院子，请我这个老师。我呢，穿着大口面鞋，粗布衣衫，一身地道的农民打扮来到了学校。学校的教室是顺山坡挖的两孔土窑洞，已经破烂，门窗都露在外边了。桌凳破损很严重，黑板是用一个桌面改做的。只有14名学生，仅占学龄儿童的1/3。课本呢，只有毛主席语录，这就是当时的情况。

我首先想到的是念书得有书，可上哪儿去找呢？买吧，书哪里有？钱又从哪里来？干脆抄吧！我就到相隔10多公里的邻村去抄。白天抄不完，晚上在小油灯下继续抄。我那握惯锄头长着老茧的手，握起笔来怪不得劲。两天不知不觉过去了，好像只是两个小时。书抄来了，读书声有了，学校也真有个学校的味了。

一天，一个没有上学的小女孩来到学校，怯生生地问我："老师，我妈说没钱能念书吗？"看着小女孩恳求的目光，可怜的模样，我的心一下子软了。我的父亲也曾是一名教师，他一生勤劳，为人正直，在我幼小的心灵里留下了难以磨灭的印象。1961年冬天，父亲病危。在一个飘着雪花的晚上，我从离家40公里的张家滩中学赶回下西渠，扑到父亲的身边，抓住父亲已经冰凉的手，喊了好几声爸爸，父亲才慢慢地张开眼睛，看看我，看看母亲，张了几次嘴才轻轻地说："无论如何不能误了娃儿们。"就再也不说话了。最终，我还是因为父亲去世失学了。16岁的我，挑起了全家四代11口之家的生活重担，曾祖父、祖父、母亲年纪大了，弟弟、妹妹都还年幼，自己只好回家劳动，养家糊口。我想自己的悲剧不能在这些娃儿身上重演，我一定要想办法让他们上学。回想自己的失学经历，我不由自主地对她产生了同情。于是，我就对她说："能！没钱也能念书！"小女孩来神了，头也不回就飞跑回家去了。可是，我却觉得这个"能"字的分量可不轻啊！在当时，五角钱的学费对于每个劳动日只有几分钱的农民来说，可不是个小数目。

在困难的时候，我们村里的老红军王永善来到学校，拿出火柴盒，让我看上面写的八个字"自己动手，丰衣足食"，给我讲当年毛主席在延安的时候，所有的学校，在极其艰苦的环境中，一面学习，一面生产，自力更生，克服困难，发展了教育事业，支援了革命战争的史实。我想，我会劳动，什么农活都难不住我。我能劳动，自己就是从吃苦中走过来的。无论如何再也不能误了娃儿们，于是我领着孩子们开始了勤工俭学。

1970年，我们在荒地上种植了千穗谷、烟叶，这两样都属于经济作物，卖的价钱比粮食高。连同拾麦穗，当年收入达到100元。100元，在当时可不是个小数目，够100个学生一学年的学费。在这种情况下，我就宣布免收学费，入学的学生一下子由14人增加到43人，学龄儿童入学率达到了100%。学生多了，新的问题来了，一个窑洞挤不下，我就和学生一起把窑往深里挖。我挖，学生用手抱土块，用筐抬土，那个热情和干劲可不小。硬是把窑洞加深了三米。可桌、凳也成问题了，同学们出去借，连庙里的供香桌也抬来了，最后还是不够用，只好再垒了几个土台子，总算能凑合了。

到1973年，随着勤工俭学收入的增加，学校实现了"三免一自给"，同时还节余500元钱。我就又想到不成样子的"教室"，我们的土窑洞，坐东向西，里面又窄又深，光线十分昏暗，阴雨天，上课得点上煤油灯，才勉强可以看清黑板上的字，对学生的视力极为不利。窑面风吹雨淋，土块随时都有掉下来的可能。所以我产生了建设新校舍的设想。可我们村的毛驴还没有别的村子的拖拉机多，还想建新校舍？真是不容易！

打石板，首先得找能打石板的场地，可村子周围尽是土，听说老几辈人都没有找到这样的场地。当时有人对我说："要是能在咱村找到打石板场地，我的鼻子里就能长出象牙来。"那是1974年寒假的事，我扛着老镢头，背着干粮，一个人在离村子2.5公里的深沟里去找石场。每天天明动身，天黑回家，这里看看，那里挖挖，沟沟岔岔，几乎能找的地方都找遍了，仍一无所获。但我不灰心，直到第五天黄昏，我累得十分厉害，自叹又一天白过了，把肩上的老镢头使劲往下一丢，"咂"的一声，这不寻常的声响高兴得我都喊了出来，找到了，找到了，忘记了劳累，忘记了饥饿，不顾天黑，撬起了第一块石板，我摸了又摸，就像找到了救星，比黄金还贵重。我简直不相信是真的，直到把50公斤左右重的石板背回学校，也没感觉到累。回到家里，气温是零下十几摄氏度，棉袄却在冒白气。从此我每天天不亮就动身去打石板。当时虽穿棉衣，单薄不说，外没有罩衣，内没有衬衣，呼呼的北风吹得我透心凉。当时的干粮只是窝窝头，尽管晒在太阳下，吃的时候却是啃冰渣；渴了，去沟底吃一块冰。工具一无所有，借来工具可又不会打，只能一边干一边学。手被磨烂了，用破布条一缠，继续干。手出汗冻沾在铁橇上，我用嘴吹气，结果无济于事，好长时间手脱不开铁橇。一次挖石头，不防洋镐在石尖一碰，过来正好砍在右脚筋上，自己把自己打得趴在地上，两只手掌全是血，下巴也擦破了，牙也打活动了。大年三十，全村都开始过年了，我才拖着疲倦的身子，摇摇晃晃回到家里。炕上躺着睡着的孩子，小脸上挂着泪花，妻子还在烟熏火燎地摊糜子面饼子，准备所谓的"年饭"。正月初一，我仍没敢休息，两个寒假，45天，终于打了144平方米石板。村民们也主动帮我把石板从沟里背回学校。

箍土基窑需要垫土，5万公斤土垫上了，那是我在村民的帮助下一担一担挑上去的。山墙因地基问题滑塌，在清理时，我被再次滑塌的土埋住了半个身子，学生们急得直叫，幸亏附近的村民及时赶到，才把我从土堆里拉了出来。

校址迁到土基窑，教室的采光问题仍然没能得到彻底解决，我总想盖一座砖木结构的教室。正好邻村有一座旧房子出售，价钱比全用新料盖要便宜，我便买下了。我领学生去拆迁，原以为拆房很容易，实际并不是那么回事，我们终究不是木工。土房顶危险，自然是我干，我一边干一边指挥。并要同学们注意安全。拆最后两根椽子时，我脚底一滑，差点摔下去，但手心却被钉子刺破了。又是村里的群众和我们一起，把房子从2.5公里处的上西渠迁到下西渠。背沙子，要走5公里山路下到延河边去背。当时总想多背，谁知越背越沉，回到学校，我和学生都已经精疲力竭。

搬进砖瓦房，课桌又不协调了。我就请来了当地最好的木匠，从选料到制作，都严格把好质量关。为了省钱，我又和同学们一块油漆。从1976年到现在，桌子下横木的棱角已经磨成了圆形，但桌面上没有刻画的痕迹，油漆仍光洁照人。因为同学们深知每一张课桌都来之不易，它渗透着师生们辛劳的汗水。

学校从两孔破土窑洞迁到土基窑，又迁到砖瓦房，面貌是改变了，来参观的人多了，是鼓舞又是压力，我暗暗将压力变为动力，决心在山村建一个高档次的学校。我弄回13块一米见方的大石板，竖在土基窑顶上，工工整整地写上了邓小平同志给景山学校的题词："面向现代化，面向世界，面向未来。"山村教育的现代化是我终生不懈的追求。

多次外出开会、学习，我深感城市的建设速度与偏僻山村的差异，这个差异不是几个年代，而是几个世纪。强烈的反差，促使我产生了盖楼的设想。当时勤工俭学已经积累了7万元左右，我准备到20世纪末一定要建成一座教学楼。有人好心地劝我：盖楼可不比箍土基窑，不如把土基窑拆了，修成石窑。也有人说："用这些钱可以盖平板房，咱们这儿又不是缺地皮。"我想，没有超前的意识与决心，就不可能有超前的作为，我要让下西渠人看到都市的风貌，这个楼我盖定了。我打算有一点钱就干一点事，今年买砖，明年买钢材，高山也怕慢汉播。等料备齐了，再动工修建，不信楼盖不成。

施工过程中的麻烦事非常多，多到让你一会儿也离不开工地。为了不误课，我只好早晨在工人上工前，开灯上一节课，早饭后上一节课，中午休息再上一节课。之后，从工人上工到工人收工一直陪在工地。说实话，这比70年代打石板还难弄，那时不用管别人，累了，晚上还能安安稳稳地休息。可现在，晚上不到12点钟难以休息。我有时外出开会办事，尽管延长县教育局派了一名同志替我监工，但我总是放心不下，常常是事情一办完，就急着往回赶。

就这样，熬过了100多个日日夜夜，教学楼总算建成了。上下两层，共12间。楼的正面贴奶油色瓷砖，侧面为绿色水刷石，北面为清水砖，整个造型为"捷克式"。教室窗明几净，校园绿树成荫，春天花香四溢，秋天硕果累累。有的领导说，学校校舍已成为同类村子的延安第一、陕西第一。1992年9月1日，校舍第三次搬迁，山里娃终于走进了"洋学堂"。

无论如何也不能误了娃儿们

我校的学生尽管是来自一个自然村的，但由于各自经济条件不同，文化有别，学生的智力素质也各不相同，为了全面提高教育教学质量，不让一个学生落伍，十多年来，我只得实行普通教育中的特殊教育，即"一对一"的教育。

我想，我的这些学生总有一天是要离开学校走向社会的。要适应社会，就必须有一定的素质和才能。所以，从学生入学开始，我就着手训练培养他们的行为规范和思想品德的"自治自理"能力，坚持学习和会学习的"自学自醒"能力，改造家乡、建设家乡的"自强自立"能力。多年来，我根据不同学生的具体情况，采取了不同的教育方法。现在一点也不夸张地说，我的学生都达到了我所倡导的"自治自理""自学自醒""自强自立"。我的做法是：要把学生培养好，自己首先要做出表率。在劳动中，让学生跟着干，自己不沾一分钱。我既是他们的老师，同时也是他们的服务员。陕北的冬天冷到零下十七八摄氏度，每天天不亮，我就给学生生起了火炉，教室比办公室暖和；现在教室用上了电暖器，又比办公室"洋气"，这些对学生的触动是比较大的。

学校办好办坏，群众最清楚。村里决定奖给我一辆自行车的钱，让我买辆自行车。说实在的，一辆自行车，对农村人来说，作用是相当大的，村民们称它为"不吃草的洋马"。但我想，学校办成这个样子，学生出了力，应该得到奖励；再说，他们需要字典比我需要自行车更迫切，所以，我就用买自行车的钱给学生买回了《新华字典》和《汉语成语字典》。

学生是学校的建设者，对学校的一草一木、一砖一瓦十分珍惜，深深懂得学校是祖国的一部分，热爱学校就是热爱祖国的具体体现。暑期，果子成熟了，我开会不在，学生会一颗颗把果子摘下，运到乡里集市上卖掉，开学后把钱如数交给学校。从这以后，我外出开会，不需要请代课教师，学生自己组织，自己管理，按时作息，和我在校一样。他们还把原来的值周制改成值日制，让每个同学在我外出开会期间，轮流当一次"小老师"，学生达到了"自治自理"。

要将孩子培养成有用的人才，确实太难了。有个学生入学前，常常一个人坐在地上，一言不发，一动不动，我前去问他：你看什么？他说：什么也不看。那你想什么？我什么也不想。那你坐在这儿做什么？他翻着白眼，说不出来。今年暑期，北京来人到我们学校考察，带着摄像机，在村里采访正好碰到了他，同他进行了交谈。事后，采访者让我看那段录像：

你上几年级？

六年级刚毕业，已经考上了初中。

你考了多少分？

141 分。

多少分录取？

90 分。

你们学校最高的考多少？

一百八九十分。我是中等水平。

你对王老师印象最深的是什么？

我开始数学差，王老师教会我溯导法，不仅解应用题速度快，而且准确率高，现在还能给小弟弟妹妹们教。王老师在洛阳住院，写信告诉我说，山里的孩子并不比城里的孩子笨，只要努力，同样是会有出息的。

你将来想干什么？

走出黄土地。

为什么要走出黄土地？

因为这里贫穷、落后。

你怎样才能走出黄土地？

我要好好学习，掌握更多的知识。

你走出黄土地后怎么办？

重返黄土地。

为什么要重返黄土地？

为了更好地建设黄土地。

看完录像，在场的人都很高兴。他们看到 14 岁的孩子能有如此高的境界，说我教育有方，我觉得这正是自己 27 年追求的。但"明天——怎样教"，是我永远探索的课题。

20 多名学生，坐在一个教室里，分七个层次，为了提高教学质量，我特别注意激发学生的学习兴趣，教给他们自学的方法，培养他们自学的能力。比如请同学们看自己的备课过程，知道老师也在自学。和同学们一起做上下楼梯的试验，要求一步一阶、一步两阶、一步三阶，谈个人的体会，使学生明白学习要循序渐进，不能贪多求快。下雪后，我在雪地上走了100步，让同学们踩着我的脚印前进，不能有任何偏差，如有偏差就视为犯规，自动退出。结果走10步有人退出，走20步有人退出，到了100步竟一个人也不剩了。同学们踩我的脚印前进，胯都有些别扭，结果还犯规了。通过这件事，我主要是教育同学们要学会走自己的路，现在学习要走自己的路，以后参加工作，更要走自己的路。

在教学中，我结合学生的实际情况，设计了课内外相结合的五步教学法：预习—讨论—讲解—练习—提高。在多级复式教学中，改一次循环为多次循环。鼓励学生超进度自学，高年级主动给低年级辅导，发挥每个学生智能上的最大潜力，使学生掌握会学的方法，达到学习上的"自学自醒"。数学教学中，为突破应用题这一教学难点，我教给学生一种思维方法——溯导法，即追溯应用题中比较数的来源，根据条件和问题，推导列算式的方法。同学们掌握后，解应用题不仅速度快，而且准确率高。

1986年为进一步提高我的业务素质，延安地区教育局保送我到延安教育学院进修，1988年，修业期满，是留延安，还是回下西渠，一富一穷、一城一乡、一洋一土、一高一低，何去何从成为当时的热点话题。留延安，地区教研室主动要我，自己的孩子上学也十分容易，就业也好安排，对于我本人的业务长进也有好处，毕竟这里环境好。可进修前的情景又浮现在我的脑际，两年前送别我的唢呐声不停地刺激着我的每一根神经。下西渠的村民，为了我进修后还回下西渠，举行了既别开生面又隆重异常的欢送会，请来了乡政府的领导，请来了照相的，请来了陕北唢呐，座谈会开到凌晨还不肯散去。说来说去就是希望我进修完一定回下西渠。第二天，为了赶车，天刚亮就出发，结果群众已聚集村口，列队欢送，一再叮咛，一定回下西渠来。送行的人原说只去两个，结果去了十几个。送行的人步行了7.5公里，唢呐声陪伴了7.5公里。后来就是这唢呐声常常使我从睡梦中惊醒。在这决定人生前途的十字路口上，也就是因这常常吹醒我的唢呐声，使我放弃了留延安城里工作的机会。

1988年9月10日凌晨，我告别了灯光闪烁的延安城，辞别了平坦的柏油马路，回到了下西渠，重新住进了祖上留给我的两孔破窑洞。当年送别的人又拥到我家，他们抱着南瓜，提着豆角，仍是那样热情，同样的地点，同样的笑脸，耳边仿佛又响起了唢呐声。

离开两年的学校，好像变得苍老了许多，代课的老师也给我诉说他两年守业的艰辛。我想，我回下西渠决不能再守这个旧摊，只有创业才是出路。俗话说：创业难，守业更难，守业就意味着停止前进，实际就是退步。既然创业难，守业更难，我就不守这个旧业，而要再创新业，这个新业，就是不断优化办学条件，创办一流的山村小学。

让村里人知道外面的大世界

进入80年代初，被黄河挡住去路，被大山封住出路的下西渠村，仍有半数人没有去过县城，没有见过汽车，不知道楼房是什么样子，电灯、电视、电脑等现代文明的标志在这里如同天方夜谭。

70年代初，据当时乡上的安排，决定成立民工营，在我们村安营，兴修水利。我想，那就要成立大灶，人多总要吃菜，种菜就有了销路，这是个难得的机会。按当时季节推算，只能种萝卜了。秋天，果然收了1000公斤萝卜，每公斤5分，共收50元钱。我用这50元钱给学校买回一只自鸣挂钟。村里人都来看这个稀罕物，觉得挂钟十分神秘，看着看着，有的人竟不由自主地随钟摆的摆动，摆动着身体。我按说明书讲了这只人造"公鸡"的原理，使大家对学好文化、过上现代化生活产生了美好的憧憬。

我又给学校买回可以对讲、收音、扩音、电唱的"四用机"，并接通各户的有线广播，把学生阅读课文、讨论问题的声音传送到每个家庭，既激发了学生的兴趣，又让家长及时了解到自己孩子的学习情况，密切了学校教育和家庭教育的关系。

1976年民工营再次到我们村修大坝，我又种植了土豆，收获了500公斤，收了50元，又添了7.5元，买回高音喇叭，活跃全村的文化气氛，当时乡上开个什么大会，也常常来借我们学校的高音喇叭。

80年代初，延长县购回第一批录音机，我也抢购到一台。我自己方言较重，普通话说不准，就在县上复制了小学语言朗读录音，课堂上指导学生发音，课间也通过高音喇叭播放，在课内课外有意识地提供良好的学习环境。我和学生一块听、一块学，使学生朗读日趋规范化。

随着勤工俭学收入的增加，我们有了一些钱，就想有电，可要买个柴油机发电、搞个太阳能发电，学校的钱有限，不能如愿。后来得知临潼有风力发电机，我就一个人去买。买好后从临潼到西安、延安、延长、罗子山乡，500多公里，要倒六次车，装装卸卸。1990年元旦，在小油灯下生活过多少辈的下西渠人，终于见到了人类文明的象征——电灯，人们的生活术语也随之改变了，不用说拿火柴，点油灯，说"开灯"；不说吹灯，说"关灯"。接着，我们学校又买回一台大彩电，每当夜幕降临，校园里就热闹起来了，村民们争先恐后聚在这里，收看电视，享受现代文明给他们带来的幸福和欢乐。

今年，山东省滨州医学院医学一系九二级团支部，看了电视剧《走出黄土地》，并得知我受伤住院后，把他们建校劳动的生活补助262.12元，全部捐献给我，要我养伤治病，希望早日返回学校。我接到钱后，内心非常感动，心想决不能辜负远在千里之外的团员青年们的心意，一定要让这些钱花得有意义，就又添了近300元，从广东邮购回一台"小电脑"，把电脑请到我们的山沟沟小学。学习机只有一台，20多个学生，怎么行呢？我就请木匠给每个学生制作一个"模拟键盘"，让同学们熟悉键盘，练习指法，谁先掌握，谁就上机操作，把激励机制引入到学习上来。

从学校第一个建成的苹果园起，现在下西渠村几乎每户都有一个小用材林。这些林子的树苗也大部分是学校提供的。

学校在育苗过程中，同学们采集树种，实地操作种子处理、育苗等。学会了春天梢接，夏天"丁字形"热粘皮嫁接技术，有部分同学已成为"嫁接能手"。乡政府的同志也来学校请教育苗技术，他们称我们的育苗方法是"旱地覆膜"育苗法，效果好，创出旱塬育苗的新路。

学校开展了勤工俭学，实行了免费教育，教学质量有明显提高，校舍由两孔破土窑到今天小洋楼，延长县，甚至铜川市有的领导干部都把自己的孩子送到我校上学，成为我们学校的"留学生"。来学校参观的除教育系统外，有个体户、行政干部，有年过古稀的老人，也有刚刚学步的孩童。有坐车的，也有步行的。

我村在北京林业部工作的一位同志回来探亲，坐在接待室，说：没想到下西渠也有楼了。

我们村一个青年说媳妇，女方家庭得知是下西渠人，马上说：下西渠村子有王老师，有楼，有电，能给。

我们下西渠小学是有了小洋楼，但楼旁边常放着老镢头，我的手上长着老茧，鞋子里常有黄土，学校的围墙、大门还没做成，为了省钱，一切都得自己干。

去年9月14日，我和我的儿子在维修学校果园里的房子时，木梯突然从中间折断，我从上面重重地摔了下来。当时，只觉得右脚有一股强烈的凉气，像电流一样，传遍了全身。凉气很快消失了，随即是难以形容的疼痛，梯子压在右脚上，我又坐在梯子上，把脚腕折过90度弯。儿子怎么也扶不起我来，他和几个大同学费了很大的功夫，才把我和梯子分开，看着完全变了形的脚，把他们都吓呆了。我坐上手扶拖拉机去上西渠找一个当地医生。他在没任何药物的情况下，把脚扳正。雨越下越大，只好返回到家里。第三天，乡政府的车把我送到延长县医院，经过拍片发现两处骨折，大夫说问题不大，打上石膏就行了。我想学校的工作要紧，没有住院，当天就又回到学校。回到学校后，脚、小腿越肿越粗，膝盖以下全是紫色，不要说下床，就是翻身也要别人帮忙。白天还好过，晚上就难熬了。只好叫几个孩子轮流打我的大腿，打到麻木，才能迷迷糊糊睡两个小时。后来大腿打得发紫也不起作用了。为了不耽误同学们的学习，电大毕业待分配的女儿，拿起我的教本走上讲台替我给孩子们上课，直到现在。

伤筋动骨100天，我盼呀盼，100天终于盼来了，200天也盼到了，可双拐仍是双拐。我挂着双拐做着我每天所要做的事情。直到今年3月，在地区教育局局长武耀东同志的再三催促下，我才到延安地区医院检查，医生说，骨头可能坏死，武耀东同志立即决定送我去河南洛阳白马寺正骨医院治疗。诊断结果是右脚距骨陈旧性骨折、塌陷3毫米，骨增生突起10毫米。当我知道我的病十分严重时，面对大夫给的两种治疗方案，我想了很久很久。第一个方案是手术治疗，脚腕做成死关节，今后仅能在路上行走，第二种是保守治疗，一直要受疼痛的折磨，但还可以在山路上行走。这两种方案实际上不容我选择，下西渠哪里来那么多平路啊！为了不耽误娃儿们，我只能选择后者。人们不理解、大夫不理解，但我自己能理解。我终生瘸着腿走路，无怨无悔。住院期间我写信给女儿，教她如何安排勤工俭学和学校的工作；写信给学生，告诉他们努力学习，给他们寄回新购买的书籍。但我毕竟是个凡人，静下来细细一想，今后学校建设仅仅靠十来岁的小孩能行吗？又如何能保证我们学校继续上档次呢？住院三个月，我回顾了三个月，时时刻刻思考了三个月，我不能干重体力活了，又为什么不用我的技术呢？我要办油籽加工厂，把种植业变成加工业，除稳定学校的收入外，还可带领村民奔小康；我要办家长学校，使每个家长当好学生的校外教师，形成教育的大环境；我要办全免费的寄宿学校，将下西渠小学服务范围扩大到邻村邻乡，为那些因经济困难而不能继续学习的孩子们提供当地一流的学习环境；我要办农民技术学校，让他们掌握至少一门农业技术，使他们留在黄土地，改造黄土地，把黄土地变成他们生存的乐园。

（本例文选自王思明在报告会上的发言，《人民日报》1994 年 10 月 15 日）

例文 23：优秀司法工作者事迹材料

牢记党的宗旨　坚持执法为民

唐山市人民检察院副检察长兼
反渎职侵权局局长　郑喜兰

尊敬的各位领导、同志们：

大家好！

我叫郑喜兰，现任唐山市人民检察院副检察长兼反渎职侵权局局长。按照省委统一安排，向大家汇报思想和工作，感到非常荣幸！

去年11月，我有幸参加了党的十八大。党的十八大，开启了全面建成小康社会新的伟大进程，开启了共创中国人民和中华民族更加幸福美好未来的崭新征程。在会上，我和代表们记不清多少次由衷地热烈鼓掌。

作为党的十七大和十八大两届党代表，我多次当面聆听了胡锦涛同志和习近平总书记等中央领导同志的讲话，每次都深受鼓舞、非常激动、非常振奋。在党的十八大报告中，人民是个关键词，服务也是个关键词。报告强调"始终把人民放在心中最高位置"。可以说，为人民服务贯穿了报告的始终，对此我有着更为强烈的共鸣。省委第八次党代会确立了建设经济强省、和谐河北的战略目标，之后，省委又提出着力改善发展环境、着力改善生态环境，这是贯彻落实党的十八大精神的具体行动，也是发展和维护人民群众根本利益的重大举措，诠释着党的全心全意为人民服务的宗旨。

在参加十八大会议期间，不少记者找我采访。有记者问我："人民群众评价您为'执法为民的好检察官'，您如何看待这一褒奖？"我说，我仅仅是做了一名共产党员、人民检察官应该做的事，组织上却给予我"全国模范检察官""全国三八红旗手标兵"等多项奖励和荣誉，群众还称我是"执法为民的好检察官"，我感到这是党和人民群众对我提出的更高的要求和鞭策激励。这一高尚的称谓是人民群众对广大共产党员全心全意为人民服务的称赞，是对检察机关强化法律监督、维护公平正义的肯定，是对全体检察人员立检为公、执法为民的褒奖。

联想这些年自己的工作历程，我越来越深刻地认识到，正是听党的话，跟党走，努力把党的要求落到实处，才做出了一些成绩，赢得了人民群众的赞扬。

我出生在唐山的一个农民家庭，是听着中国共产党创始人李大钊的故事长大的，他"铁肩担道义"的革命精神深深地影响了我。1976年，我经历了刻骨铭心的唐山大地震，党领导全国军民抗震救灾的动人场景，使我没齿难忘！

1993年，我通过招考进入唐山市丰润县检察院工作。从事检察工作19年来，我把对党的忠诚和对人民的感恩之情，融入每一次执法办案中，忠实地履行人民检察官的神圣职责，努力用法律把党的温暖送到群众的心坎上。

一

执法办案多年，我体会到，作为一名检察官，只有时刻把人民放在心中最高位置，倾心维护群众的合法权益，自觉服务党和国家大局，才能取得法律效果、政治效果和社会效果的有机统一。

记得2005年1月初，一家国有公司项目部财务负责人刘某携巨额公款潜逃，企业领导和职工忧心忡忡。刘某为了逃避抓捕，提前做了充分准备，买了专门书籍进行反侦查研究，制订了详细的逃跑隐藏计划，还买了假户口、办了假身份证，做了整容手术，仅手机卡就100多张，每隔一两天就换一次，去一个地方中途要换乘几次车，用信用卡取钱要坐飞机到上千公里的外地，可谓机关算尽。当时，我任丰润区检察院副检察长兼反贪局局长，受命担任办案组组长。面对犯罪嫌疑人携款潜逃且毫无线索的状况，办案人员普遍感到焦躁和迷惘，我也感到了一种无形的压力。临近年关，如果不能尽快破案挽回损失，不仅发案企业上千名职工的工资会受到影响，而且容易引发不稳定因素。我很清楚，这是一起与时间赛跑的案子，一旦巨额公款被犯罪嫌疑人挥霍殆尽，即使案子破了，法律效果、社会效果、政治效果也会大打折扣。

我带领专案组的同志们马不停蹄地辗转河南、广东、新疆等地，实施追捕。最终在那年的农历腊月二十八，在喜迎春节的鞭炮声中，我们从乌鲁木齐市一处隐蔽的小区民居里，将刘某和参与作案的鞠某擒获。

刘某对检察机关破解自己精心编织的"迷局"感到惊诧，也被检察官的办案能力和效率所折服，如实交代了伙同他人贪污 145 万元、挪用公款 670 万元的犯罪事实。案件的迅速侦破，给该企业挽回了巨大经济损失，涉案企业职工敲锣打鼓地上街感谢检察机关，感谢党和政府。最后，刘某和鞠某均被判处无期徒刑，他们心服口服，没有上诉。此案被评为 2006 年度我省检察机关"反贪十大精品案"。

在担任丰润区检察院反贪局局长的四年里，我带领反贪干警办理了贪污贿赂案件 80 多件 90 多人，为国家挽回经济损失 2000 多万元。

2010 年 9 月，一家媒体报道了唐山市某县一小学新建校舍存在质量问题，引发了社会各界广泛关注。我这个曾经从地震废墟中站起来的人，对房屋质量的重要性和生命之宝贵有着切身体会，我为孩子们的安全非常担忧。

这个时候，我已经是唐山市检察院反渎职侵权局局长。职业的直觉告诉我，这一新闻事件背后可能存在着渎职和腐败问题。我立即安排相关县检察院了解情况，并召集市院反渎局侦查部门，进行了分析研究。这时，反映这个问题的群众举报信也寄到了检察院。我当即安排县检察院依法查办，并指派市检察院反渎局的优秀干警深入该县督导参办。

经过鉴定，确认该校舍确实存在质量问题，查明张某在接受教育局委派负责该校舍建设过程中严重不负责任，检察机关对张某以玩忽职守罪立案查处。与此同时，我要求县检察院迅速提出检察建议，督促有关部门整改。

当我听到校舍的加固工程已经完成，孩子们可以在安全的教室上课的消息时，我的心才踏实了。

在办案过程中，我们坚持打防结合、源头治理，注重运用检察建议等多种措施，向党委、政府和有关部门建言献策，促进保护群众利益工作机制的建立和完善，助力社会管理创新。我担任区、市检察院副检察长以来，提议和主持发出检察建议 160 余件。其中，《关于开展"预防渎职犯罪，促进依法行政"专项活动的检察建议》等多个检察建议，都得到省委、唐山市委领导同志的批示，并付诸工作实践，收到了明显的社会效果。唐山市检察系统反渎办案惩防一体化的工作经验，在全省反渎职侵权工作会上进行了介绍。

我认为，民生连着民心。作为人民检察官，维护人民利益的事、为党赢得民心的事，就应该多想、多说、多做，要特权逞威风令群众反感的事、以权谋私影响党的形象的事，一件也不能做。

<h1 style="text-align:center">二</h1>

我长期生活和工作在基层，与群众打交道比较多。我深切感到，检察官和老百姓是一家人，只要真心把老百姓当亲人，带着深厚感情做工作，让老百姓感受到党的温暖，一些涉及群众切身利益的难办的事就会迎刃而解。

2004年腊月的一天晚上，我正在单位加班，当时有50多名上访村民情绪激动地拥进我院办公楼，吵嚷着要讨个说法。我出去一看，楼道里、楼梯上，站满了情绪激动的村民。我马上走到村民当中，大声地说："我是副检察长、反贪局长，有啥事到我办公室说。"我把群众代表请进我的办公室，热情地给大家让座、倒水，告诉大伙儿：我叫郑喜兰，请大家相信我，我们检察机关肯定会依法办事的！经过了解，这些村民已经去北京上访多次了。他们反映的情况很多，我仔细听，认真记，不知不觉几个小时过去了。得知他们还没有吃晚饭，我立刻让工作人员买来两大盆热腾腾的水饺。没有碗筷，我带头挽起袖子，和村民们一起，从盆里用手抓饺子，边吃边了解情况。大家情绪稳定后，我亲切地和他们拉家常，讲法律知识，来访村民们被我的真诚打动了。一位大爷临走时拉着我的手说："郑检察长，我看你是真心给咱们老百姓办事的，今天我们相信你，哪儿也不去告了，就等你们的调查结果。"实际上，村民们只是怀疑村干部可能侵占了他们的利益，并没有确凿的证据，但是群众心里有解不开的疙瘩来找我们，我们怎么能推三阻四呢！我们常说，要立检为公、执法为民，这并不是一句口号，真心服务群众要落实到实际行动上。这之后，我带领干警加班加点地调查，经过近三个月的紧张工作，先后走访调查150多人，收集的证据整整订了三大本卷宗，最终查清所有问题，将有违纪违规问题的村干部移交有关部门处理。

2007年7月，我到市检察院工作后，因为我是党的十七大代表，慕名而来的上访群众很多，我坚持挤时间带头接访办访。我常对同事们说："上访群众找我，不是因为我个人有啥本事，是因为老百姓信任我们的党，信任我们检察机关，我们要尽心尽力帮群众解难，为党和政府分忧。"

记得2007年9月的一天中午，一位拄着双拐的老大娘，大喊大叫着要反映问题，径直闯进我的办公室。她情绪非常激动，吵嚷着说："你是党代表，这事你得给我解决。"我赶忙迎上去，扶着大娘说："您老先坐下，有啥事慢慢说。"在耐心听取老人的诉求后，我把自己的手机号给了她，告诉她有事可以随时打电话。

这位大娘因一起不公正的民事执行案件，致使其孤身一人租住在一家医院太平间隔壁的小屋里，毫无经济来源，又疾病缠身。在办理老人的上访案件过程中，我经常带领干警去看望她，并自掏腰包接济她。老人身体不好，我挤出时间带着她看病、抓药；知道老人有病下不了床时，我亲自或委托干警多次给老人送饭。那年中秋节，我把大娘领到家里，跟自己的父母家人一起吃团圆饭。我把自己刚获得的劳动模范奖金全都给了大娘，还动员弟弟、妹妹一起接济老人，帮她解决生活困难。最终，检察机关以涉嫌渎职犯罪立案查处了相关人员。如今，老大娘的房产被执行回转，她在那儿开起了养老院，走路也丢掉了双拐。这位曾上访数年、怨恨满腹的老大娘逢人便说："检察院真好，没有咱检察院，我这辈子就完了！"

每一起信访案件的成功办理，就意味着一些社会不稳定因素的化解。到唐山市检察院任职五年来，我通过查办案件、明法析理、综合调控等方法化解了一大批涉法涉诉上访，仅市检察院反渎局、公诉处每年办访都超过百人（件）次。

这些年，我接待群众上访做到了件件有回音，事事有着落。不管是吃饭还是睡觉时间，经常会有群众打电话反映问题，有的情绪激动，有的甚至骂人，但我总是不急不火，笑呵呵地像对待亲人一样对待他们。有好多上访的群众在外面说是我的亲戚。

有人问我："郑检，有那么多上访的，没时没晌地找你，你就不嫌烦吗？"说句老实话，我也是个普通的人，我也有喜怒哀乐。但我深知，我们是人民检察官，群众发火咱不能发火，群众找来咱不能嫌烦，群众是我们的衣食父母，为他们排忧解难是我们的职责所在。这几年，我记不清自己还有我的同事们有多少次到食堂给上访群众买饭、端饭；多少次去困难群众家里送饭送药；多少次自掏腰包接济因生活困难、孩子辍学、有病无钱医治的上访百姓；多少次节假日、休息时间苦口婆心地给上访人做工作。我记不清了，同事们也记不清了，但是党的好政策，检察官的好形象，群众却都记在了心上，很多群众送来了一面面锦旗和一封封感谢信。

三

在新的形势下，群众对政法机关公正执法的要求越来越高。让群众相信法律、遵守法律，不断提高检察工作的公信度，是摆在我们面前的一道严峻课题。我认为，人生有限，正义永恒。为百姓办公道事就要敢较真，敢担责，必须用坚强的党性原则维护法律的尊严。19年来，我直接或参与办理的反贪污贿赂、反渎职侵权和公诉案件300多件，审批和督办侦监、公诉、反渎案件700多件，没有出现过一起错案。

执法办案，必须做到实事求是，不枉不纵，哪怕出现一点偏差，都可能给案件当事人带来一生的痛苦，给知情群众埋下心理阴影。

2004年9月，公安机关以某乡财政所出纳员张某和所长赵某共同监守自盗，涉嫌贪污犯罪移送检察院。受理案件后，我和同事们对现有证据进行审查，发现此案存在诸多疑点。我们针对办案中的疑点，与公安机关密切配合，从细节入手，认真调查核实相关证据，最终从失窃抽屉的拉手上，发现张某的大拇指指纹。在证据面前，张某承认了自己的犯罪事实，还赵某以清白，避免了一起冤案的发生，在当地产生了良好社会影响。每每提起此案，赵某就特别感激，他逢人便说："如果不是检察机关明察秋毫，我有嘴都说不清啊。我真是打心里感谢检察机关。"

在办案过程中，我非常注重执法办案的方式，坚持以文明的、人性化的方式去打开犯罪嫌疑人的"心锁"，保护其合法权益。对待犯罪嫌疑人，既要让他们感知法律的威严，也要用真情感化他们，给予人道主义关怀，让他们发自内心地认罪服法，让其家人消除对立情绪，配合侦查。一次在办理一起大案过程中，我和一名女干警奉命到千里之外执行任务。在火车上，犯罪嫌疑人突发心脏病，我让同去的女干警看护嫌疑人，自己跑了几个车厢，从一旅客处找来急救药品给嫌疑人服下，又去找列车长联系卧铺。在嫌疑人病情得到缓解后，我硬撑着把体重比自己还重的嫌疑人，从10号硬座车厢一口气背到2号卧铺车厢。一切安排妥当后，我浑身浸透汗水，头发湿得像水洗过一样。犯罪嫌疑人感动地说："真没想到你们对我这么好，我一定如实交代问题。"

我知道，只有在执法办案工作流程的各个环节都做到严肃认真，严把各个关口，才能实现公正执法。所以，每当在法律文书上签字时，总感觉手里的笔特别沉重，这一笔下去就事关涉案人员的命运和生死，事关社会公平正义，事关群众对党和国家法律的公信度。因此，每一次签批，都不能辜负了党和人民的重托。

四

这些年来，为了坚守正义，我付出了很多，也受了不少委屈，还伤到了一些亲朋好友的感情。为案子说情的老同学打电话，我"不敢"接，跑到我家敲门敲窗，我"不敢"见；犯罪嫌疑人的亲属是我的老同事，想请我吃饭，骑着摩托车跟着我到家，被我婉言拒绝；当事人家属趁办公室没人，将一沓钱硬往我手里塞，被我严厉地批评。甚至有一年春节，当人们欢天喜地过年时，我却收到了威胁要害我和儿子的匿名恐吓信。这一切，都没有动摇我公正严格执法的信念。

前年，我大姑因宅基地伙墙纠纷，和邻居到镇法庭打官司，求我跟法院的熟人打个招呼。我觉得这事我绝对不能过问，否则就有可能影响法院审理。当时曾在街上遇到了对方当事人，我热情地打招呼，那位老大娘却表情复杂地说："你现在是领导，听说你们检察院权力还挺大……"我看出了她极度的担心和忧虑，就明确告诉她，我不会袒护我大姑的，她听了眼里竟然含满了泪花。后来我主动找我大姑谈，还让我父母劝她要与邻居和睦相处。最终，对方赢了这场官司。后来，那位大娘找到我爸说："你家闺女，真是个好官！"这让我很感慨，我们执法者没去做不该做的事，就让群众这样感动，老百姓是多么渴望社会公平正义啊！这么多年，我的家里也就形成了一条不成文的规矩，就是案子上的事谁都不要说，谁都不要管。

有些人说我是铁石心肠，其实，我只是个平凡的女人，是父母的女儿，丈夫的妻子，孩子的母亲，我也有丰富的情感。受害人的一句句倾诉会使我心如刀绞，同胞们遭遇的不幸会让我彻夜难眠，四川地震灾害我献出了月薪，一次又一次地和亲朋好友捐款捐物，多少个贫困儿童患病我也多次送去了款物。经常是为了工作顾不上自家的事，对于自己的亲人，我深感愧疚和自责。办案出差一走就是十几天甚至一两个月，儿子从小就习惯了母亲外出办案的东奔西走，父母年老生病多次住院、丈夫生病住院，我只是夜间去陪护，天一亮就往单位赶。有一天夜里，父亲心脏病复发昏了过去，鼻子流血不止，我急忙赶到医院联系医生，办理住院手续。经过抢救，父亲被送到了重症监护室。第二天上午我还有赶到北京办案的任务，心里既焦急、难过，又特别矛盾。天快亮的时候，父亲醒来，他睁开眼睛看着我，吃力地抬起手朝门口方向指了指，示意让我走。一瞬间我泪流满面，带着感恩和愧疚的心情踏上了办案的路程。

我常说自己是忙碌并快乐着，累并自豪着。当一件件大案要案得以告破，一个个群众的难题被解决，我就有一种发自内心的成就感，我履行了我的职责。

党的十八大闭幕后，新一届中央政治局常委同中外记者见面会上，习近平总书记在讲话中指出："人民对美好生活的向往就是我们的奋斗目标。"他在参观《复兴之路》展览时讲道："空谈误国，实干兴邦。"他在莫斯科国际关系学院演讲中指出："实现中华民族伟大复兴，是近代以来中国人民最伟大的梦想，我们称之为'中国梦'，基本内涵是实现国家富强、民族振兴、人民幸福。"我理解，这既是中国共产党人对世人的郑重承诺，也是对每一名共产党员的具体要求。作为一名连续两届的党代表，我深感责任重大使命光荣，我一定认真学习、积极宣传、切实落实好十八大会议精神，不辱使命、不负众望，牢记党的宗旨，坚持执法为民，以实际行动，树立政法干警为民、务实、清廉的良好形象，为建设经济强省和谐河北，为实现伟大的"中国梦"，贡献自己的全部力量。

谢谢大家！

（本例文选自《善行河北》，花山文艺出版社 2013 年 12 月版）

例文 24：先进工作者事迹材料

初心不改　情暖夕阳

北京市教育矫治局离退休干部处处长　刘锡军

大家好！

　　我叫刘锡军，来自市教育矫治局。自从被评为"全国优秀老干部工作者"后，很多人都问我是如何在一个岗位上一干就是 35 年的，这也促使我对自己 35 年来的工作进行了认真的回顾和思考。今天，我就与大家分享一下自己的体会。

35 年的勇气与担当，源自肩上那份沉甸甸的责任，让我始终把每一件小事都当成大事，努力干实、干成、干好

　　1982 年，国家出台了干部退休制度，原市劳改局特别成立了老干部科，23 岁的我成了科里最年轻的一个。说实话，我当时并不怎么情愿，总觉得这活儿无非就是伺候人，跟这身警服一点儿也不搭。可不久，当从一位老干部火化后的骨灰里，发现了抗战时留下的弹片时，我被深深地震撼了，更加理解了新中国革命和胜利的艰辛与不易，"为奉献者奉献"是组织交给我最神圣的使命。几十年来，无论什么时候，遇到什么困难，我始终不能、也不敢忘记这份责任。我局双河强戒所地处黑龙江省齐齐哈尔市境内，历史遗留问题比较多。一次，我陪领导到双河所调研，刚到所里，就被几百名上访人员给围住了，这种场面还真没见过，来不及多想的我一下子就跳到了桌子上，大声喊："我是局老干部处处长刘锡军，大家别着急，有什么问题来找我！下午两点，我在老干部活动站接待你们！"终于，在我的反复劝说下，大家冷静了下来，同意跟我面谈。还不到两点，活动站里就挤满了一屋子人，我一个个地倾听意见，一条条地记录诉求，经过认真梳理，这些历史遗留问题如果按信访程序办不但耗时间，还容易引发次生矛盾。回到北京后，我本着"有政策的坚决按政策办，没有政策的千方百计想办法解决，既没有

政策又没法及时解决的一定做好思想疏导"的原则，走访多个部门，反映实际问题，争取最大的政策支持，慢慢地，一个个难题陆续得到了解决。后来，有人问我，当时哪儿来的那么大勇气？可在我看来，还真没什么，就是职责所在吧！这些年，我也记不清走访接待了多少人，为老同志解决了多少大事小情，可不管是跑前跑后、扛米送面，还是攻坚克难、帮扶解困，不管是一板一眼地落实上级政策，还是紧跟形势开展的改革创新，在我看来，事事都是责任、处处都得担当，都必须认真对待，来不得半点马虎，我始终坚信，再难的事儿，只要有担当、用心做，总有解决的办法，就能得到老同志的认可。

35 年的奉献与付出，源自对老同志的日久生情，那份割舍不掉的爱让我心甘情愿为他们服务一辈子

刚开始做老干部工作时，我会时常提醒自己要学会去爱老同志，这不仅是出于职责所在，更出于对每一名老同志的尊重，对他们做出贡献的尊重。久而久之，这种爱变成了一种"不用提醒的自觉"，一种发自内心的本能。一天刚要吃午饭，电话就响了："小刘吗？我老伴儿住院了！她肚子涨得特别大！不会有什么危险吧……""您别急！我马上到！"放下老刘的电话，我顾不上吃饭，迅速赶到了医院。一进病房，医生就说"现在病人随时都要排积液，你们晚上得留人"。老刘无儿无女，一听说要陪护，老两口都犯了难。我赶紧说："没事儿！有我呢！"老人患的是肝腹水，每隔一两个小时就得清理一次被脓液充满的插管，时不时就得吸痰、排便、擦身，就这样，我白天单位上班，晚上就到医院报到当起了护工，这一守就是 40 多天。每次医生查房时都说："儿子真孝顺！您可真有福气！"老人总是乐呵呵地说："这可比我亲儿子还孝顺呢！"每次听到这些对话，我心里都热乎乎的。授人玫瑰，手有余香。这些年来，我对老同志们的真心付出，也换来了他们对我的真诚回报。那种发自内心的爱，不仅是看在眼里、挂在嘴边儿，更融入到日常生活的点点滴滴。当我获得"全国优秀老干部工作者"称号后，好多老同志都来祝贺我，还有好多人每天起床的第一件事，就是在"双先表彰"的微信公众号中给我点赞，一直到现在还坚持着，在他们看来，这件事儿比什么都重要。

35 年的执着与坚守，源自组织和老同志对我的信任，让我在面对各种诱惑时始终坚定信念、不忘初心

有人问我："锡军，如果再给你一次机会，你还会选择这项工作吗？""会！我还会选择老干部工作！"一路走来，我先后荣立了 1 次个人二等功，10 次个人三等功，9 次个人嘉奖，获得了"北京市老干部工作先进个人"和"全国优秀老干部工作者"荣誉称号……这每一份荣誉背后，无不包含着各级组织、领导和全局几千名老同志对我的信任，让我一次又一次在面对"停滞退缩"还是"勇往直前"，选择"光鲜靓丽"还是"光荣绽放"，是照顾好个人的"小家"还是服务老同志的"大家"时，毅然选择对老干部事业、对每一位老同志的始终如一。2009 年 3 月，在组织老干部外出学习的前一天，我的母亲因肺癌晚期住进了医院。一边是时日不多的母亲，一边是几十名老同志的外出安全。权衡再三，我买了母亲最爱吃的肘子来到了病床前，"妈，我要出差，您好好养病，一个星期！一个星期我肯定回来！"母亲没说话，却慢慢地把攥紧我的手松开了。一周后，当我拿着她爱吃的食品再次来到病床前，母亲却什么东西也吃不下，什么话也说不出来了……母亲病危的那几天，全家人都轮流守着，为了不影响工作，我主动申请值夜班。一天下午，正在医院看望一位老同志时，电话突然响了："锡军啊！你快回来！妈不行了！"姐姐边哭边说。可当我赶到医院时，已经晚了……见过那么多的生离死别，此时此刻，我居然没有勇气去掀开盖在母亲身上的那层白布。曾经那么多次为老同志穿过寿衣，作为儿子，我却没能亲手为自己母亲换上……每当想念母亲时，我就会更加努力地工作，做一个让组织放心、让老同志满意的老干部工作者，这不也是母亲对我的要求和期待吗？

如今，我已经从当年的小伙子变得两鬓斑白。再过两年，我也该加入老干部队伍了，但我依然会用心用情做好这份工作，和大家一起实现"莫道桑榆晚，为霞尚满天"的理想，创造"夕阳无限好，人间重晚晴"的精彩！

谢谢大家！

（本例文为 2017 年北京市老干部工作先进集体和先进工作者事迹报告会上，受中组部表彰的全国先进老干部工作者代表发表的工作感言）

例文 25：优秀文艺工作者事迹材料

弘扬社会主义核心价值观的优秀表演艺术家

——"国家有突出贡献电影艺术家"李雪健的先进事迹

李雪健，男，汉族，中共党员，1954 年 2 月出生，山东巨野人，中国国家话剧院一级演员，中国文联副主席（兼职），中国电影家协会第九届主席、第十届名誉主席（兼职）。他是改革开放中成长起来的优秀表演艺术家，从事戏剧影视表演工作 40 多年，崇德尚艺，执着追求，形成"含蓄、真诚、淳厚、朴实"的表演风格，塑造了众多生动鲜活的艺术形象，展现了改革开放以来的时代变迁。主演或参演的《焦裕禄》《李大钊》《赵树理》《杨善洲》《横空出世》《渴望》等数十部影视和话剧作品，深受广大观众喜爱；塑造的焦裕禄、杨善洲等优秀共产党员形象，成为弘扬主旋律、讴歌英雄模范、彰显民族精神和改革开放时代精神的典型，发挥了重要的价值引领作用。荣获"全国先进工作者""国家有突出贡献电影艺术家""全国中青年德艺双馨文艺工作者"等称号。

改革开放激荡 40 年，演员生涯 40 余载，他的作品始终与国家和时代的发展同步：他戏路宽阔，演技精湛，质朴与激情并蓄，焦裕禄、杨善洲、宋大成、宋江等经典角色早已镌刻进几代观众的记忆中。他是中国影视界的一面旗帜，"五个一工程"奖、华表奖、金鸡奖、百花奖、飞天奖、金鹰奖等影视大奖皆有斩获，却始终低调谦逊。他就是著名表演艺术家李雪健。

奋斗——紧跟时代接地气

64 岁的李雪健经常把"要奋斗"挂在嘴边，他的奋斗方向正是习近平总书记所讲的——努力创作更多接地气、传得开、留得下的优秀作品。在他看来，"接地气"是要和时代同步，与同时代的观众有共鸣；"传得开"是要好看，一部戏一传十、十传百；"留得下"是要创作经得住时间考验、有生命力的作品。

改革开放前，李雪健当过工人、当过兵，是部队宣传队的业余演员。后来，李雪健成为中国人民解放军空军政治部话剧团的正式演员。1980年，他在话剧《九一三事件》中作为主要演员备受好评，之后夺得首届中国戏剧梅花奖。1987年，李雪健调入原中央实验话剧院工作。

在随后的演艺生涯中，李雪健以准确的角色驾驭能力，塑造了一系列栩栩如生的艺术形象：在电视剧《李大钊》中饰演的无产阶级革命家李大钊、在电影《焦裕禄》中饰演的好干部焦裕禄、在电视剧《渴望》中饰演的好人宋大成、在电视剧《水浒传》中饰演的梁山好汉宋江……这一个个艺术形象深入人心，也为他赢得了诸多荣誉。

责任——"自讨苦吃"职业病

作为一名演员，李雪健更愿意隐藏在角色后面，增添角色的光彩。拍摄《焦裕禄》时为了外形接近，他连吃3个月白菜，暴瘦30斤，演焦裕禄得奖了，李雪健领奖时却说："苦和累，都让一个大好人焦裕禄受了；名和利，都让一个傻小子李雪健得了。"拍摄《杨善洲》时，他身体虚弱仍坚持去云南体验生活，践行了杨善洲所说的共产党员的职业病——"自讨苦吃"。

1999年，李雪健主演了中华人民共和国成立50周年献礼片《横空出世》，塑造了豪情万丈要"搞出原子弹，挺直腰杆子"的冯石将军。为了表达对像冯石将军一样无私奉献的科学家的崇敬，他把奖杯献给了原子弹试验基地。后来因饰演杨善洲而获得了华表奖优秀男演员奖，他同样把它捐了出去。

已入不惑之年，正在拍戏的李雪健却被查出了鼻咽癌。领导立刻劝停，他却很坚决地说："戏在我手里停了，那我还不如死了。"他的责任感是骨子里的。此后，李雪健上午治疗，下午拍戏，发挥"自讨苦吃"的精神坚持把戏拍完。

感恩——回馈观众好角色

战胜病魔，浴火重生。经历了治疗的李雪健开始了演艺生涯的新阶段，他更珍惜每一次表演的机会，努力为观众塑造更多好角色。

从 2002 年重新开始拍摄至今，他一直没有停下脚步。通过《建党伟业》《父爱如山》《嘿，老头！》《少帅》《北部湾人家》等多部优秀影视作品，李雪健的身影始终以不同角色活跃在观众的视线中，并屡获大奖。

无论角色大小，李雪健一吃剧组盒饭就感到幸福，因为自己又在工作了，又能给观众演戏了。他把自己的作品交给观众，让观众去评判。

李雪健 1995 年荣获"全国先进工作者"称号，2004 年荣获"全国中青年德艺双馨文艺工作者"称号，2005 年在中国电影百年华诞之际又被授予"国家有突出贡献电影艺术家"荣誉称号。此后他还被选为中国文联副主席、中国电影家协会主席等。

从艺 40 多年来，李雪健崇德尚艺，始终坚持为人民创作、为人民演好戏，把深入生活、扎根人民落实到自己的行动中。"牢记嘱托，感恩奋进"是他内心深处的厚重情感，认认真真演戏、清清白白做人是他坚持不懈的追求。

（本例文选自《改革先锋风采录》，中央庆祝改革开放 40 周年表彰工作小组办公室编，党建读物出版社 2019 年 1 月第 1 版）

例文 26：优秀体育工作者事迹材料

军 体 楷 模

——军事体育运动大队现代五项队副队长
兼运动员王恋英的事迹

2000 年 5 月，国际军体理事会在第 55 届会议上做出决定：将军事五项个人流动奖杯"挑战者杯"授予一名中国女兵作为永久的纪念，以表彰她多年来为国际军事五项事业所做出的突出贡献。这是国际军体理事会第一次也是迄今为止唯一一次将"挑战者杯"授予一名运动员。获得这一殊荣的是中国人民解放军军事五项队运动员王恋英。

王恋英曾连续 5 次夺得军事五项世界锦标赛女子个人冠军，14 次打破个人、团体及单项世界纪录，先后 5 次被评为全军"十佳"运动员，5 次荣立一等功，4 次荣立二等功，4 次荣立三等功，1993 年被评为"总参学雷锋先进个人"，1998 年被总参谋部授予"军体楷模"荣誉称号，1999 年被评为"全军优秀共产党员"。

中国现代五项"皇后"与"世界第一女兵"

一位哲人说过，人生中最艰难的莫过于选择。王恋英就是在一次痛苦而坚定的选择中改变了自己一生的轨迹。在这次选择中，她放弃了已经练了 5 年之久的现代五项运动，放弃了已经到手的全国冠军、世界亚军的头衔，放弃了不久的将来登顶世界冠军的机会，改行练了军事五项。是什么让王恋英对军事五项运动如此迷恋、如此义无反顾呢？

王恋英出生在有抗日传统的河北白洋淀安新县王庄。小时候，她同其他农村孩子一样，上树摸鸟蛋、下水摸鱼虾，养成了不服输的倔强性格，由于在家里排行老三，村里人亲切地称她"翟三丫"。她 9 岁进体校，14 岁被选入八一游泳队，1987 年她又加入了八一现代五项队。初练现代五项，特别是练马术项目时，她每天不知要从马背上摔下来多少次，经常是鼻青脸肿的。有一次，骑马越障碍，马死活也不跳，可王恋英硬是抽打着马越过了障碍，有人开玩笑，都说马比人犟，可这个白洋淀姑娘比马还犟。训练一段时间后，时任国家现代五项队教练何光煜感到她悟性好、上路快、肯吃苦、有发展潜力，对她进行了重点培养。王恋英也没有辜负教练的培养，1990年代表国家队参加在匈牙利举行的世界青年现代五项锦标赛上，她与队友一起夺得了团体亚军，实现了我国现代五项运动成绩在世界赛场"零"的突破。1991年她又在全国现代五项锦标赛上创造了5582分的全国纪录，成为第一个突破5500分大关的全国冠军，被誉为我国现代五项的"皇后"。

就在此时，从挪威传来消息，国际军体理事会举行了第一届世界军队女子军事五项锦标赛，并把女子团体冠军杯取名为"挑战者杯"。我军决定迅速选拔优秀运动员组队参赛。当时，一些欧洲国家扬言说："中国女子军事五项，至少要5年到10年才能赶上我们的水平。"面对这种傲慢、歧视，好胜的王恋英坐不住了。她想：作为一名军队运动员，不能为捍卫军旗而战，实在是一种失职。她从内心深处萌发了去练军事五项的念头。

但选择是困难而痛苦的，毕竟王恋英对这个被称为"皇家运动"的项目有着很深的感情，毕竟她距登上这个项目的顶峰只有一步之遥，更何况自己22岁了，已不再是出成绩的黄金时间，改行练军事五项，就等于一切从头开始，一旦失败，也许就意味着自己的运动生涯就此结束。当时很多队友对她说："王恋英，你可不能走，你可是我们队的顶梁柱啊！"也有人劝她说："练军事五项，太冒险、太残酷了。军事五项队退役的运动员，没有一个不是伤痕累累的。"可王恋英却觉得：军事五项是看不见硝烟的战斗，是真正的军人运动。现在西方人说我们不行，我就偏要练好它，在运动场上击败他们。就这样，她毅然地向组织提出了去军事五项队的申请。国家现代五项队的教练知道这一消息后再三挽留她："你是中国现代五项的'皇后'，中国队要拿世界冠军，就靠你了，你要是走了，中国女队就垮了。"王恋英流着泪说："我是中国女兵，要为捍卫军旗而战！"

1999年底，王恋英从军事五项队退了下来，回到了现代五项队。这时的王恋英，已经连续夺得了五届军事五项锦标赛的女子个人冠军，在国际军体界赢得了"世界第一女兵"的美誉。

超人的付出与超人的成绩

军事五项运动被公认为竞技体育中最精彩、最艰苦、最惊险，也是最残酷的一项运动，它是一个国家军队战斗力的重要体现。这项运动连男人都感到发怵，对女孩来说，那就更难了。国际军体理事会的官员说："这是一项超人的运动。"王恋英深深懂得：自己不是天才，要想取得超人的成绩，必须付出超人的代价。

她冬练"三九"，夏练"三伏"，皮开肉绽不在乎，伤胳膊伤腿照样练，上肢伤了练下肢，从未叫过一声苦。王恋英原先娇嫩的皮肤也由白到红、由红到黑，脱了一层又一层，人人都说她练军事五项后人变瘦了、脸变老了。军事五项对她来说，500米障碍是一难题关。王恋英从最难处入手，每次16个障碍物下来，肘、膝、背、胸等部位经常是青一块、紫一块，到处都是破皮、渗血。就是在这样的情况下，晚上她还坚持带伤下水练游泳，水中的4个障碍，有时把她的伤口碰得皮开血流，全身痛得像针扎一般，常常是晚上睡觉连床都不敢躺，睡下后，流着血的伤口很快与床单或床板凝固在一起，稍一翻身，就把刚刚愈合的伤口重新给撕开，疼痛如刀绞一般，日日相逐，月月相接，就是遇到女性特有的生理周期，她仍坚持照练不误。教练心疼地劝道："小王，可别把自己练垮了。"但她却说："身上没有几十块伤疤，就不是一名真正的军事五项运动员。"

有一次练习500米障碍，在通过20米长45厘米高的铁丝网时，王恋英一不小心突然撞在铁框上，后背立刻划开了一个大口子，王恋英痛得趴在铁丝网下，鲜血顿时染红了她的运动衣。队长、教练和队友们立即围了过来，"王恋英，王恋英！""快，赶紧上医院！"大家边喊边要拉她起来。可倔强的她猛一擦眼泪，爬起来又向前冲去，她哭着、喊着，扑向了终点。看到这一情景，有人说，这简直不是在训练，而是在拼命啊！

1994年，在巴西举行的第42届军事五项世界锦标赛上，王恋英以199环的射击成绩，不仅获得女子组射击第一名，而且还击败了世界各国男选手。国际军体理事会技术检查委员会主席走过来拍了拍王恋英的肩膀说："你不愧是世界第一流的神枪手！"说着他把自己的手表取下来送给了王恋英。这块手表很独特，表盘是一个靶子，是这位官员几十年来一直珍爱的物品，他要把它送给世界上最优秀的射击手。此时，各国运动员也都走过来与王恋英握手，祝贺她得到了国际军体理事会官员的特殊奖品。

1999年，在第二届世界军人运动会上，已经30岁的王恋英带伤出征，她拖着打着绷带的双腿参加障碍接力，比赛中，她的一只鞋由于用力过猛给踢掉了，为了甩开对手，她光脚踩着锋利的砂石，跨越徒涉场，冲过独木桥，飞跃障碍墙，攀上"死亡陷阱"，第一个冲过终点。她跑过的线路上，到处留下了斑斑血迹，在场的各国选手无不为之肃然动容。

在从事军事五项运动的 8 年中，王恋英一次次挑战极限，伴随着她的泪水和血水而来的是一块块金牌、一面面升起在世界赛场上的五星红旗。王恋英从 1992 年随中国军事五项女队首次出征瑞士，和队友勇夺团体冠军后，于 1994 年至 1998 年先后鏖战巴西、意大利、奥地利、瑞典和中国，一举夺得了军事五项锦标赛女子个人"五连冠"，1999 年又带伤出征克罗地亚，为中国女队再次夺得唯一一枚障碍接力金牌，她创造了军事五项运动的奇迹！

赛场内的竞争与赛场外的征服

军事五项运动员是一个国家、一支军队的缩影，他们之间不仅有赛场内的拼杀，也有赛场外的较量。赛场内的竞争固然需要精湛的技能和坚强的意志，而赛场外的较量更需要丰富的积淀和足够的智慧。王恋英不仅能在赛场上克敌制胜，在赛场外也全方位地向世界展示了中国女兵的真正风采，赢得对手和观众的尊重和由衷的赞扬。

王恋英常说，我们一跨出国门就不是自己了，而是代表 12 亿中国人民和 250 万全军将士，一定要处处维护祖国和军队的形象。她每次出国参战，首先带的是国旗，一到赛场，她又总是最先把国旗升起来，夺得冠军后，她一定会举着国旗绕场奔跑。她常说，每次出国参赛，只要想起我们的国家和军队，就会爆发出无穷的力量。有一次参加射击比赛，场上竞争异常激烈，在她准备上场时，巴西队员突然在她身后唱起了巴西国歌，巴西的教练也一边打着拍子，一边大声吆喝，想以此压倒她的气势，干扰她的比赛。王恋英猛地站了起来，大声唱起了我国国歌，一下子把对方的歌声压了下去，然后提枪上场比赛，凭着多年来练就的精湛技艺，凭着一股强烈的爱国热情，最后夺得了冠军。在场的观众，无不被王恋英这种爱国精神深深折服。

有一段时间，由于个别中国运动员陷入兴奋剂事件，一些别有用心的人想以此为借口向中国运动员发难。1995 年，第一届世界军人运动会在罗马召开。当王恋英出现在罗马赛场时，立即引起世界各国军队的关注。意大利报刊登出"中国'女超人'王恋英罗马献技"。比赛前夜，一个外国选手给王恋英送来一件写有6种文字"严禁迷药"的背心，一方面想影响中国运动员正常的比赛心理，另一方面想借兴奋剂损坏中国的形象。王恋英根本不吃这一套，她把背心往地上一扔，义正词严地对那个选手说："我们夺冠军是凭实力拼来的，中国军人从来不吃那玩意儿，如果不服气，咱们赛场上见！"那个选手悻悻而去。经过几天的较量，王恋英不仅再次夺得冠军，而且打破了由她保持的世界纪录。那个外国选手主动找王恋英道歉，并竖起大拇指称王恋英是"中国女超人"，王恋英也非常大度，友好地和她握手相拥。

王恋英常常说："不关心政治的运动员不是合格运动员。"她时常利用训练间隙坚持读书学习，收看新闻，了解和掌握时事政治，不断提高自己的政治鉴别力和思想理论素养。1998年9月，国际军体第46届军事五项世界锦标赛在北京举行，一个欧洲国家虽只有10名运动员参赛，却来了15名记者随队采访。王恋英夺得个人冠军后，几十名记者轮番对她进行采访，除了比赛情况外，西方记者还变着法子提问一些政治性、敏感性问题，王恋英有理有据地予以回答。事后，在场的新华社记者激动地说："当时，我真替她担心，不过，我的担心是多余的。总参首长多次赞扬军事五项队队员的表现，充分展示了我们的国威和军威，我还要说一句就是王恋英回答西方记者的提问，充分显示了我们的国格和人格。"

冠军梦与女儿情

作为运动员，王恋英在自己的运动生涯中实现了一个又一个冠军梦，她无疑是成功的。但作为正当风华之年的女性，她却不得不为事业牺牲，而在生活中留下遗憾。

初见王恋英给人的感觉是文静、美丽，而不乏刚毅。要不是那一身挂满奖牌的戎装提醒，你很难把她同一个世界冠军联系在一起。其实王恋英的才华远不只表现在运动上。1993年，王恋英被八一电影制片厂著名导演宁海强选中，担任四集电视连续剧《神圣的军旗》女主角。在1994年全国电视剧"飞天奖"评选中，该剧获得了二等奖，她本人也获得了连专业演员也梦想得到的"优秀表演奖"，成为一名名副其实的文体双料冠军。王恋英出名后，不少企业派人与她联系，有的请她做广告，有的出巨资请她做"形象大使"，但王恋英都一口回绝了。她说："是党和军队给了我展示才华的机会，给了我实现人生价值的舞台，咱不能对不起这身绿军装，不能对不起这一枚枚军功章。"

王恋英结婚已经 6 年多了，可与丈夫在一起的时间还不到半年，她把全部身心都投入到了军事五项事业中，很少顾及个人、家庭的事情，30 多岁了还没有要小孩。1995 年，在参加第一届世界军人运动会前几个月，王恋英怀孕了。当时她心里很矛盾，自己年龄不小了，丈夫和她也都希望要个孩子。但一想到自己是队里的顶梁柱，祖国和军队还需要自己去战斗，只得忍痛割爱，做出牺牲。深夜，她淌着泪水给肚子里的"宝宝"写了一封长长的"诀别信"，第二天，瞒着大家偷偷去医院做了手术。为了这个事，王恋英没少被双方的父母埋怨。去年 11 月，中央电视台"军旅先锋"摄制组和王恋英一起来到了她的家乡。在家中的炕上，体弱多病的王妈妈又开始唠叨开了："和恋英一起长大的同学，人家的孩子都有七八岁了，连她妹妹的孩子，也都上二年级了。恋英现在都 30 多岁了，连个孩子也没有，做父母的能不着急吗？"面对母亲的抱怨，王恋英只是低着头，她又何尝不想早一点要个小孩呢？

1998 年 10 月，王恋英参加了中央人民广播电台"体育沙龙"节目，有一位新疆的听众问王恋英："你拿了那么多冠军，奖金一定不少吧？"王恋英笑着回答："除了我的基本工资外，几乎没有什么奖金。获一块金牌的奖金也只有几千元。我们家是农村的，父母年老多病需要照顾，家里几乎没有存款，至今上了年纪的父母还是靠开小店的微薄收入支撑着过日子。"可当中央电视台《东方之子》栏目主持人问她还想干多久时，王恋英沉默良久后回答说："还是让成绩来淘汰自己吧。"她接着说："作为一名军人，一名党员，为国家、为军队争荣誉是职责，是义务，是不应该讲任何条件的。"其实王恋英心里清楚，在赛场上拼搏的日子一天比一天少了，她更明白，长江后浪推前浪，赛场上没有永远的冠军。她在一场报告会上这样说："也许我会带着一身伤病，默默地、悄无声息地离开赛场，但我不会后悔，因为我战斗过、拼搏过。时间长了，人们也许不会记住王恋英这个平凡普通的名字，但谁也不会忘记曾在我身后一次又一次升起在赛场上空高高飘扬的五星红旗。"

（王恋英同志为全军优秀共产党员）

撒播光明的使者

广西壮族自治区人民医院副院长、眼科主任李敏的事迹

"采得百花成蜜后，为谁辛苦为谁甜。"这句比喻无私奉献的经典名诗，是李敏从医以来的生动写照。李敏，是壮乡八桂大地眼科界享有较高声誉的眼科专家，她先后被评为全国民族团结进步模范个人、全国先进工作者、全国三八红旗手，荣获全国五一巾帼奖，2004 年享受国务院政府特殊津贴，多个课题获奖。

她是全国人大代表和自治区人大代表，她带领的科室先后荣获全国白内障手术复明工作先进单位、全国"扶残助残"先进集体、"全国三八红旗集体"、全国"巾帼文明"示范岗、全国"青年文明号"等 20 多项荣誉称号。

点燃希望，让医者传递使命

1984 年，毕业于中山医科大学的李敏被分配到广西壮族自治区人民医院眼科。一转眼，李敏从医已 30 多年。

眼科手术要求非常精细，有时以微米计算。为了提高眼科患者生存和生活质量，李敏不满足于传统诊疗技术，坚持从实践入手，认真总结经验，纳旧融新。通过到德国、中国香港等地医科大学不断地充实学习，率先在广西开展了玻璃体视网膜外科手术，填补了广西的空白，特别是她开展的玻璃体切割联合非膨胀浓度全氟丙烷治疗复杂性视网膜脱离以及冷凝巩膜扣带术治疗视网膜脱离等 10 多项新技术，更是达到了国内先进水平，使大量原先认为无法治疗、治愈或难以治疗的病人得到了康复的机会。看过李敏手术的同行常常发出赞叹："手术操作干净利落，动作准确快捷。"

2009 年初，61 岁的患者卢某玻璃体出血导致双目失明，朋友告诉他快上南宁找李敏，兴许眼睛还有希望。随后，他与爱人带着最后的一丝希望来到了自治区人民医院。李敏对其进行仔细检查，认真研究了他的病情，决定

施行手术，术后卢某一只眼睛视力达到了 0.6，另一只眼睛视力达到 0.3。临出院李敏叮嘱他们，右眼的白内障还不能手术，过段时间一定要来复查。卢某回去后却没有及时复查，结果左眼又视网膜脱离。2009 年 11 月，卢某只好又来找李敏，李敏不仅为他摘除了白内障，还及时治好了其左眼，使视力恢复到 0.6。后来，卢某逢人就讲："自治区人民医院有个专家李敏，治眼睛只要找到她就有希望。"撒播光明，把灿烂还给生命，李敏的忙是出了名的，30 多年来她究竟诊治过多少病人，下过多少次乡，义诊过多少病人，做过多少免费手术，她已无法记清。李敏从医 30 多年来，为帮助眼疾患者重见光明，足迹踏遍了广西的山山水水、村村寨寨。她多次组织带领医疗队到老少边山穷地区、麻风村等基层为群众服务。

大化瑶族自治县古河乡山里一位 90 多岁的老人患白内障失明多年，她的孙子都 20 多岁了，她只是闻其声不见其人。在深圳打工的孙子听说有医疗队到乡里为白内障患者做手术，特意赶回家，一定要送奶奶去做手术。家人抬着老人连夜赶了 40 多里山路来李敏医疗队所在地——古河乡卫生院。李敏检查老人的眼睛后决定先给老人做一只眼睛的手术。术后第二天，当蒙在老人眼睛上的纱布慢慢揭开后，孙子焦急地站在老人面前连声问："看见我了吗？看见我了吗？""看见了，看见了！"祖孙两人抱头痛哭。20 多年了老人第一次见到孙子的模样。"你真是上天派来的光明天使啊！"老人拉着孙子跪在李敏的面前，感动不已。

麻风村是个特殊的角落。2004 年，广西壮族自治区人民政府实施"爱心助残，万人康复"工程，李敏第一次听自治区残联的同志介绍麻风村时，被深深地震撼了。她知道，麻风病患者大都患有眼疾，这些已康复的患者需要他们的关爱和温暖。随后，李敏陪同国际防盲组织亚太地区眼科专家 Margrite 女士到北海、合浦等地麻风村对麻风病康复者进行眼部并发症普查，Margrite 女士被李敏任劳任怨、不怕脏不怕苦、对病人如亲人的工作作风深深感动了，特别是对李敏对麻风病康复者眼部并发症的准确诊断及提出的治疗方案更是大为赞赏，连连称赞李敏是最优秀的眼科医生。

在李敏和同志们的努力下，广西的 7 万多名白内障患者重见光明，仅仅是在东兰、巴马、凤山等革命老区，李敏就亲自做了 8200 多例白内障手术，为广西防盲复明工作做出了巨大贡献，赢得了国内外各界的赞誉，被评为

2008 年度中国流动眼科手术车"复明 18 号"复明扶贫项目先进个人。

倾囊相授，姹紫嫣红春满园

"精明干练、思维敏捷、性格开朗、待人真诚"是同事们对李敏的评价。作为导师，李敏对年轻医师悉心指导、严格要求，把经验毫无保留地传授给他们，手把手地教年轻医师"实战"技术。

为了提高广西眼科专业人员的技术，李敏多方努力，争取到 CBM（德国克里斯托夫防盲协会）爱德基金会的支持，成立了广西眼科医生培训中心，对县级以下眼科医生进行长期系统的培训，使经过培训的医生成为当地医院的技术骨干。每年她还会亲自带着医疗小分队深入少数民族地区基层医院，指导和带教基层的医生，帮助他们独立开展白内障复明手术。

在开展由国际狮子会慈善机构和中国残联联合举行的"视觉第一，中国行动"的国际性残疾人复明手术活动中，她肩负着广西眼科医生及辅助人员的理论学习和临床技术培训工作，培训了县市级眼科医生及辅助人员 400多人，使他们在开展白内障手术复明工作中发挥了巨大作用。

李敏毫无保留地把自己所掌握的知识和技术传授给年轻的医生们。在她的带领下，眼科共承担科研项目 31 项，分别获广西科技进步二三等奖和广西医药卫生技术推广二三等奖：其中眼科积极开展的非穿透小梁切除术等几十项新技术、新项目中，有多项技术填补了广西的空白，并达到国内先进水平，使大量原来无法治疗的患者得到了康复的机会。

关注民生，履人大代表之责

作为全国人大代表和自治区人大代表，李敏时刻不忘自己作为一名医药界代表的职责，她关心群众疾苦，深入调研，为医疗卫生事业的发展和人民健康提出了不少好建议。不管是作为一名医生，还是一名人大代表，她心里始终装着最基层的普通百姓。

随着李敏的名气越来越大，前来找她看病、点名要她手术的病人也越来越多，但是她没有一点大牌专家的架子，她把自己定位为一名普通的医师，总是尽最大的努力为患者服务。她说："病人从各地带着希望来，早一点诊治就多一点治愈的机会，我要尽量满足他们的要求，我作为一名人大代表，更要关心最基层的老百姓，为他们排忧解难，给他们送温暖。"

由于工作的关系，李敏常常要参加医疗队到东兰、巴马、凤山等革命老区及老少边山穷地区为群众服务，但是对人大组织的各种调研活动她也从不缺席。李敏常常深入基层，日常工作中也接触到许多的普通患者，因此她提出的议案建议等也都反映了老百姓的心声。她参与提出的《关于要求加快边境地区农村医疗卫生事业发展的建议》《关于进一步加快民营医院发展的建议》《关于加大对农村公共事业发展的扶持力度的建议》等事关民生的议案和建议都取得了良好的效果。

李敏精湛的医术，高尚的医德远播国内外。李敏曾婉拒过其他地方医疗单位的高薪聘请，她感慨地说，我是壮族儿女，我要把自己的一切奉献给家乡人民，为家乡的光明事业做出贡献。

（本例文选自《学习继承发展》，中央统一战线工作部组织，学习出版社2016 年 11 月版）

例文 28—29：优秀离退休干部事迹材料

永不退休的共产党员

——全国优秀共产党员杨善洲的事迹

杨善洲（1927 年 1 月—2010 年 10 月），男，汉族，云南施甸人，中共党员。1991 年 6 月，被云南省委省政府授予"优秀共产党员"称号；1999 年 8 月，被全国绿化委员会授予"全国十大绿化标兵"提名奖；2000 年 12 月，被全国环保总局授予"全国环境保护杰出贡献者"；2002 年，被评为全省老干部"老有所为"先进个人；2004 年 10 月，被评为全国老干部"老有所为"先进个人；2011 年 3 月，被追授为全国优秀共产党员；2011 年 9 月在全国道德模范评选活动中荣获敬业奉献模范；2012 年 2 月被评为中央电视台 2011 年度感动中国人物。

捧着一颗心来，不带半根草去。

他走了，就像一个操劳了一生的老农民一样，走了……

身旁留下一顶草帽，一把砍刀，一支烟斗，身后留下一个依然需要刨土取食的家，家里有风烛残年的老伴，有每天上山种地、喂牛、打猪草的女儿女婿，有开着农用车跑运输的孙子们……

他奋斗一辈子，掏心扒肺让老百姓的日子富起来，自己却两手空空而去，而把价值几个亿的森林送给了大山里的群众。

他，就是杨善洲。

回家乡还愿的地委书记

地处施甸县南边海拔 2619 米的大亮山，是杨善洲家乡最高的山。他 16 岁时父亲病逝，和守寡的母亲艰难度日，母亲常常带他到山上挖野菜、草药，拿到集市上卖。是大亮山养活了他一家。他当地委书记期间，曾带人风餐露宿，徒步 24 天，详细了解大亮山的土壤、气候、地理环境，一个"种树扶贫"的梦想在他心中萌芽。

从不为家人办事、不为家乡办事的杨善洲，对家乡的人说："退休后，我会给家乡办一两件事的！"

现在，他退休了。杨善洲婉言谢绝了按规定到昆明安家休养的厚意，说服了家人希望他回家团聚的愿望，留下一句滚烫的话："我是一个共产党员，说过的话就要兑现，我要回大亮山种树去！"

"好个大亮山，半年雨水半年霜，前面烤着栗炭火，后面积起马牙霜。"在恶劣的气候环境中，住下来，成为第一考验。最初用树枝搭的窝棚，不到半年就被风吹烂了。他们又修建起40间油毛毡棚，冬天冷，夏天闷，碰上下雨，被窝常被淋湿。上山几年，杨善洲患了严重的风湿病和支气管炎，夜深人静，人们常常听到阵阵咳嗽声从他的毡棚里传出。

1992年，林场建起了砖瓦房，职工们首先想到了杨善洲，可他死活不住，他说："我一个老头子住那么好的房子干什么？"最后硬是把房子让给了新来的技术员，自己仍住在油毛毡棚里，一住就是9年，直到全部职工搬进了砖瓦房。

没有路，他们往山上运苗子和物资都是马驮人扛，杨善洲常常一边赶着马，一边挑副担子，在山里一走就是大半天。

2009年4月，杨善洲把自己用20年时间辛苦创办的大亮山林场的经营管理权，正式无偿移交给施甸县林业局。有人算过一笔账：大亮山林场共占地7.2万亩，其中5.8万亩华山松中有3万亩已郁闭成林，按一亩地种200棵树，一棵树按最低价30元计算，大亮山林场的活立木蓄积量价值已经超过3亿元。

捡果核的地委书记

在资金极其短缺的创业之初，捡果核育苗栽种成为杨善洲破解苗木困局的主要途径。每次回到城里，他就到马路上捡别人随意扔掉的果核，然后放到家里用麻袋装好，积少成多后便用马驮到山上。

原地委书记到大街上捡别人扔掉的果核，这在当时成为轰动保山地区的新闻。可是杨善洲不在乎，林场资金紧，省一个是一个。有认识他的人说："你一个地委书记，在大街上捡果核，多不光彩。"他说："我这么弯弯腰，林场就有苗育了。等果子成熟了，我就光彩了！"

不过，在大街上看到父亲捡果核的女儿老二老三感到不光彩了，劝他不要再捡。他说："是不是你们觉得丢面子了？不要老想着你们的父亲是个地委书记，我就是一个普通人。如果你们感觉我给你们丢面子了，那以后不要说我杨善洲是你们的父亲！"两个女儿流下泪水："爸爸，我们错了……"

扛锄头的地委书记

到底是怎样一个人会"无情"和忘我到这种地步？从1955年任施甸区区委书记到1988年从保山地委书记岗位上退休，30多年的时间，杨善洲都在忙些什么？

1965年的一天，一个头戴竹叶帽、脚穿草鞋的中年人出现在施甸县某人民公社，打听公社领导在哪里。接待的同志一看来了个老农，而领导正准备接待县委书记，就随口打发说领导不在。来人一听没作声，转身就去村子里面转悠了。过了约定好的时间，公社领导仍然没见到县委书记，仔细一打听才知道是接待员把县委书记当成老农给打发走了。这位县委书记就是杨善洲。

1980年10月，时任中共中央总书记的胡耀邦同志到保山考察。总书记提前抵达，地委的同志迅速到板桥公社去通知地委书记杨善洲，到了公社才发现，他正在田里头和农民一起插秧，裤腿挽到了膝盖上，猫着腰只顾忙碌，听到工作人员的喊声，他才回过神来，赶紧拔腿往回跑。"杨书记是换了衣服才去见胡耀邦总书记的，可他和农民一起插秧的事还是传到了总书记的耳朵里。总书记感叹说像杨善洲这么朴实的地委书记还真不多见。"秘书祝正光说。

1982年的插秧季节，龙陵县平达乡河尾村的几个农民正在地里忙活。一个农民打扮的老者走了过来："你们插秧的方法不对，村干部没跟你们讲'三岔九垄'插秧法吗？"农民们以为他是路过的农民，没好气地答："你会插你来插嘛！"杨善洲二话不说，卷起裤脚就下了田，一边讲一边示范。插秧是倒着插，越往后插得越快，农民们惊奇地发现，很快他就跑到最后去了。

不要特权的地委书记

在杨善洲的心里，对人民群众永远怀着一种谦卑与敬重，他们真正是主人，他是公仆。公仆如牛。杨善洲说："我就要俯首甘为孺子牛！"

他下乡，总像一个三人战斗小组，司机、秘书，一辆212吉普，其他随员一个不要。上路，直奔田头。碰上饭点，老百姓吃什么，他吃什么，吃完结账，绝无例外。

1984年一个星期天，杨善洲回家后，与三女儿杨惠琴一起回保山，突然天降大雨，淋得没法走，他们就到一旁的姚关镇政府躲雨，镇委书记说："老书记，我和县上联系，来接你。"他说："接什么接，我们躲一下，等雨停了就走。"

父女俩躲了一阵，见雨不停，就打着雨伞走了。区委书记赶忙给县委办公室打电话，县委办公室主任深知老书记的脾气，专门派车，他肯定不坐。于是，他想了个主意。

驾驶员小李按吩咐，开车沿大路朝老书记驶去，碰面时不停车，开过几公里后再折回来，赶上他们，大声招呼："老书记，去哪里？是去施甸吗？我刚办完事，正好捎上你们一脚！"杨善洲没想到他们的招数，确信是偶尔相遇，这才和女儿一起上了车。到了施甸，父女俩买上车票回到保山。

在杨善洲眼里，权力是人民的，他只是为人民来行使，行使的标准，就看符合不符合人民的利益。

"六亲不认"的地委书记

1964年，杨善洲担任施甸县委书记时，组织上提出把他爱人转为城镇户口，他谢绝了；1978年，上级组织部门有个通知，地、师级干部，家在农村的妻子、母亲、不满16岁的子女可以转为城市户口。当时，杨善洲家除大女儿外，都符合进城的条件。当组织部门将他家"农转非农业人口"的报告打上去时，他坚决要求撤销报告。他说："身为领导干部，我应该带个好头。我相信我们的农村能建设好，我们全家都乐意和8亿农民同甘共苦建设家乡。"

自己常年不在家，政策允许范围内的照顾也不给家人享受，杨善洲做过的类似事情数不胜数。

杨善洲的二女儿杨惠兰是乡里的民办老师，那年考地区中专差一分落榜，他拍着女儿的肩头说："别难过，明年再考。"女儿问："爸爸，要是明年还考不上，你能给我安排个工作吗？"他严肃地回答："不行！我没这个权力。"后来女儿考上了公办教师。为此，县里特别叮嘱杨善洲的秘书："请你一定要告诉老书记，他家老二是自己考上的，和我们没关系。"

对于杨善洲的这种六亲不认，也许有人会说这说那。事实上，杨善洲并非六亲不认，相反，他对家人的感情，和对党对人民的感情一样深厚，只是在两者冲突时，他忍痛选择了舍小家顾大家。

每当有人问起杨善洲同志的老伴张玉珍老人："你当家的是'大官'，你一家子怎么还过得这么苦？"老人总会平静如水地说："他当官是为国家当，又不是为我们家当。"

也有人问过杨善洲，作为一个儿子、丈夫、父亲，你对家人有愧疚吗？他点点头，低声地说出两句话："自古忠孝难两全，家国难兼顾啊！"那一刻，他眼里有泪。

这个秉性忠厚质朴的山里人，何尝没有一腔儿女之情。

母亲早年守寡，他是母亲的孝子。每年，他都会花钱从保山买一包补药，煨给母亲吃几天。地委的人都知道，只要书记老家来信说是母亲病了，他一定回去。母亲89岁那年，他回去探望，原打算第二天就走，看到老人家病重在身，便留下来，日夜侍奉，整整住了9天。这是他离家几十年中，回来住得最长的一次。老母亲是在他的怀里去世的，他抱着母亲的头失声痛哭："娘，不是儿子心肠硬，只因为您儿子是人民的干部！"

他疼爱妻子。每次回家，哪怕住一晚，他都会下地，把要做的农活做了，把家里的水缸挑满了。逢年过节，总记得扯几尺女人家喜欢的花布。他23岁娶了她，那会儿穷，没给她点什么物件。他出去了，可这事一直没忘。直到1997年，他省吃俭用攒下500块钱，塞到她手上："替我给你买个戒指吧。"

他是慈祥的父亲。3个女儿都是他给起的名——惠菊、惠兰、惠琴，爱树爱花的父亲，把女儿们在自己心里种成了三朵美丽的花。每次回家，他都会从粗大的手掌里给娃娃们变出几块糖、几个果子，然后拉着她们的小手一块下地干活。惠兰总忘不了，有一次爹爹给她梳头，扎的两根小辫子就像两只小牛角。

杨善洲这一辈子，是带着他的家人和他一起担当起一种胸怀，一种"先天下之忧而忧，后天下之乐而乐"的胸怀。他心疼家人，但是，看着更多的还在艰难中的群众，他别无选择。

（本例文选自《榜样：100位感动中国的道德之星》，本书编写组，红旗出版社2012年3月版）

保持革命晚节　为社会培养高素质医学人才

——全军先进离休干部邹本兴的事迹

邹本兴同志是×××集团军×××干休所副师职离休干部，山东省福山县人，1932年4月出生，1946年7月入伍，1948年12月入党。历任卫生员、医助、军医、卫生连连长、卫生营副营长、师卫生科科长、军卫生处处长、后勤部副部长等职。战争年代，邹本兴同志为中华民族的独立与解放出生入死，曾参加过淮海战役、渡江战役和解放上海、抗美援朝等著名战役战斗，五次荣立战功，两次被评为战地模范。解放后，他长期从事医疗卫生工作，勤奋敬业，恪尽职守，为部队建设做出了贡献。1983年10月从军后勤部副部长的岗位上离职休养。在集团军、干休所党委以及地方各界的关心支持下，从1987年开始，邹本兴联合4名离休老干部，白手起家，在一片杂草丛生的荒地上，建起了一所占地110亩，拥有14栋教学大楼，固定资产达5000多万元的民办大学——中华冀联医学院。学院开设7个专业24个班次，在校生达3200多人，并设有"福寿护理院"和"老年病、口齿防治病"两个省级医学研究所。建院以来，先后为国家培养了6300多名医务人才，毕业学员就业率达95％以上，遍及全国26个省、自治区、直辖市。学院先后9次被国家高教委、河北省教委、石家庄市教委评为社会力量办学先进单位。军委领导亲笔题词"老当益壮余热生辉，精心育才救死扶伤"给予勉励。邹本兴本人也先后被河北省教委评为"社会力量办学先进个人"，被全国民办高教委授予"民办高等教育创业奖"，1998年被总政治部评为"全军先进离休干部"。

"为人民谋利益是共产党人的终身追求。

我虽然离休了，但有责任有义务发挥

余热为党和人民做一点有益的事情"

邹本兴同志出生于一个贫苦农民家庭。1945年他的家乡解放后，他才能够到县城读书。1946 年被学校推荐到抗日根据地参观，返校后就和班上十余名同学报名参加了人民解放军，当时年仅 14 岁。回顾入伍几十年的成长史，他深深感到，我的生命就是娘生我、党养我的过程。党把我从一个不懂事的苦孩子培养成一名师职干部，不仅教育我提高了政治觉悟，而且使我掌握了医学知识。我一定要终身报答党的恩情，全心全意为人民谋利益。

离休后，时间充裕了，邹本兴同志不愿意待在家里坐享国家和军队给予的优厚待遇，而是以一种强烈的责任感和使命感，继续发挥余热，为党和人民做些有益的事情。他当卫生处长时，经常带医疗队到太行山革命老区慰问巡诊。偏远农村人民群众由于缺医少药，耽误了治疗，以致小病拖成大病，急性病转成慢性病，一个病人造成一个贫困户的情景，使他心情久久不能平静。1985 年，他作为军队系统的人大代表，参加了河北省第七届人代会，许多来自革命老区的代表在会上提出的农村缺医少药问题的议案，更使他忧心忡忡。据代表们当时统计，石家庄地区 10 个县、220 个乡卫生院的 1818 名卫生技术人员中，具有大专以上学历的只有 13 人，占 0.66％；中专学历的 69 人，占 3.8％；无学历者 1736 人，占 95.5％。农村看病还是靠"三大件"：体温计、血压计、听诊器。他感到，自己受党培养教育多年，长期从事卫生工作，想方设法解决农村贫困落后和缺医少药状况是自己义不容辞的责任和义务。为什么不能利用自己的特长为农村培养一些高素质医务人才，留下一支"永远不走的医疗队"呢？这样做不仅适合农村卫生工作发展的需要，而且可以弥补国家办学经费的不足，还可以扩大农村青年就业的渠道。这是件为党分忧，为民造福的大好事呀！于是，他把想法告诉了孙树和、陈丕海、程新希、孙宝太等四名老战友，得到了他们的积极支持，表示要一道努力实现这个愿望和追求。

周围大多数同志理解和支持他们的想法，但也有些人不理解，有的说他想出风头，有的说他想发财，还有的好心劝他，办学没那么简单，弄不好会担很大风险。老伴开始也反对，"革命一辈子了，离休后该好好照顾一下家了。"面对这些阻力，邹本兴没有退缩。当时他回了一趟老家，来到当年解放济南时攻城的突破口，站在烈士纪念碑前，看到一个个熟悉的战友名字，感慨万分。战争年代，我们党、我们人民军队流血牺牲，不就是为了人民的解放和幸福吗？作为一名幸存者，应当把实践党和军队的宗旨作为毕生的追求。他暗暗发誓，为了实现这个心愿，什么样的议论都不放在心上，即使个人冒点风险也值得。

办一所高等学校，说起来容易做起来难，当时他们没有资金、没有校舍、没有师资、没有生源，也没有经验。面对这些情况，几个老同志铁了心，就是再难也要像战争年代攻堡垒一样把学校办起来。首先，他和几位老同志用一年多时间到石家庄市周围十几个县的乡村进行了调查。在此基础上研究制定了"三年打基础，五年大发展，学者有其校，实习有医院"的奋斗目标。然后，他拿着办学申请，骑着自行车，跑省市教委、省医院、省医科大学等单位，向领导和专家汇报办学想法，陈述理由。开始审批部门担心信誉保证，他坚定地表示："用我们五位老党员的党性担保！"终于以执着追求和科学论证赢得了主管部门的理解和支持，破例免费为他办妥了一切审批手续。没有办学经费，他和几位老同志每人拿出 5000 元作为启动资金；没有校舍，他们先临时租借；没有师资，他们到大专院校和河北省属医院聘请教员。1987 年 7 月，他们花 4000 元钱打出了第一个招生广告。广告刊出半个月没有一个学生报名。一直等到第 20 天才收到第一封报名信。正式开学那天，呼啦啦一下来了 129 名学生。他们把学生一个个从车站接回来，在噼里啪啦的鞭炮声中冀联医学院宣告诞生了！

"艰苦奋斗是共产党人的政治本色。要白手起家办大学，就必须把艰苦奋斗这一光荣传统作为建校兴校之本"

建校初期，学院条件十分艰苦，资金短缺，没有固定校舍，教学设备不全。邹本兴认为，越是条件差，越要发扬艰苦奋斗精神，用光荣传统凝聚人心。最困难时，他们从石家庄食品四厂买来做香肠用的大油炒菜，从附近工厂、机关食堂买来馒头；没有桌椅板凳，就用陆军参谋学院换下来的旧的桌凳；没有实验室，就带着学生捡砖头，砌出一间 30 平方米的小砖房，做了 42 个装器具的柜子；上实验课没有器具，就到各个医院借；没有教室，先后租了四处校舍，有人戏称冀联医学院是"游击学院"。为了改变这种局面，1992 年初，他们筹资 120 万元开始筹建自己的校舍。消息一传出，各路包工头纷至沓来。有的找到学校，有的追到邹本兴家里，要求承揽建校工程，并许诺付给高额"回扣"。对此，他毫不动心。并对包工头讲，工程预算是根据国家建筑用料标准和当地物价计算出来的，我收了回扣，不仅党纪国法不容，而且假如有一天大楼塌下来，我岂不成了历史罪人！我是一名老党员，决不能败坏共产党的名声。这些包工头见他坚持原则，尽管没能承包上工程，但对他的人格表示佩服。后来经过公开招标和严格审查，他们选择了一家信誉比较好的工程队。

1993年5月，当教学楼盖到3层时，建材价格猛涨，钢材由每吨2000元涨到每吨5000元，砖由8分钱一块涨到2角钱一块。原先的预算出现很大缺口，怎么办？邹本兴想，战争年代我们出生入死，什么样的艰难险阻都被踩在脚下。眼前，无论有多大困难也要把教学楼盖起来！他把银行的同志请到工地上，汇报办学经过和困难，对贷款的安全性一一阐述论证，并请了担保单位，还和几名老同志向银行递交了家庭财产抵押承担风险的保证书，终于贷到了130万元。接着他们又发动教职工筹集60万元，保证了施工的需要。为了节省开支，把好质量关，他和学院陈丕海书记把被子搬到工棚里，与施工队住在一起，吃在一起；夏天不顾蚊虫叮咬，冬天不怕寒风刺骨；买东西货比三家，挑质量最好、价格最便宜的。经过几个月的奋斗，一座7层高楼终于拔地而起。就是靠着这种艰苦创业的精神，他们先后投资3000多万元，建了14座大楼，购置了300多万元实验教具。

他们不仅在建筑大项目上坚持勤俭办事，而且在学院建设的其他方面也是精打细算，一分钱掰成两半花。安装阶梯教室的座椅时，开始想用钢塑材料，一算要花20万元，感到太贵买不起；后来想改用木椅，算下来也要10多万元，还是舍不得投资这么多。最后打听到石家庄有个单位要改造礼堂，他们赶紧联系，把换下来的旧座椅买来，连修带刷新，总共才花1万元，这才下了决心。教学需要制作挂图，请人装裱每张需要60多元，他们就拜师学艺，利用暑假，自己动手制成500幅，每幅只用5.3元成本费。学校维修教学用具、体育器材、桌椅门窗，都是教职员工自己动手，每年节省资金10多万元。他们还努力适应市场经济体制要求，增强管理效率，降低消耗成本。学院现有在校生3200多人，但专职教职员工仅42人。我国国办高校教工与学生的比例是1：4，西方发达国家是1：9，在冀联医学院是1：60。

从院领导到普通教职工都身兼数职、一专多能、以一当十，既负责行政后勤，又兼管教保工作；白天组织采购东西，拉运教材，夜晚兼管治安、保卫，有空还组织师生搞文体活动；有的老同志一个人的工作涉及到行政、保卫、工会、教保、学生会多个部门的职能。

邹本兴和院里其他领导带头严格要求自己。外出办事从不住旅馆，总是投宿条件简单的招待所、集体宿舍，有时甚至睡地铺；乘车不坐软席、不打的；就餐不点高档饭菜。近年来，学院条件有所改善，但越是这种情况，他们越是严格要求自己。学院没有买一件沙发、一台空调、一辆小车，院领导没有装程控电话，没有手机、BP 机。学校离市区十几华里，为了保障教学，1994 年学院花 4 万元买了一辆面包车接送教授，几个老同志每天上下班也都是搭这辆面包车。有些人说这些老同志"不开窍"、不会享受生活，邹本兴解释说，我们办学不是为了挣钱讲排场，图个人享受，而是为了满足为党、为社会、为人民做一点好事的精神追求，我们培养和造就合格医学人才，有无比的成就感和充实感！现在，学院从上到下都养成了一种艰苦朴素的优良作风。地方一些了解学院的同志都讲："老八路作风，在冀联开花，到社会结果。"

他们对自己克勤克俭，但为了人民群众却啥都舍得。1994 年获悉河北省推出"鱼水工程"后，邹本兴立即向学院提出实施"教育扶贫、温暖工程"的想法，得到大家的赞同。从那年开始，尽管学院还欠银行 400 多万元的贷款，但他们坚持每年无偿为革命圣地平山县西柏坡、涌现"狼牙山五壮士"的易县狼牙山乡、因创造地道战而闻名的清苑县冉庄、八路军 129 师司令部驻地涉县以及白求恩大夫战斗和牺牲的唐县军城镇等 5 个革命老区，各培养 8 至 10 名医学大专生。消息传出后，得到各级领导的重视关心和社会各界的赞誉。时任河北省省长的叶连松同志亲自批示："为革命老区义务培养医务人才值得称赞。"到目前，学院已出资近 50 万元，共为这 5 个老区培养输送毕业学员 42 名。这几年他们还对近百名特困生减免学杂费 20 多万元。在 1996 年河北省和 1998 年长江、嫩江、松花江发生洪灾时，学院领导带头捐款，先后为灾区捐款 5 万多元。

"为党培养革命事业合格接班人是一项重大的政治任务。要造就大批白求恩式的医务人才，就必须坚持正确的办学方向"

邹本兴认为，创办医学院的目的是为党和人民培养医务人才，尽管"冀联"是民办学校，但党的传统不能丢，对学生的思想政治引导不能少，首先要保证培养出的人听党话、跟党走，热爱社会主义、热爱人民，能够全心全意为人民服务。基于这一指导思想，学院提出了"远大理想，金子人格，铁的纪律，白求恩医德医术"的育人标准，并把这个标准贯穿办学育人的全过程。建院后的那几年，正是社会上一些错误思潮四处弥漫，青年学生思想极为动荡的时期。"冀联"的学员来自四面八方，思想成分多种多样，一些学生政治上辨别是非的能力弱，把社会上不少似是而非的观点带到学院。针对这些新情况，学院建立了党团组织；在班级设了班政委，靠老同志传帮带，把我党我军的优良传统传给学生。1989年发生政治动乱时，学院专门组织了"听党话、跟党走"的报告会，并由各班政委在同学中作辅导，全院380名学生没有一人上街游行，所有班级没有停一个小时的课，保持了高度的稳定。近两年，一些非马克思主义、非唯物论的观点又死灰复燃，各种伪科学、封建迷信的事物戴着科学的面具粉墨登场，对学院带来不小的冲击。他们及时在全院进行反对封建迷信的教育，提高学生崇尚科学、破除迷信的思想水平。今年3月份，学院聘请的一位教师在高护班授课时偏离主题，讲"法轮功"如何神奇，并说自己的小孩患病后练习这个功很有成效等，立即引起了学生们的警觉。有的班干部当场责问她："既然'法轮功'这么神奇，我们还学医干什么？你要再讲这些，我们就不听了。"下课后，学生们把这一情况及时报告了班主任。邹本兴知道后，马上派院领导找这个教师谈话，严肃指出：学院是讲科学技术的，不是讲封建迷信的，禁止她在以后的授课中宣传"法轮功"。事后，他们举一反三，在学校及时组织了以"相信科学、反对迷信"为主题的演讲活动，消除了错误思潮的不良影响。

要使学员保持坚定正确的政治方向，必须抓好学员的思想理论武装。办学以来，他们把哲学、革命史、四项基本原则等内容列入正式课程，占总学时的10%，毕业时政治课考试不及格不发毕业证。为了把政治教育搞得更活跃，从 1994 年开始，他们坚持开展"国旗下教育"，每周一早晨，全校列队举行升国旗仪式，而后进行以社会主义、爱国主义为主题的演讲。1998年，为了加深对邓小平理论的理解，他们把《邓小平理论简明教程》分成"社会主义初级阶段""坚持党的基本路线和基本纲领不动摇"等 15 个专题，分工院领导和理论教员利用"国旗下教育"时机进行讲解。每年新生入学后的第一课就是学习《纪念白求恩》，第一次参观活动就是去白求恩纪念馆，第一次演讲就是"学习白求恩，做白求恩式的医生"。针对这几年社会上在医德方面出现的一些不良现象，他们提出了"自信、刻苦、勤奋、顽强、超越、奉献"十二字"冀联精神"，特别教育学生学医从业要全心全意为人民服务，不收红包、不卖假药、不"宰"病人。他们两次翻印了毛泽东著作《为人民服务》《纪念白求恩》《愚公移山》等中英文对照本 3000 多册，每个学生人手一册，寓思想教育于文化学习之中，使学生们在学习英语的同时，感悟人生哲理。

培养政治上合格人才，还需要营造浓厚的政治氛围。学院创办以来，他们十分重视弘扬正风正气。部队参战、抗洪回来后，邀请英雄模范来校作报告，用英模的生动事迹教育学生；新学期开始时，召开开学典礼及总结表彰大会，表彰奖励全优生、优秀班干部、优秀团干部、优秀团员及"三好学生"，颁发荣誉证书，激励学生求上进、走正路；像部队一样落实"三个半小时"制度，每天集体组织收看广播电视和报刊新闻，让学生们及时了解国家大政方针和时事政治；每周定期放映总政推荐的百部爱国主义影片，坚持不放映渲染打斗、言情等格调不高的影片；组织全校师生大唱革命歌曲，开展健康向上的文体活动。他们不仅重视思想引导，而且注重严格管理，加强行为规范。新生入校先进行两个月的军训，培养良好的行为举止；明确规定不准吸烟、下馆子、进舞厅；学校作息时间用军号控制；校内每天有"校管分队"执勤；院领导轮流 24 小时值班，与学生一起同上课、同实验、同劳动、同娱乐、同吃住。一些学生家长看到学院这么重视对学生的思想教育和行为管理，来时的担心和疑虑全部消除，并感动地说，把孩子交给这些老八路，我们放心。

这些年来，由于他们坚持德育第一，育人为本，学生的思想道德素质不断得到提高。一些来自革命老区的学生毕业后，自愿回到乡村，为改变贫困地区缺医少药的落后面貌做贡献。在学院内，助人为乐、见义勇为等好人好事层出不穷。今年5月份，我国驻南联盟使馆遭到轰炸后，全校师生化悲痛为力量，自发组织了"千人流动血站"，义务献血20万毫升，以实际行动表达了自己的爱国热忱。

"坚信科学是共产党人世界观的必然要求。要提高办学质量，就必须相信科学、学习科学、运用科学"

这些年，邹本兴认准一个理，要跟上时代的步伐、科技的发展，办出一流的民办院校，培养一流的医务人才，只有学科学、信科学、用科学，走科技兴校之路。

他首先带头学习科学知识，提高科技素质。平时学院事务性工作比较多，就挤时间学习，养成了每天晚上学习两个小时的习惯。几年来，先后通读了《领导科学》《领导心理学》《学习的革命》《中国民办高等教育的理论与实践》《高等教育与经济发展》《外国高等教育资料》等书籍。坚持每天阅读不少于10份报纸，每月至少看10份医学或教育杂志，并联系办学实际，写心得体会。一些学术文章和论文还在各类报刊上发表，其中《社会民办高等医学院的作用及发展规律初探》获石家庄社会力量办学论文一等奖，《贯彻党的十五大精神，努力实现民办高等教育发展新突破的商榷》被选入清华大学、北京师范大学和人民教育出版社等单位联合出版的《中国教育大精典》系列丛书。为了能够阅读外文资料，更多地了解一些国外的办学经验，他坚持每天学习英语，克服年纪大、记忆力差的困难，坚持下慢功夫、细功夫，许多英语单词都是在车上、路上、枕头上背记的。有时半夜里想到一个学术问题，需要查找资料印证，就从床上爬起来看书。近两年，随着信息技术和多媒体技术的运用，他又开始学习计算机知识，经过努力，基本掌握了WINDOWS和CCED两种操作系统，能够在互联网上调阅各种医学资料。

在办学实践中邹本兴体会到，加强师资力量建设是提高教学质量的关键。社会力量办学，在有选择地聘请那些高资历、高水平的专家、教授方面，具有很强的灵活性。几年来，他们注重挖掘省会城市高校多、大医院多、师资潜力大的优势，广泛聘请名医专家任教，收到了较好效果，较好地发挥了省会教育界老领导、老前辈名师出高徒的效应。目前，学院聘请的260名教师中，80％为正教授，其中30多名是研究生导师。河北省人民医院院长梁晋全教授、河北省医科大学博士生导师袁桂琴教授等都是"冀联"的兼课老师。这些知名专家教授在学院执教有的长达10多年，对农村缺医少药问题都有强烈的使命感，教学中不讲报酬、不辞辛苦，工作格外认真。为鼓励和调动教师认真教、学生刻苦学的积极性，学院设立了奖教金和奖学金，每年拿出5万元奖励优秀教师，拿出两万元奖励优秀学生。对受奖励较多的60名优秀教师，签订了长期兼职教学和带实习协议，保证了教学的质量和规范化。

创办高质量的学校，培养高质量的人才，还要有现代化的教学设施和良好的教学环境作保障。平时，学院领导对自己都很"抠门"，但在教学投入上却特别"大方"。1992年，他们自筹资金建起了七层教学楼和三层门诊楼，成为河北省最早拥有自己校舍的民办学校。1996年，学院又建成2600平方米、拥有18个教室的实验大楼，购置显微镜186套，配齐了心电、B超、X光、手术室等设施，自编实验指导和实习手册8本，为培养学生动手能力，提高办学质量创造了良好条件。实验楼竣工后，又抓紧筹集资金，加强微机房建设，使微机数量达到100多台。在电化教学方面，给26个班级配齐了大彩电，安装了大型投影机。自办的闭路电视差转台，可同时开通三个频道的教学录像。去年，可容纳500多人的两座大型阶梯教室落成后，又引进多媒体教学设备，从而实现了电化教学。为培养适应时代要求的医务人才，学院微机加入因特网，师生们可以随时获取国内外最新医疗动态和科技信息。为了提高学生的英语水平，方便语音练习，学院安装了无线调频英语发射台，全天不间断播音。今年，新建的"福寿护理院"和老年病、口齿病防治研究所也将开始运作，使"冀联"向教学、医疗、科研一体化又迈进了一步。

着眼实际加强教学改革，是提高教学质量的重要一环。这几年在课程设置与教学内容上，他们实行国家统一的全日制高等院校教学大纲统编教材，基础课程与国办医学院相同。根据"冀联"面向基层、面向农村的特点，对各种专业课程进行了优化。比如，针对农村卫生工作的需要，增加了中医、中药、针灸、推拿、计划生育等课时；根据医学科学发展和医学模式的转变，增设了 CT、B 超、医学心理学和辩证法课程；对预防医学，增加了流行病分析和到市防疫站见习的内容，从而使教学内容既适合毕业生到条件好的医院工作，又适用于到条件较差的农村开设诊所的需要。在教学改革上，着眼农村需要，创造了"小康村卫生室教学模式"，使学生毕业后按照这个模式建立一个卫生室，就能够保障一个村正常的医疗检查和治疗。

一分耕耘，一分收获。邹本兴和他的战友们坚持科学育人，培养出了高素质的医务人才。97、98 级中高护班 1058 人参加国家高等教育自学考试，各科成绩及格率达 86.7%，高出其他民办高校同科 30 到 40 个百分点。建校 13 年来，毕业生中已有 68 人获得高级职称，担任了医院院长、副院长、科室主任或独当一面的骨干。96 届毕业生郭超荣在江苏溧阳开眼科诊所，先后做了 200 多例白内障、青光眼手术，使众多盲人复明。石家庄烧伤专科医院副院长李文贤、科主任梁艳琴，先后救治烧伤病人 3000 多例，成功率达 94%。在石家庄脑系专科医院工作的 15 名毕业生，分别担任脑内、脑外、CT、多普勒、心电图、B 超、高压氧舱等专科工作，多年来受到院领导和病人的一致好评。还有许多毕业生回到山区、农村后开设诊所，填补了当地妇产、儿科、心电、B 超、化疗等技术空白。

邹本兴深深感到，自己作为一名老党员，为党和人民做点有意义的事，是应该的。办学十几年来，地方和部队的各级领导给了很多关怀和鼓励。"冀联"的创建和发展离不开邓小平理论的指导，离不开党的改革开放政策，离不开部队和社会各界的关心支持。民办教育在我国刚刚起步，今后的路还很长；要创建一流民办医学院、做一流服务人，还有许多工作要做。他表示，决不辜负各级领导的期望，时刻牢记江主席"讲学习、讲政治、讲正气"的要求，坚定理想信念、永葆共产党人的政治本色，活到老、学到老、改造到老、奋斗到老，努力为国家、为人民培养更多、更好的合格医务人才。

（本例文由杨俊雄、杜立行同志提供）

把军人妻子的赤诚和爱心献给国防事业

河北省定州市杨家庄乡　王会芹

我叫王会芹，是河北定州市杨家庄乡一个农家妇女，丈夫杨胜跃是51031 部队 5 连指导员。9 年前，我怀着对军人敬慕的心情，走进家境非常困难的婆家，挑起了伺候患病公婆、照料年幼弟妹的担子，尽了一个军人妻子应该尽的一份责任。这些年来，我在克服各种困难，支持丈夫安心部队工作中悟出了三点体会：

第一点体会是，和军人结合，就要做精神上的强者，战胜世俗偏见，倾注报国真情

我和胜跃的结合，说起来还是从他萌发了入伍当兵的想法开始的。我上高中时，胜跃的父亲是我的班主任，他们家的日子非常艰难。胜跃的娘患精神分裂症，三天两头发作，一个弟弟两个妹妹，最大的 12 岁，最小的只有 8 岁，全家 6 口人住在学校一间不足 15 平方米的破库房内。看到杨老师家这么困难，我和班里几个同学常去帮着干些家务，一来二去，就与胜跃相识了。1986 年我俩高中毕业，胜跃萌发了当兵的念头，但又放心不下这个家，老是拿不定主意。在我心目中，军人的职业是一种神圣的职业。我和不少姐妹一样，也非常向往部队，做梦都想成为一个女兵。我想，胜跃有志参军，我替他分担点家中的忧愁，这对我来说也是一种精神上的补偿。我就再三鼓励他，参军报国是正事，男子汉应该有自己的志向和追求。为了坚定胜跃参军的选择，我经过一番考虑，与他建立了恋爱关系，并对他说："你把青春献给国防，我就把爱情献给你，家里的事你放心，我都替你担着。"就这样，我把自己的命运与军人和军人的家庭紧紧地连在了一起。

胜跃当兵走后，我这个未过门的儿媳妇就挑起了照顾他家的担子，隔三岔五地去帮着干些家务。但从胜跃的来信中感到，他虽然人在部队，对这个

家仍放心不下。我想，胜跃牵挂家里的事多了，想工作上的事就少了，我虽说不是一个军人的妻子，但要像军人妻子那样去尽责任。于是，我写信与胜跃合计，搬到他家去住，以便更好照顾他的家。当我跟我父母商量时，两位老人不等我把话说完，就生气地说："你简直是疯了！一个闺女家，没过门就搬过去住，你让我们这张老脸往哪搁！"我好说歹说，两个老人还是想不通。几个知心的姐妹听说后，也纷纷跑来劝阻说："他家那么穷，还没过门就伺候个疯婆婆，这不是自讨苦吃吗？"一些街坊邻居更是对我戳戳点点。面对家庭的阻力，世俗的偏见，我真是左右为难。那些日子，我几乎天天彻夜难眠，一会儿是胜跃身穿绿军装的影子浮现在眼前，一会儿是姐妹们的劝说和乡亲们的议论回响在耳边。我前思后想，胜跃是为国家尽义务，才丢下这个不成样子的家，我说啥也要替他把家支撑好，决不能向世俗偏见低头，动摇自己支持胜跃报国的决心。这样一想，也就顾不了那么多了，1986年冬天，我就搬到了杨家。

胜跃家的房子本来就小，我去了以后实在挤不下，就同胜跃父亲商量，再搭一间房子。没有钱买砖瓦，我就到处捡砖头、拾木棍。学校看到我们实在困难，也帮着凑了几根木头，全家七手八脚搭起了一间面积不足8平方米、高不到1米8的简易小房。虽然冬天冷风往里灌，夏天又热又闷，但我总算有了个住处，这一住就是五六年。

尽管我精神上有所准备，可到了他们家，才真正体会到操持一个家的艰难。那时候，家里最多每月买上一斤油，常常是一天三顿馒头就咸菜。为了使全家生活好一点，我经常去捡学生扔下的罐头瓶、废纸换点零花钱；捞学校食堂泔水缸里的东西喂鸡鸭，用鸡鸭蛋换点油盐酱醋。后来，我又到学校的面粉厂当壮工，200斤的麻袋，我同小伙子一样地扛。一天下来，累得两腿像灌了铅一样，腰也直不起来。一个月虽说只有一百来块钱的工资，还是解决了生活上的不少问题。后来学校面粉厂停办了，我又卖了两年冰棍。每天凌晨3点钟起床，先到40多里远的定州城内驮一箱回来，做好早饭收拾好家务，再到附近几个村沿街叫卖。为了多挣几个钱，中午就再驮一趟，两个来回就是160多里路。渴了就趴在路边的水井上喝几口凉水，一根冰棍也没舍得吃过。时间长了，三里五乡的乡亲们对我都熟悉了，当他们知道我的情况后，每次见我去卖冰棍，总要多买几根。这份纯朴的感情给我增添了力量。我还承包了学校的两亩多荒地。没有钱买化肥，我就去淘学校的厕所。一个大闺女家，在粪坑里跳上跳下，惹得一群孩子围观看热闹，还有的半大小子领着孩子们乱起哄，闹得我很不好意思。后来，我就一早一晚，赶在人们睡觉的时候去淘。那段日子，我体重由110多斤降到了不足100斤。十八九岁的姑娘是最爱美的时候，我却害怕照镜子。有一次，我娘心疼地搂着我流着泪说："闺女呀，你这到底是图个啥呀？"这话说得我差点把眼泪掉下来，可还得赶紧笑着安慰我娘说："年轻人吃些苦算什么，胜跃把部队的事干好了，我苦点累点也值！"为了支撑起胜跃这个艰难的家，我确实吃了不少苦，受了不少累。可我知道，我付出的这一切，换来的是一个军人更好地为国家出力，在精神上我是充实的。胜跃在部队也争气，入伍不到三年就入了党，成了连队的骨干。

胜跃服役期满那年回来探家，一连几天，老是一个人坐着发呆，像是有什么心事。我反复询问，他才说出了事情的原委。原来他正面临着退伍与留队的选择。一方面，领导谈话说部队需要他，离开工作生活了三年的军营，他自己在感情上也难以割舍；另一方面又不忍心让我一个人在家受罪。他含着眼泪对我说："我还是早点回来，帮你分担些家务吧。"我当然希望胜跃早日回到自己身边，组建一个美满的小家庭，和和美美地过日子。可都这样想，谁还来保卫咱国家？国家不太平，咱老百姓的好日子也保不住。所以我就生气地说："我到你家来，图的就是你是个穿军装的人，为的就是坚定你的报国心，部队需要你待多久，我就把家里的担子挑好，支持你多久。"我看胜跃还是一脸的愧疚，怕他心里过意不去，就想，如果结了婚，成了一家人，他也就不会再说两家话了。我俩跟老人们商量好，又得到部队和乡政府的批准，花了不到50块钱，就简简朴朴地把终身大事办了。打这以后，胜跃在部队干得更起劲了，并被推荐考上了军校，当排长后他带的排还立了三等功。

第二点体会是，和军人结合，就要做生活上的强者，挑起家庭重担，让丈夫安心在部队工作

我总这样想，军人家庭的悲欢离合，直接牵动着军人的喜怒哀乐，而军人感情的波动，又直接影响着军队的稳定和国家的安宁。既然爱上了军人，就要爱他这个家，千方百计把家操持好，免除丈夫的后顾之忧。我知道，胜

跃最牵肠挂肚的是患病的母亲和年幼的弟弟妹妹。为了让他在部队干得安心踏实，我就把对一个军人的感情都倾注在他挂心的老人和弟弟妹妹身上。

我婆婆是 1979 年和邻居发生纠纷受刺激得的精神分裂症。病情发作起来，什么人都不认，又哭又闹，乱抓乱挠，我的脸上经常被抓出几道血印子，头发也被揪下一缕缕。最让人担惊受怕的，是婆婆离家出走。记得 1990 年 3 月的一个晚上，天还下着小雨，婆婆不见了。当时我已有 6 个月的身孕，也着急地和家人分头走街串巷地找，挨家挨户地问，整整找了一宿也没见人影。第二天接着找，前前后后一共找了 14 个村，走了 200 多里地，最后才在距家 100 来里的望都县一个村口找到了婆婆。

我知道，伺候得再周到，不把婆婆的病治好，胜跃那颗牵挂的心也就放不下。为了治好婆婆的病，我领着婆婆先后跑天津、上石家庄、去保定，到过六七家医院。后来在保定精神病医院就诊，每周跑一趟，持续了半年多。婆婆晕车，常常吐在车上，尽管我随时都注意用卫生纸接，也免不了溅到别人的身上、脚上，我又赔笑脸又给人家擦。医生告诉我，婆婆这种病，配合精神治疗很重要，我就每天抽空和她拉家常、聊聊天，骑车驮她到亲戚家串串门、散散心。老人有什么要求，我都尽量满足，有什么想法，我都顺着她，想着法子让老人开心。经过几年的治疗和护理，1992 年夏天，疯了 13 年的婆婆奇迹般地康复了。看着好如常人的婆婆，想想老人这么多年病中吃的苦、受的罪，我心里有悲也有喜，有苦也有甜，各种说不出的感情交织到一块，我怎么也控制不住了，一下子扑到婆婆的怀里，娘俩搂在一起，痛痛快快地哭了一场。当天傍晚，我就赶到邮局把这个喜讯告诉了胜跃，谁知，他怎么也不相信是真的。第二天，我又骑车驮上婆婆去打电话，胜跃听了母亲的话，才惊喜得泣不成声，反复对我说："我杨胜跃说什么也要干出个样子来，报答你的这片苦心。"

胜跃每次来信，问得最多的是几个弟弟妹妹的生活和学习。我搬到胜跃家时，弟弟妹妹都在上小学。那时，两个小妹，头发乱蓬蓬的，小手黑乎乎的；弟弟的裤子开了线露着腿，小脚丫都冻得又红又肿。都说没妈的孩子像根草，看着这些有妈却得不到母爱的孩子，我打心眼里直掉泪。我觉得，自己不仅要为一个报国的军人撑起一个像样的家，还要给弟妹们一个幸福的童年。家里穷，我就到娘家把姐妹们不穿的衣服拿回来，给弟弟妹妹改一改。

尽管不如人家的孩子穿得好，但我也把弟弟妹妹收拾得干干净净、利利索索。为了省下钱来供弟弟妹妹们吃穿上学，结婚近十年我没买过一件像样的衣服，更没用过化妆品，连牙膏都是拣便宜的用。

我想，弟弟妹妹穿旧点、吃差点还不打紧，要是在学习上耽误了，这辈子就不好补救了。那时大妹秀芳数学不太好，小妹阳芳语文不跟趟。我看在眼里，急在心头，拾起了扔下多年的小学课本，卖冰棍时就带上书本翻几页，在地里干活累了做个三两道题，学好了再辅导弟妹。弟妹三人考了好成绩，都欢蹦乱跳地向我报喜。1992年，弟弟清虎和大妹秀芳初中毕业了，趁星期天全家人在一起，我就多做了两个菜，想给弟妹庆贺一番，可两个孩子都呆呆地盯着桌上的饭菜，谁也不吃一口。一会儿兄妹俩竟呜呜地哭了起来，一边哭一边抽泣着说："会芹姐，为了我们几个，叫你吃了那么多苦，我们还是一块儿跟你干活吧。"我一手拉着一个对他们说："苦日子总会过去的，读书可是一辈子的事，你们学好了，姐姐再苦心里也是甜的。"那年，弟弟考上了定州市重点中学，去年又考上了大学。可妹妹秀芳不论我怎么劝，说什么也不考高中了，16岁就当了临时工。没干两个月，我硬是逼着她报考了保定职工卫校，可一看学费就要交3000块钱，秀芳又要打退堂鼓，我一咬牙，便把积攒着盖房子的钱拿了出来。今年7月份她就要毕业分配工作了。我把弟弟妹妹的学习照顾好了，胜跃更加集中精力工作了，团里让他负责战士高考复习，考上军校的连续两年在全师都是最多的。

都说做女人难，可是做一个嫁给军人的女人更难。1990年麦收时节，我们的儿子腾飞出生，当时胜跃不在身边，又没钱上医院，只好叫来了二姐帮忙在家里接生，由于难产，引起了大出血，经医院抢救才脱离了危险。出院后，二姐看我身子虚，自己照顾不了自己，想让我回娘家住。但我们那个地方，最忌讳闺女在娘家坐月子。我奶奶怕我坏了这个风俗，逼着我给胜跃拍电报让他回来。说心里话，我也曾几次动过给胜跃拍个电报的念头，临产前的那几天，我天天都到村口看，盼着胜跃回到身边给我壮壮胆，遇见进城的乡亲们，想让人家帮着给胜跃拍个电报，张了几次口又把这句话咽了回去。别人家媳妇生个儿子，公婆捧着，丈夫哄着，又煮荷包蛋，又炖老母鸡，一家人百般照顾。看看我们娘俩，找个安身的窝都这么难，我越想越感到委屈，泪水怎么也不听使唤，扑簌簌地往下淌。但我静下心想，我来到这个家，苦苦操持这个家，为的就是不让胜跃为家事分心，在部队干好工作。眼下，我怎么能因自己的难处和委屈硬把他拽回来照顾我呢？在我再三央求下，破例住到了大姐家。

1992 年 7 月，胜跃从军校毕业后分到驻定州的部队，街坊邻居都说："胜跃如今成了军官，又到了家门口，这下你该歇歇了。"可是我想，组织上把他分到家门口，不是让他照顾自己小家的，我在工作上帮不了胜跃，但决不能拖他的后腿。那年 9 月，公公得了脑血栓，听人说，这种病闹不好就会瘫痪、呆傻。我真想把胜跃叫回来，一来公公有个好歹，我也好交代；二来我也有个依靠。可是，当时部队正在曲阳驻训，他说过，这就跟咱老百姓收庄稼一样，正是较劲的时候，在这个节骨眼上，可别耽误了部队的事。那些天，我每天都打上几壶开水，给老人擦脸、烫脚，还要给公公接屎接尿，公公能下地了，又要搀他去厕所，真是难为情。

1993 年 7 月，我儿子腾飞发高烧，体温总在 39 摄氏度多，一连几天昏昏迷迷，我抱着孩子跑遍了附近的医院，也确不了诊，土办法洋办法都用过了，孩子的病还是不见好。晚上，一个人抱着烧得直说胡话的孩子，我又急又怕，万一有个三长两短，怎么对得起胜跃呀！我决定到保定去治疗，本来没有打算惊动胜跃，因为我听说他们单位正准备迎接上级考核比武。可路过胜跃他们营房门口时，我却不由自主地下了公共汽车，在门口走过来走过去，转了好几圈。我低头看看昏睡的孩子，又抬头望望喊着口号训练的营院里的军人们，那时，我既盼着看到胜跃的影子，又怕他出现在我面前，最后还是一咬牙，一个人抱着孩子又登上了到保定去的公共汽车。后来，孩子的病治好了，胜跃他们排在那次考核比武中也拿了个全师第一。当我得到这个消息时，内心感受到一种说不出的欣慰。

第三点体会是，和军人结合，就要做事业上的
强者，靠自强自立展示军人妻子的风采

这些年，咱老百姓赶上了好年头，家家户户都在走致富路，奔小康。我想，在牺牲中奉献，是军人妻子的传统美德；在创造中奉献，则是军人妻子的时代风采。只有在改革大潮中寻找到自己的位置，努力有所作为，把日子过红火，才能让丈夫没牵没挂，一门心思报效国家。抱着这个想法，这两

年，我就开始走出锅台，走出农家院，到外面去寻找一份自己的事业，与从军的丈夫比翼双飞，在不同的岗位上共同为国家做贡献。

1993 年春天，我们乡水利管理站一家连续两三年亏损的面粉厂准备出让，我听说后，就把它承包了下来。刚开始，可以说是困难重重。办理承包手续时，一听风险抵押金就要交一万元，我真有点发怵。手头没有那么多钱，东借西凑，加在一起才 5000 多块，我就找到乡领导，要以房产作抵押。我的诚意和决心感动了乡领导，由他们作了担保人，让我承包了厂子。后来，为了节省开支，我把原来的 9 个人减少到连我才 3 个人，看管着 3 组面粉机，我一人干着四五个人的活。在我们那一带，方圆 5 公里以内就有面粉厂 15 家，底子都比我们厚实，我们这个小厂是在夹缝中求生存，尽管遇到了许多困难，但我从没向胜跃吭一声。前年临近春节时，我患了重感冒，加上劳累过度，吃了几副药也不见好。腊月二十八清早，我撑着身子下床时，两眼发黑，腿一软就栽倒了，一连输了三天液。我担心让婆婆知道了，精神再受刺激，就瞒着她老人家，让别人捎信说我和孩子到部队过年去了。另一边又瞒着胜跃，怕他为我挂心。大年三十晚上，我打着吊针搂着 4 岁的孩子，听着家家户户噼噼啪啪的鞭炮声，再看看冷冷清清的我们娘儿俩，心里有说不出的滋味。但我很清楚，胜跃不回来，是在部队带新兵。刚离开父母的新战士，在过年的时候更想家。虽然胜跃没回来，但他暖的是上百号新战士的心。想到这些，我又感到一种满足。后来，胜跃圆满完成了训新兵的任务，还被提升为副连长。我在家为了经营好厂子，四处拜师求教，刻苦钻研企业经营管理方面的知识，还报名参加了中国政法大学的函授学习，市里举办乡镇企业管理培训班，我就跑去旁听。经过这些努力，再加上我热情待客，保证质量，讲究信誉，我这个 3 人小厂越办越红火。如今，我们生产的面粉销往山东、山西、河北 3 个省的 6 个地区和定州 14 家饭店、10 多个乡村，去年一年盈利近两万元。

为了让胜跃在家庭变化中受到鼓舞，加倍报效国家，我一方面精心经营着面粉厂，另一方面思考着多种经营，拓宽致富的路子。一个偶然的机会，我结识了江西南昌一位搞编织设计的大姐，这位大姐得知我是一位军人的妻子，对我的事业更是格外热心支持，毫无保留地向我传授经营之道和有关技术。去年 11 月我到南昌实地参观考察一个多月，决定办一个南昌君红编织艺术品有限公司定州分公司，需要投资 12 万元，购置 10 台编织机，产品由总公司负责往俄罗斯定点销售，预计效益比较可观。目前，我已经在北京订购好机器，准备不久就试车生产。

我一个妇道人家，这样拼死拼活地干，不图别的，图的是让从军的丈夫没有后顾之忧，安心踏实地报效国家，同时也成就一份自己的事业，多办点对国家、对社会有益的事情。别看我平时自己省吃俭用，一旦需要把钱花在刀刃上，是少是多我都舍得。去年年初，我从电视上看到，第四次世界妇女大会要在咱们国家召开，感到特别的振奋和自豪，总觉得该做点什么，表达我一个农家妇女和军人妻子的心愿。想来想去，就把自己攒着买衣服的 1000 块钱拿出来捐给了大会组委会。没想到我是全国唯一一个农村妇女捐款的，中央电视台先后三次把我接去，两次来我家采访，拿出近 8 分钟时间以《农家女的心愿》为题，播放了我的事，中央广播电台、《解放军报》也都作了报道，大会组委会吸收我为荣誉代表。全国妇联还拨出一个指标，免试送我到中华女子学院社会工作系学习。现在，入学手续都已办好，今年 9 月我将和新生一起入学。对这件事，有的人不理解，说我想出风头。其实，就是对素不相识的人，只要需要帮助，我也会尽最大的努力。去年 9 月，胜跃的大妹妹秀芳在部队医院实习期间遇上这样一件事，定州市周村乡朱家庄村一个叫周双的不满两周岁的小女孩，不慎掉进刚炸过油条的油锅里，造成头部以外的全身 3 度烫伤，送到一家医院因拿不出治疗费被拒收。孩子昏迷了几天得不到救治，万般无奈的双亲忍痛把她遗弃在路旁，一位过路的老奶奶发现后，把小孩送到了部队医院，并设法找到了孩子的父母。我听说这事后，非常同情这个小女孩的遭遇。当晚，我翻来覆去睡不着，总觉得自己应该为她做点什么。第二天一早就赶到师医院，孩子经部队医生免费抢救了 3 天，才脱离危险，但要治愈烫伤，必须转到保定的大医院去，医药费得花一万来块钱。这孩子家里很穷，到哪儿去找这笔钱啊！孩子的父母愁得直流泪。看到这种情景，我心里矛盾极了。想拿笔钱出来垫上，又担心三年五载得不到偿还，这么一大笔钱，是我一年多的血汗，再说我正在筹办的编织厂又急待用钱。可又想，再急也不如救一条人命急，钱花了还可以再挣，人死却不能复生，要是胜跃或其他军人见了人民群众有困难时，肯定会伸出双手帮一把的。我当场决定把经营面粉厂挣的 12000 元全部拿出来，承担了小周双的全部住院费和医药费。我自作主张拿出这么一大笔钱，胜跃不仅没有责怪，还夸我做得对。中央电视台得知这个消息后，专门派记者给我拍摄了电视新闻，在今年 4 月 3 日上午的《半边天》节目里作了播放。

这些年，部队各级领导也给予了我无微不至的关怀，使我受到了鼓舞，增添了动力。部队多次派人与地方协商帮我解决家庭困难。今年春节胜跃带领连队在黄骅盐场执行任务不能回来，团里就派车把我们母子送去，让全家过上个团圆年。师和集团军首长也多次看望我。首长的关心，使我支持丈夫报国的决心更加坚定了。我深知，自己还有不少差距，今后，我要加倍努力，管好、建好我们的家，走好致富路，给丈夫创造个好环境，尽好一个军人妻子的拥军情、爱国心，让他全身心地投入工作，多拿几枚军功章。

（1996 年北京军区基层建设工作会议上关于先进事迹介绍的发言稿）

例文 31：爱军精武标兵事迹材料

为履行"打赢"使命刻苦学习成才

某营营长　王　宪

我叫王宪，1990 年 3 月入伍，1993 年 9 月由战士直接提干，历任炮兵连连长、集团军教导大队代训连连长、正营职军事教员、营长等职。入伍以来，我把自己的理想追求与履行"打赢"使命紧密结合起来，在本职工作岗位上，勤学苦练，努力成才。先后被集团军树为"优秀基层干部标兵""连长标兵"和"爱军习武标兵"，荣立一等功 1 次、二等功 2 次、三等功 3 次。1998 年 2 月被军区授予"爱军精武模范连长"荣誉称号，同年当选为全国人大代表。1999 年 5 月被总政树为"刻苦钻研科技知识的青年典型"。

作为新时代的青年军人，不辱使命就要树立"打赢"志向，刻苦钻研科技知识，苦练军事技能

我出生在一个普通农民家庭，刚懂事的时候，经常听父母讲述家乡——牡丹江流域遭受日本侵略者铁蹄践踏和蹂躏的悲惨历史。我当兵离开家的那天，邻居 70 多岁的王大爷端着一碗大米饭来送行。他饱含深情地说："56 年前，过大年咱吃了一碗大米饭，就被小鬼子关进了大牢。现在国家强大了，也千万不能忘记屈辱的历史啊！到了部队上，一定要苦练杀敌本领。"到部队后，我牢记军人职责，工作处处干在前头。当别人还在睡梦中，我已经围着营区练了一个多小时的长跑；五公里越野，别人背 4 枚手榴弹，我背 8 枚，还要在腿上绑个沙袋。当兵不到一年就当上了班长。入伍第二年，全团官兵敲锣打鼓，迎来了标志着军队装备现代化的一台台新式自行火炮。然而，摸着这价值几百万元的庞然大物，望着令人眼花缭乱的仪表、按钮和操作把手，战友们不知道怎样摆弄，谁也不敢碰。一次训练中，一门火炮的微光夜视仪突然"失盲"，修理人员鼓捣了两个多小时也没搞清楚是咋回事。直到工厂派人检查，没用 3 分钟问题就解决了。这件事使我认识到，要当个

称职的军人，仅凭热情是不够的，还必须有与之相适应的科技素质。我决心把现代化武器作为教科书，刻苦学习科技知识和军事技术。盛夏，我钻到蒸笼似的炮车里，对照说明书一个部件一个部件地找位置，弄清功能，练习操作，一练就是几小时。团里请来火炮生产厂家的教授、工程师来讲新炮理论，我拽着人家刨根问底；派我到南京炮兵学院购买激光射击模拟器，我谢绝了教员带我去游览名胜古迹的好意，一头扎进火炮教研室，听讲课、看挂图、记数据。一年多的时间，做到了一人一车能打仗，被誉为"小兵干大事的精兵"。提干后，我以带兵打仗的神圣责任感和使命感，如饥似渴地学习新知识，掌握新技能，努力由"精兵"向"精官"迈进。师团组织专业培训，挤时间当旁听生；连队每次搞火炮换季，不仅认真组织，而且跟乘员一样盯车，在干中学；为解决火炮上的一些科技"谜团"，我自学了《电工原理》《高等物理学》等 20 多本科技书籍，写下 30 多万字的学习笔记。知识的增长，为掌握新装备奠定了基础。几年的时间，对自行火炮的三大专业由懂变精，在火炮射击上不仅能准确操作，讲解使用方法，而且能够排除火控系统的一般故障；驾驶技术达到一级标准；无线电操作达到特级水平。

1998 年 3 月，我作为军队基层代表第一次参加全国人代会，亲耳聆听了江主席在军队代表团发表的重要讲话，江主席高屋建瓴地指出，"迎接新的军事发展需要，关键是人才"。"要十分注重培养高素质人才，抓好各级官兵的高科技知识的学习。"听了江主席的重要讲话，我非常振奋和激动，暗下决心，决不辜负江主席的嘱托，当一名高素质的军人。这一年，集团军在教导大队组建代训连，我被选为第一任代训连连长。代训连汇集了集团军××个兵种专业，40 多种先进装备，是集团军的高科技学习基地和科技练兵招法的演练场。作为单一炮兵出身的我，感到前所未有的压力。我坚持从零学起，从每一台装备学起。××多种装备中仅一台雷达就涉及到机械、电磁、电子等 10 多个方面的专业知识，仪器仪表就有几十个，技术资料装满几大箱子。为尽快学通弄懂，掌握并运用好这些武器，我给自己制定了"从外到内、从技术到战术、触类旁通"的学习计划。为了弄清装备操作与使用原理，阅读了《雷达原理》《电子战系统原理》等书籍。半年下来，我基本掌握了连队武器装备的操作使用、技术性能以及基本训法、战法。1998 年 9月，在全军"××集训"现场会上，我带领全连官兵高标准地完成了军事训练演示任务，受到总部首长的高度评价。

知己知彼，百战不殆。要成为一名合格的指挥员，不仅要熟悉手中武器装备，还必须了解外军情况，把握住世界军事革命的脉搏，才能在未来高技术条件下的战争中掌握主动权。我努力拓宽视野，潜心研究外军。注意通过各种途径收集外军现行武器装备的"陆、海、空、天、磁、核、生、化"等资料，一有空闲就学习研究。我把中央电视台第七频道《军事天地》节目中介绍武器装备的内容复制了20多本录像带。参加沈阳炮兵学院的函授学习，每次教员来部队辅导，都抓住机会请教一些外军知识方面的问题，请教员阅改自己撰写的研究文章。几年来，先后撰写了30多篇研究外军方面的文章，其中有8篇被军师编入军事研究论文集，有3篇被军事杂志刊用。

当代军人要担当起"打赢"重任，就要瞄准强敌，大胆探索创新，充分发挥现有武器的最大效能

我常想，党和人民把先进的武器装备交给我们，我们就要让先进武器装备最大限度地发挥效能，保证"打得赢"。为此，我在熟练掌握手中武器装备的基础上，大胆革新，挖掘潜能。当班长时，我带领全班成功地进行了×××自行滑膛炮行进间射击，填补了火炮射击史上的空白。当连长不久，在教学组训中发现世界上第三代主战坦克，榴弹直射距离都在×××米以上，而我们的×××自行滑膛炮按《大纲》规定，其直射距离只有为了攻克火炮直射距离由×××米延长到×××米以上这个难关，我根据×××自行滑膛炮测瞄镜具有两个放倍率和视场范围，可自动装定4000米以内目标和射击诸元等功能，先是用两个半月进行数学和动能计算，得出了可以进行试验的理论根据，而后大胆地提出了超直射的构想，并拟定了《×××自行滑膛炮超直射距离射击预案》，经团首长批准，指挥连队进行了超直射距离实弹射击试验获得成功，发射5发炮弹，发发命中，最远距离达××××米，比《大纲》规定的直射距离超出一倍多。海湾战争中，多国部队投入了大量的新式武装直升机，这种直升机出动率高，火力强大，作战效果明显。据此，撰写了以《浅谈自行反坦克炮打武装直升机》为题的论文，在《炮兵杂志》上发表。为了论证设想，我利用激光代弹和枪代炮，在缩小的场地上反复进行模拟演练，采集演算了数百个实验数据，证实对××××米内、×××米

高度以下的武装直升机可以实施有效的打击，模拟演示的命中率在98％以上。在集团军"以劣胜优三两招"成果展示会上获得二等奖。

作为一名当代军人就要敢于直面世界军事斗争的发展。科索沃战争的硝烟还没有散尽，我就思考着这样一个问题：现代战争的样式发生了深刻变革，空中较量将在战争中唱主角。虽然我是一名陆军军官，但练兵的目光也必须由"低头看地"转向"抬头看天"，在有效抗击敌空中打击上想对策练招法。只有这样，才能在未来战争中赢得主动。为此，我积极投身集团军开展的以新"三打三防"为主要内容的抗敌精确打击的训法、战法研究之中，主动请缨参加了"多器多法抗击巡航导弹"的攻关课题。巡航导弹是一个涉及地理、气象、雷达、电子、新材料等多学科的高技术兵器。为了尽可能多地搜集资料和研究巡航导弹的致命弱点，先后3次到×炮院、国防大学等地，请教专家，查找资料，挤时间自学了《气象学》《雷达探测》《电子对抗》《防空兵战法》等相关学科的知识。在课题攻关的三个多月里，几乎没有睡过一个完整觉，左眼底充血，我一边打针吃药，一边坚持工作。经过理论数据计算和近百次实验，课题成功地通过了理论验收和实弹检验，在军区的18个课题角逐中，夺得第一名。

当一名合格的指挥员，就要着眼提高官兵整体"打赢"素质，在培养精兵群体、练就过硬"拳头"上求作为

现代高技术条件下局部战争的大量事实说明，军队战斗力的生成既依赖于各系统相互支持、协调配合，更取决于作战人员的整体素质。只有造就一支精兵群体，才能保证在未来战争中立于不败之地。为此，我在努力提高自身素质的同时，把培养精兵群体作为自己的责任。任炮兵连连长时，同支部一班人建起了全团的第一个连队高科技学习室。区分三个层次组织官兵学习高科技知识。战士主要是结合熟悉装备学，把现有装备中蕴含的微光、电子、激光传感、计算机知识和实物对照起来学，班长骨干主要是结合训练和作战特点学，掌握避敌所长、攻敌所短的知识和技能；干部主要是结合现代作战样式，提高指挥谋略水平。结合自身的学习，坚持每周给官兵搞两次辅导。讲解高科技知识和火炮理论，把一些难懂的章节制成挂图、幻灯片和实用模型，边讲解边示范，使大家攻克了一个又一个难关。团里先后组织了三

次火炮理论和高科技知识考核，我们连次次夺得第一。到代训连当连长后，我根据连队的任务和装备特点，为官兵确立了"训练以一人一车能打仗为标准、考核以一专多能定成绩、教学以干部骨干能任教为称职"的目标，根据各年度兵的实际情况，采取编组换手训练的办法，通过开展"一帮一、一对红"的互帮互学活动提高官兵的军事素质，使80％官兵达到了"一人多专"的目标。为培养一批智能、体能、技能兼容的精兵，我根据官兵的素质基础，进行定向培养，帮助有一定文化和训练基础的官兵设计成才计划和目标，并手把手地教，一招一式地带上路。随装备调入代训连的班长刘存化平时训练很刻苦，对××导弹很感兴趣，但理论懂得不多，限制了他的提高。我看出他是一个好苗子，帮助他制定了"两个月学通理论、三个月精学精练、半年成为'能手'、年终有研究成果"的目标。白天，我一有时间就带着他对照实物边学边练，晚上同他一起研究解答理论上的难题，每当他在理论上取得一点成绩，就及时给予鼓励，有了自满情绪就严肃批评。年底，集团军组织导弹专业比武，他一举夺得第一名，并创下了5发5中的集团军纪录。小刘研究的《××导弹动中打武装直升机》被集团军评为"三两招研究"二等奖，第二年破格提干。这几年，我和支部一班人培养起来的"火炮通""坦克通""雷达通""外军通"、技术能手26人，其中有8人考入军校，有3个直接提干，5人被输送到兄弟部队担当军事教官，有6人被各级树为科技练兵标兵。

1999年初，我改任集团军教导大队军事教员。为不负重托，提高教学能力，我利用"双休日"三次到大连陆院向老教员请教。妻子是中学教师，弟弟、弟媳都是大学教师，每次回家休假，我都要开个"家庭教学研讨会"，切磋教学技艺。为达到教学举止的标准化，天天早起对着镜子练动作。我给集团军首长机关讲了自己编写的《×军"精实案"对我军的影响》《×军与我发生战争的可能样式》和"如何立足现有武器装备有效抗击巡航导弹"系列课，受到了大家的好评。集团军把我讲的系列课制成光盘，下发部队。当年8月，××陆军学院组织对大队教员进行考核，我被评定为"优秀教员"。

（王宪同志为全军首届学习成才十大标兵）

例文 32：学习成才标兵事迹材料

锻造全面素质　铺就成才之路

信息工程大学电子技术学院二系六队学员　赵　菁

我叫赵菁，1998 年 8 月，我考入信息工程大学电子技术学院二系六队学习。入学以来，我始终坚定自己最初的选择，把成长为适应军事斗争准备和军队现代化建设需要的高素质青年军人作为自己奋斗的目标。在蓬勃开展的学习成才活动中，我全面参与、全面锻炼、全面提高，在确保学习成绩始终名列全队前茅的同时，在全国、省市和校内的各种比赛中获奖 30 余项。为此，我先后被学院评为优秀学员、优秀团干部、"十佳青年"，并荣立二等功、三等功各 1 次。2002 年被大学批准为免试硕士研究生。

要成为高素质青年军人，就要自觉接受
淬炼，在理论武装中坚定政治信念

我出身于军人家庭，部队良好的环境熏陶和正统的家庭教育，使我从小就有很强的上进心。我学习成绩一直很好，这使我走上了一条超常规的求学之路：六年制的小学，我只读了五年便考上了中学；我在四年制的中学实验班里，学完了普通中学六年的课程。1998 年，只有 15 岁的我就开始了人生重大的选择。受父亲的影响，我对军队有着一种非常朴素但很深厚的感情，我曾经向往沿着父亲的路，走出自己的辉煌。高考给我提供了这样的机会，为此，我毅然放弃了被保送上地方重点大学的机会，放弃了本硕连读的诱惑，以高出当年辽宁省重点分数线 50 多分的成绩跨入了军校的大门。入学后，我的成绩和经历引起了河南省电视台的浓厚兴趣，他们计划给我做一个专题片。但我却婉言谢绝了，我对他们说："成绩属于过去，作为一名军校大学生，我的路才刚刚开始！"话虽冷静，但我心里还是很激动的。因为我知道，走进了这个门槛，我的梦想就近了。虽然离入党的年龄条件还差很多，但我还是郑重地向队党支部递交了第一份入党申请书，把一个花季女孩

的追求向最可信赖的党倾诉。从此我对自己有了一个新的标准、新的要求。我是带着父亲送给我的一本《共产党宣言》到学院报到的，我知道理论是行动的指南，只有理论上清醒，自己才会有更加明确的努力方向。于是，我加强了对政治理论的学习。我是队里"邓小平理论学习兴趣小组"的发起人之一，我与小组成员们一起读经典著作，一起讨论现实人生，一起交流学习心得。4 年下来，我读完了《共产党宣言》《毛泽东选集》《邓小平文选》等经典理论著作，并写出了一篇篇读后感。我在地方大学上学的同学对我这个学工科的军校大学生竟有如此的执着不理解，开玩笑说我是"老古董"。我并没有在乎这些，只是继续着自己的探索。一位政治理论教员读了我的一些心得后，由衷地赞叹：这个女孩是读进去了，想得多，想得深，想得对。

　　凭着对理想信念的执着，我在提高理论素养的同时，积极地投身于社会实践，在科学理论指导下观察着社会现实，在现实生活中升华着理性思维。我经常告诫自己，绝不能穿上了绿军装就与火热的改革开放和现代化建设现实隔开，作为军校学员，我们同样需要从无字书中读书，到社会大课堂中汲取文化和思想营养。我积极参加队里组织的参观见学活动，并利用寒暑假深入社会进行调查，以自己的所见所闻所思先后撰写了数篇反映变化着的中国、变化着的家乡的调查报告，其中 2000 年寒假写出的《百年铁桥》一文获得了学院征文一等奖。我是队里学雷锋便民服务小组的主要成员，虽然年龄是最小的，可在开展便民服务活动时，我总是积极组织、主动参与，在点点滴滴的平凡小事中磨炼着自己、塑造着自己，培养着自己的集体主义观念和社会责任感。几年下来，我感到了自己思想认识水平和境界的提高，队党支部认真地对我进行着培养考察，并在我 18 岁生日的当天，送给了我一份特殊而珍贵的礼物。那一天，我光荣地加入了中国共产党，圆了自己的红色梦想。

要成为高素质青年军人，就要坚持发奋学习，在孜孜求知中打牢知识功底

　　作为军校大学生，我始终把学习作为自己的第一职责，把掌握知识、打牢基础作为将来投身军队建设、履行光荣使命的前提和基础。因此，在对待学习的问题上我从不懈怠。入学以后，当大多数同学还没从高考通过后的放

松心理和成就感中走出的时候，我却早早地就给自己定下了"打牢基础，精通专业，更新知识，强化能力"的学习目标，把自己大学生活的第一步迈得稳稳当当。我认真地对待每一门课程的学习，并自加压力，精益求精。进入军校后的第一次考试，我的《高等数学》就考出了 93 分。当同学们向我祝贺时，我却高兴不起来，因为我看到了与考满分同学的差距。我很快就将考完试后已还给图书馆的复习资料又借了出来，连同课本、作业本一起带回了家，利用寒假又细致地把高数内容"啃"了一遍。过完春节返校后，我做的第一件事就是找来上学期考试的卷子，重新做起来。

为了扎实地掌握外语，我把过去在中学学过的课本、听过的磁带都带到了学校，认认真真地从每个音标、每个单词开始重新学起。我还自费订阅了《大学生英语》《China Daily》《21 Century》等中英文期刊，起早贪黑地背单词、诵课文、听广播、练口语，随身听、复读机就用坏了好几部。每天开饭前，我都会利用别人排队打饭的时间，拿出随身带着的单词本学上几分钟。有同学给我算过一笔账：一日三餐，我平均每次都能抽出 5 分钟的学习时间，一天下来就是 15 分钟，一个学期就有 60 节课，4 年加起来更不可小估。这一算连我自己也吓了一跳。我的英语水平就在这大量的练习中不断地提高着，不久，就成了队里英语兴趣小组的组长，开始领着大家来学英语、练口语了。在大一下学期，我就在 98 级本科学员中以第一名的成绩顺利通过了国家大学生英语四级考试，大二上学期又一举通过了六级，成为 98 级本科学员中第一个通过六级考试的学员。

虽然我的记忆力比较好，但学习中我并不喜欢死记硬背，而是不断地寻找着学习中的"巧劲儿"。我的笔记本和课本是同学们经常传阅的重要学习资料：课本上，重点章节和重要知识点都要特别加以标识，谁读了都会一目了然；笔记中，不仅课堂上所讲的重点、难点无一遗漏，而且还详细整理了向深层次引申的知识点，并附有自己对有关问题的理解体会。4 年下来，我已经拥有了 200 多万字的 46 本学习笔记本，仅用英语撰写的心得就有 300 余篇，数学课程更整理出了《历年难题集锦》《错题分析集》《应用题库》等厚厚的 8 大本笔记。用同学的话说："参看赵菁的课本，考个及格没问题；研究赵菁的笔记，考个优秀也有戏。"正是靠着学习中的勤和巧，4 年下来，我的 20 多门考试课程，成绩基本都是优良。

"会学习的人，是那种善于把知识转化成能力的人"。我喜欢这种转化，喜欢在转化中检验自己对知识的掌握程度，喜欢在转化中培养自己拓展知识的能力。大二那年，我报名参加了全国大学生英语竞赛。凭着坚实的基础，我以学院第一名的成绩顺利进入复赛。为了在复赛中取得好成绩，我在接下来的一段时间里，重点强化自己的听、说、写能力。不记得多少个休息日，我是在教室里孤独地度过的，大量反复的练习提高了我的英语运用能力，在最终的决赛中，我一举夺得全国一等奖。我撰写的科技论文《石油运输中的数学问题》《Study Word By Word——良好语感的源泉》还分获学院科技论文比赛一等奖、二等奖。在学院个人网页大赛中，我也取得了二等奖的好成绩。

2001 年，学院要组织部分本科学员参加全国大学生数学建模竞赛。参加这项全国性的高水平赛事，需要参赛者拥有广博厚实的基础学科背景、熟练的计算机编程水平、深层次的专业数学知识和较强的采集、分析和运用数据的能力，以及较强的团队精神和合作意识。学院以前也多次组织学员参加此项赛事，但成绩并不理想。已是大三的我，此时像许多同学一样，在准备自己的考研计划。数学建模竞赛与考研复习时间正相冲突，许多成绩好的学员都不为竞赛所动，毫不犹豫地选择了集中精力考研。而我却不愿这么轻易地放弃这种检验自己、提高自己的机会，第一个站出来报了名。任课教员、队干部、父母和同学都对我这个决定感到吃惊："你不是一直想考硕考博吗？怎么刚到节骨眼上，就要打'退堂鼓'？""不，我没有放弃考研，"我自信地回答他们，"我想考研和参赛两者可以兼顾。""行吗？"他们目光中充满怀疑。"尝试是年轻人的特权，人生能有几回搏，不试试绝不说'不行'！"酷爱挑战的我表现得很坚定。

为此，我果断地调整了自己的考研复习计划，并开始着手赛前准备。暑假，同学们都放假回家了，我却放弃了父母早已交了 900 元学费的考研辅导班，放弃了回去见已是癌症晚期的姥姥最后一面的机会，与队友冒着酷暑进行训练。这时正赶上学院教学楼和学员宿舍全面装修，我们留下来的几位学员饮食、住宿等基本保障都成了问题，但既留下来了就不能在乎这些。没有宿舍，就在实验室里打了 30 多天的地铺，身上被蚊子叮得到处都是包；食堂供应不正常，就泡方便面对付。整整一个暑假，我和队友们夜以继日地做课题、写论文，付出了大量艰辛的劳动。有一次，我们做一个名为《城市交通容量设计》的数学建模课题，从分析题目到确立模型，我们整整讨论了一个通宵。因为这个课题是我们平时比较陌生的领域，为了得到更为精确、更为新鲜的数据资料，我们清晨 5 点就出发，一路步行六七公里，在多个十字路口排队数车，从交通低潮到高峰期认真进行数据采样，并向交警、出租车司机和过往居民进行细致的询问核实，直到满意为止。这种工作是很枯燥的，加之天气炎热，一整天下来，我们疲惫不堪。但为使结论建立在科学的基础之上，我们还是一遍遍重复着这样的工作。功夫不负有心人，2001 年金秋，喜讯传来，我和队友们在全国强手如林的参赛者中脱颖而出，一举夺得全国大学生数学建模竞赛一等奖，为大学和学院争得了荣誉。

要成为高素质青年军人，就要积极参与实践，在不断挑战中实现全面发展

高素质的青年军事人才，必须具有全面发展、全面过硬的综合素质和创新能力。作为新时代的军校大学生，就要不断地挑战自我、超越自我，在广泛地涉猎各方面知识和参加全方位的实践活动中提高全面素质。

我的兴趣很广泛，不仅喜欢自己所学的专业知识，而且对文、史、哲、经、法等知识也都挺感兴趣，平时注意不断地进行学习。院团委举办的"青春讲台"系列人文知识讲座，我总是要早早地到教室"占"座位，在那里，我的视野不断开阔。我从小就读过很多的文学名著，这培养了我的语言组织和表达能力，我是校园广播站第一任副站长，校园英语电台第一任副台长，学院院史馆第一任解说员……作为《河南青年报》《信息工程大学报》的特约通讯员和学院团刊《电院青年》的编辑，我采写并发表了多篇反映军校生活的新闻、文学作品；作为学院院史馆的解说员，我先后20余次为总部和兄弟院校来学院视察参观的首长担任解说工作，得到了首长们的肯定和好评；作为校园广播站的副站长，我成功策划了多个专题，编播录制了30余期节目。特别是我担任学院英语广播电台第一任副台长之初，在没有任何经验的情况下，我努力克服工作中遇到的种种困难，有效组织，积极协调。电台缺少设备，我就到机关有关部门请示购买；电台缺少编辑、播音员，我就宁肯自己多干点，采、编、录、播一条龙全做，同时积极挑选和培养新人；

电台缺少资料，我就把自己订阅的英文期刊、购买的磁带全部搬了过来。为了扩大电台的知名度，让更多的学员从中受益，我与电台的几位初创人员一起策划组织了五次大型宣传活动，并举办了两届英语晚会，长期坚持开办校园英语角活动，使得英语电台在短时期内，在学员乃至教员中都有了很大的影响，收听校园英语电台成了很多学员学习生活的一部分。学院领导很关心我，他们担心我参加这么多活动会影响学习，影响身体，曾要求有关部门给我"减负""减压"。可我却不愿意放过那些锻炼自己的机会，在我看来，兴趣是最好的"减压阀"，只要是我有兴趣的事情，我不会感觉到压力，相反会成为我不断学习新东西的动力。

2000 年，我参加河南省大学生《宝岛在我心中》演讲比赛，获得二等奖；同年在学院英语辩论赛中夺得第二名；2001 年在学院英语晚会中主演的节目《魂断蓝桥》获二等奖。我就是这样不知疲倦地学着新知识，也在不断地提高着自己的能力和素质。我始终坚信，Sweaty face brings you success（布满汗水的脸，带给你成功）。

要成为高素质青年军人，就要不断超越自我，在不懈追求中升华思想境界

高素质青年军事人才，必须具有体现时代精神的崇高思想境界。这种思想境界体现在对工作的积极参与、无私奉献，体现在对同志的热情帮助、诚实守信，体现在对困难的不屈不挠、乐观向上，体现在对集体的全心关注、增光添彩。

刚入校不久，学院就组织新生进行野营拉练。这不仅是对军训成果的检验，也是对个人意志品质的考验。全副武装，37.5 公里的行程，高强度的急行军和战术演练，对只有 15 岁的我来说，其难度是可想而知的。但我认为，无论困难再大，挺下来是理所应当。我始终行进在队伍当中，没有落下半步，没有漏掉一个战术科目。在最后的几公里，领导和同学看我脸煞白、腿发软，就劝我坐保障车，男同学争着帮我背背包，我都谢绝了，硬是按要求走完了全程。拉练回来，我悄悄走进了门诊部，拉起裤腿，医生护士们都惊呆了——我的右脚已是青筋暴起，血泡重重！

1999 年，为强化学员人文素质的培养，院团委倡导开展了以"读百部

例文 32 学习成才标兵事迹材料

名家名著、看百部优秀影片、听百首名歌名曲"为主要内容的"三百工程"。作为团刊《电院青年》的编辑，我承担了编辑"三百工程"专栏的任务，但手头又缺少必要的资料。于是我就到郑州市的多家图书馆、书店，在浩如烟海的书山里，一本一本地寻觅，一页一页地阅读，成段成段地摘抄，经常一待就是一个整天。为了节省时间，我就用军用水壶装点开水，用挎包带点吃的。没有座位，就站着抄、蹲着写。就这样，在几百本优秀作品中，摘抄了约6万字的资料。专栏推出后，好评如潮。同学们纷纷反映："'三百工程'，是我们的精神大餐，让我们受益匪浅。"

2000年"教师节"，学院组织"我心中的教员"主题演讲比赛。经过层层选拔，我进入了决赛。但就在比赛的前两天，我突然发起了高烧，两天的治疗，高烧依然不退。队干部为了让我安心养病，就劝我不要参加了。比赛的当天下午，仍在输液的我实在躺不住，六队推选了我，我就要用自己的实力为六队争光。于是我偷偷拔掉针头，不顾医生的劝阻，披上大衣就跑到了礼堂的比赛现场，溜进后台，要求组织比赛的干事让我带病参赛。因为我当时病得确实较重，我的要求未被批准，他们还是把我送回了门诊部。躺在病床上，我伤心地哭了，这也是我唯一没有拿到名次的比赛。

2001年9月，学院新生参观院史馆。由于场地有限，只能将300名学员分成5个组轮流参观。这对于我这个唯一的解说员来说，工作量就加大了几倍，辛苦程度可想而知。一批又一批的人流，一遍又一遍地解说。待全部新生参观完毕，连一口水都没来得及喝的我已经是精疲力尽。

4年来，我参加过很多这样的活动，完成过很多这样的工作，也占去了我很多的时间和精力。有人说不值得，其实我在参与中学到了许多书本上学不到的知识，锻炼了课堂上炼不出的能力，怎能说不值得呢？再说了，是学校教给了我知识，培养了我的能力，锻造了我的品格，为集体、为他人奉献自己的智慧与才华，是应尽的义务，我无怨无悔！

（赵菁同志被评为全军十大学习成才标兵）

例文 33："十大忠诚卫士"事迹材料

军人良医　大爱天山
——"中国武警十大忠诚卫士"庄仕华的事迹

庄仕华，男，汉族，1955 年 12 月出生于四川简阳，1973 年 12 月入伍，本科文化，中共党员，现任武警新疆总队医院院长，少将军衔。2005 年 11 月荣获中国医师最高奖"中国医师奖"；2006 年当选为"感动新疆十大人物"、荣获"全国百姓放心医院院长"荣誉称号，并被评为"中国骄傲第五届十大时代新闻人物"；2007 年 5 月荣获武警部队"中国武警十大忠诚卫士"称号；2017 年 9 月 20 日，在第三届全国道德模范评选中荣获全国敬业奉献模范称号。

医术精湛的"庄一刀"

庄仕华给自己的定位是："当一辈子医生。"

从医 38 年来，他刻苦钻研医疗技术，勇于创新，完成了全国首例腹腔镜下肝包虫内囊摘除手术，7 项成果填补了国内空白，创造了腹腔镜下胆囊切除手术 10 万多例无一失败的医学奇迹；研究摸索出的运用腹腔镜进行胃修补、胆总管探查等 21 项手术，有 12 项科研成果获得自治区和武警部队科技进步一、二等奖，主编了《临床肝胆外科》《实用腹腔镜手术学》等专著。先后成功为警地患者实施胆囊切除手术 5.8 万多例，为 186 位患有高血压、肺结核、肺心病等多种疾病的高风险高龄患者，成功进行了胆结石清除手术。2002 年 10 月，他任总队医院院长后，按照建设信息化医院要求，先后投资 600 多万元建成了集门诊挂号、收费结算、病案管理以及远程医疗、远程教学为一体的"军卫一号"信息化建设工程，实现了全总队 23 个卫生队（所）和 98 个边远中队的远程医疗会诊，使千里之外的急症官兵足不出户便可得到治疗。多年来，他带领巡诊医疗队深入到新疆总队所有执勤哨所，累计行程达 38 万余公里，为官兵巡诊近 20 万人次。

医德高尚的"庄一刀"

"庄院长感动人们的，不仅仅是高超的医术，还有他崇高的医德。医术可以治病，爱心可以疗伤，这是他作为一名具有高尚职业操守的医护工作者给我们的教诲。"对此，武警新疆总医院的同事们说。

从陕西到新疆打工的胆结石患者王义林，口袋里仅有 200 多元钱，庄仕华让他先治病，一年后再补交欠费；喀什市维吾尔族大娘坎巴尔汗，带着攒下的 1500 元钱到医院做胆结石手术，庄仕华带头为老人捐款 2050 元。出院时，又为老人买好了回家的车票。

"医生要把病人的痛苦当作自己的痛苦，把别人的生命当作自己的生命，这样才能认真学技术，认真做手术，认真对待每一位病人。"30 多年来，手术做了 10 万多例，庄仕华从没有收过患者一个红包，没有吃过患者一顿宴请，还带头组织医护人员为患者捐款 80 多万元。

"庄院长是我们全家的救命恩人，没有他就没有我的今天。"张玉伟曾患严重的胆病，2009 年除夕，他和家人抱着最后一丝希望从广州赶到武警新疆总队医院，刚刚从北京返回的庄仕华立即组织医护人员为他成功地实施了手术。

随着"庄一刀"的名气越来越大，慕名而来的患者络绎不绝，以各种优厚条件"挖"他的人也越来越多。面对这些诱惑，庄仕华始终不为所惑，扎根边疆服务各族群众的信念从没动摇。几年前，一位在内地办医院的香港老板找庄仕华，许诺以当时工资 4 倍的报酬聘用他，还有私人医院的老板愿以年薪百万元聘请庄仕华任院长，他都婉言谢绝了。他说："这里的官兵离不开我，这里的各族人民群众离不开我。"

"维护民族团结是军人的天职"

庄仕华常说，作为军人，我们要像爱护自己的眼睛一样维护民族团结。他对民族团结的维护，首先表现在他对边疆人民的热爱。入伍 37 年来，他刻苦钻研医术，利用为各族群众看病的机会，传递党的温暖，为边疆军民造福，把小小手术台变成了维护民族团结、为兵为民服务的大舞台，以实际行动模范实践了人民军队全心全意为人民服务的根本宗旨，体现了一名医生的"仁心仁术"。

作为一名军中名医，亲友多次劝庄仕华调回家乡，那肯定是名利双收的好选择。但是，他选择留在新疆；当年军校毕业本可以留在内地，他选择回到新疆；内地医院高薪聘请，他选择扎根新疆。女儿庄岩在他的影响下，从医学院毕业后回到新疆，成为一名边防军人。

正像武警新疆总队政委侯小勤说："一个人爱的最高境界是爱别人，一个共产党员爱的最高境界是爱人民。他把 38 年的宝贵年华奉献给了新疆各族人民，用自己的青春和才智书写了一曲民族团结的赞歌。"

（本例文选自《榜样：100 位感动中国的道德之星》，本书编写组，红旗出版社 2012 年 3 月版）

例文 34："十大杰出青年"事迹材料

他 从 来 都 是 强 者

——"中国十大杰出青年"洪战辉的事迹

洪战辉，男，汉族，1982 年出生，河南省西华县人，中共党员。2011 年 7 月在中南大学完成本硕连读毕业。先后获得中央电视台 2005 年度感动中国人物、"中国十大杰出青年"等荣誉称号；2007 年，在第一届全国道德模范评选中被评为孝老爱亲模范。

洪战辉走过的路充满艰辛，但艰辛给予他的，不是沮丧和抱怨，而是坚强，是爱心。2005 年度感动中国人物颁奖词道出了洪战辉的精神旅程：当他还是一个孩子的时候，就对另一个更弱小的孩子担起了责任，就要撑起困境中的家庭，就要学会友善、勇敢和坚强。生活让他过早地开始收获，他由此从男孩变成了苦难打不倒的男子汉，在贫困中求学，在艰辛中自强。今天他看起来依然文弱，但是在精神上，他从来都是强者。

童年，他过早地品尝了生活的艰辛

本来，洪战辉像所有的农家孩子一样，童真年代幸福而温馨。然而 12 岁那年，一场揪心的家庭变故，改变了他的人生轨迹。

1994 年盛夏，一向慈祥的父亲突患间歇性精神病，他砸碎家里所有的东西，踹倒目不识丁的母亲，又将女儿高高地举过头顶，狠狠地摔了下去……父亲疯了，弟弟懵了，妈妈伤了，妹妹死了……

而此时的洪战辉，正上小学五年级，刚满 12 岁。这年的腊月二十三，疯疯癫癫的洪心清临近中午还没回家吃饭，洪战辉就和妈妈一起去找，在离村 5 里地的一棵树下，父亲不知从哪儿捡回一个被遗弃的女婴，眼光里透出一种父爱。无奈之下，天快黑的时候，一家人把孩子抱回了家。洪战辉一抱上小女孩，小女孩就直往他怀里钻，让他想起了妹妹。洪战辉给她起名为洪趁趁。

趁趁的到来，给这个家庭带来了久违的欢乐。但父亲一旦没有药物维持，就不可抑制地要狂躁。除了不打小妹妹，他见什么砸什么，见谁打谁。可怜的母亲身单力薄，身上常是旧伤没好，又添新伤。

"我要挣钱读书，我要养家"

1997 年 7 月，洪战辉初中毕业，成为家乡东夏镇中学考上河南省重点高中西华一高的 3 个学生之一。看到儿子考上了重点高中，已经比较清醒的父亲用家里的一袋小麦口粮换了 50 元钱，颤抖着递给洪战辉说："娃儿呀！爸对不起你！考上了学却没钱上……"

16 岁的洪战辉含泪接过爸爸给他的钱，只身一人冒着炎炎烈日跑到周口、漯河等地找活干，但因为又瘦又小，连续找了 3 天 3 夜，却连刷盘子洗碗的活也找不到。洪战辉的执着精神引起了一个中年人的同情，那位中年人在自己承建的装雨棚的工地上，给了洪战辉一份传递钉枪的工作。洪战辉拼命地干，一个暑假，他挣了 700 多元。

靠着自己辛勤的汗水挣来的学费，洪战辉终于按时到西华一高报到了。

在校园里，洪战辉又利用课余时间，靠卖圆珠笔、图书资料、外语磁带挣得的微薄收入，维持生计和学业。校园推销被同学瞧不起，也让老师反感。更让洪战辉伤心和操心的是，妹妹趁趁在家没人照看。他一咬牙，在学校附近租下房子，把趁趁接到了身边。趁趁很听话也很乖，他似乎可以安心读书了。

然而，祸不单行，灾难接踵而至这个屋漏之家。读高中不到一年，父亲病情加重。洪战辉回家哀求了几乎所有的亲朋好友，甚至给人家磕头，也总共借到 47 元钱，这无疑是杯水车薪。为给父亲治病，他只好含泪辍学去打工。

但求学的心从未在洪战辉心中泯灭。2000 年，父亲病情稳定了，洪战辉又渴望回到校园。在西华一中的老师李永贵和秦鸿礼的帮助下，洪战辉调到了西华二中。洪战辉又把小趁趁带在身边，她也到了上学年龄了，秦老师帮助在附近找了所小学，小趁趁也开始上学了。"我不能倒下，我要考上大学，改变自己的命运。"

为父亲，为趁趁，也为自己读书，洪战辉常年在学校附近一家餐馆干杂活，每月收入 30 元；周末，他还要赶回家，浇灌全家人赖以生存的 8 亩麦地。

"我的心中，只有感恩和爱"

2003 年 7 月，洪战辉以 490 分的成绩被湖南怀化学院经济管理系录取。可 5200 元的学费怎么办呢？

在一家弹簧厂，他打工挣了 1500 元；在前往学校报到时，扛起装有 100 多公斤弹簧的袋子上了火车，并将这些弹簧卖给了一家制造捕鼠器的小厂，又赚了一笔。还不够，洪战辉也有办法。他在学校卖电话卡、圆珠笔芯，帮电视台栏目组拉广告，甚至还给一家电子经销商做销售代理。

从苦难中走过来的洪战辉，对苦难者富有强烈的同情心。怀化学院经管系 02 级学生李红娥，是洪战辉的河南老乡，一次上街，不小心被人抢了手包。洪战辉得知后，立即送去自己的存折，并对她说："有我这个老乡在，没有迈不过去的坎。"

2004 年春节，洪战辉回到河南老家，看到失学在家的小妹，非常愧疚。"无论如何，不能再让妹妹辍学，我要带着妹妹上大学！"洪战辉暗下决心。

到怀化后，洪战辉开始为小趁趁联系学校。终于有一天，当他到鹤城区石门小学找校长提出妹妹插读的请求时，校长同意了。李红娥最先知道了洪战辉想带着妹妹上大学的事情，对洪战辉说："我们宿舍还有一张空床，你把小妹带来吧，我帮你照顾她。"

那年暑假，小趁趁终于在怀化火车站见到了哥哥，她一下子抱住洪战辉的腿，久久不愿松开。洪战辉一位宋姓高中女同学从河南来看望他时，一见小趁趁就非常喜欢，亲切地叫她"小不点"。从此，大家都纷纷叫她"小不点"。

怀化学院破例同意洪战辉将妹妹接来，单独给他安排了一间小屋，方便他照顾妹妹，并为他申请了每月 200 元的特别困难补助，还给了他一个勤工俭学岗位。洪战辉谢绝了，他说："比我困难的同学还有不少。"

洪战辉的故事，也渐渐在校园流传开了，并引起了社会的广泛关注。当社会各界知道洪战辉的情况后，不少人提供财力、物力的帮助，但被他谢绝了："不接受捐款，是因为我觉得一个人自立、自强才是最重要的。我现在已经具备生存和发展的能力，这个社会上还有很多处于艰难中而又无力挣扎出来的人们，他们才是我们现在需要帮助的。"

2006 年夏天，洪战辉顺利通过专升本招生考试，以插班生身份进入中南大学商学院 04 级工商管理专业继续读书。

2011 年夏，洪战辉研究生毕业，开始走向更加宽广的舞台。"小不点"今年 16 岁了，正读高一。

新的生活开始了，洪战辉说："现在，我的心中只有感恩和爱。"

他从来都是强者。

（本例文选自《榜样：100 位感动中国的道德之星》，本书编写组，红旗出版社 2012 年 3 月版）

例文 35："十大女杰"事迹材料

警界女神　人民公安
——"中国十大女杰"任长霞的事迹

任长霞（1964—2004），女，汉族，河南睢县人，中共党员。1983 年从河南省警校毕业，从警 21 年。历任郑州市公安局中原分局预审科副科长、法制室主任、郑州市公安局法制室副主任、技术侦察支队支队长，登封市公安局局长等职。她先后荣立一、二、三等功五次，并荣获"全国三八红旗手""全国青年岗位能手""全国优秀人民警察""中国十大女杰"等 40 多项荣誉称号。

一、长霞浩气整顿警风

2001 年 4 月，任长霞受命到登封市担任公安局局长。登封位于河南省中部，每年的流动人口上百万。前些年来，这里恶性案件不断发生，治安形势十分复杂。登封市公安局的形象在老百姓的心目中不高。

任长霞刚上任不久的一个深夜，她扮成农村妇女在某派出所报案，可值班警察不让她进，她说我有重要案情向所长反映，那警察说："所长是你想见就见的吗？"她说案情紧要你们也不管吗？那警察说："半夜三更的，往哪儿叫人去为你办案？"她看没有办法，让那警察把所长电话告诉她。那警察火了："所长的电话是你想知道就知道的吗？"就这样，任长霞被那位警察"轰"（赶）了出来。那一刻，任长霞心在滴血，这样的态度、这样的作风，这哪里是人民的警察！这分明是人民的老爷！她当即给该所所长打电话，让其立即赶到，对那位警察给予了严肃处理。常听民警们这样说：那段时间，只要一听是女的报警，谁也不敢怠慢。时间一长，全局上下都认识了任长霞，熟悉了她的声音。任长霞为了查看警风是否真正扭转，还常让一些群众替她报警。

那时，任长霞常常与其他副职一起，夜半去郑庄、颍阳、送表等边远站暗查暗访。在她的整顿下，登封的警察真正做到了"闻警即动"，"动有成效"，接警快、查处快，群众满意度逐年上升，警岗、警纪有了很大转变。

二、长霞为公公而忘私

2001 年 4 月，任长霞从一封群众举报信中了解到，嵩峰实业公司的老板王松纠集家族成员和劳改释放人员，在白沙湖一带横行乡里，草菅人命。任长霞接案后，排除种种困难，仅用短短两个月时间，就将王松团伙及其他 65 名成员全部抓获。这一案件被列为 2001 年全国十大打黑案件之一。

控申接待处是公安部门接待上访群众的窗口，为了方便群众申诉，任长霞上任后不久，就特地把这个办公室从公安局的大院里搬到了街边，同时这里也成为任长霞了解接近群众，收集破案线索的重要场所。申诉处，从一开始一天接待 120 多起，一天来两三百人，到后来就是七八十人、五六十人，四十多人，最后一二十人，一直到十几个人。在任长霞到任后的短短几个月时间内，登封市公安局共查结 1998 年以来控申积案 71 起，使多年的上访老户息诉停访，老百姓终于有了笑脸。

任长霞常说："己不正不能正人，心不公岂能为公""公安公安，心中只有公，人民才能安。警察的面前为什么要加人民二字呢？就是让你牢记自己是人民的警察，人民的警察就要为人民办实事、办好事，一切为了让人民满意！"

三、长风彩霞逝者如诗

2004 年 4 月 14 日晚 8 点 40 分，登封市公安局局长任长霞，在破获"1·30"案件从郑州返回登封途中，遭遇车祸不幸以身殉职。那天，是她上任登封公安局局长的第三年零三天。

40 岁，人生最灿烂、最壮美的季节；40 岁，建功立业的黄金时期。然而，她却倒下了，倒在为之倾洒全部热血的嵩岳大地上，倒在为之奋斗不息的公安事业上。

任长霞的去世，震撼了登封市。追悼会那天，14 万多群众自发前来悼念，白花如雪，白幛如云，这在登封的历史上是首次。她的离去留给当地群众的是无尽的哀思和怀念。

（本例文选自《感动中国——100 位新中国成立以来感动中国人物》，张明林主编，中共党史出版社 2010 年 6 月版）

无愧于党旗军旗下的誓言

衡阳抢险英雄群体

我们海军工程大学 13 名毕业学员，在前往南海舰队报到途中，突遇列车发生特大事故时，发挥了革命军人、共产党员的应有作用，共抢救轻重伤员近百人，疏散转移旅客 200 余人，1 名战友在抢救旅客中英勇牺牲。在这场严峻考验面前，我们没有辜负党和人民的教育、培养，用鲜血和生命填写了一份真正的毕业答卷，无愧于党旗军旗下的庄严誓言！

面对突发的灾难，我们挺身而出，13 个喉咙高声喊出
同一个声音："我是解放军"，义无反顾冲到抢险第一线

7 月 9 日晚上 10 点 48 分，461 次列车在湖南衡阳茶山坳路段，发生脱轨倾覆事故，车头与车厢连接的挂钩突然断裂，造成 12 节车厢脱轨，7 号车厢冲到右边一座 2 米多高的土坡上，与前面的车厢冲撞后翻转挤压在一起；6 号车厢严重变形，加 1 车厢侧翻 90 度，横卧在路基上……数名旅客当场丧生，更多的旅客身体受伤。

车祸发生的瞬间，车厢里面一片漆黑。当时，我们 13 名学员分布在 4 个受损最严重的卧铺车厢里。在旅客生命受到威胁的紧要关头，我们头脑里闪过的第一个念头，就是"我是党员，是军人，是军校大学生，应该挺身站出来！"于是，我们自发组织起来，形成了一个严密组织的战斗集体，迅速投入了由解放军、武警官兵、公安干警、铁路员工和人民群众组成的疏散、抢救受伤旅客的战斗。我们几乎都用同样的话向旅客们大喊："我是解放军！"话音刚落，嘈杂的车厢变得安静了，拥挤的场面变得有序了。

在靠近机车的车厢里，漆黑中弥漫着一股浓烈的柴油味。一些急于逃生的旅客掏出打火机照明，我们马上意识到明火照明极可能引起失火，灾上加灾，后果不堪设想！立即异口同声地予以制止："不要点火，小心火灾！"防

止了二次事故的发生。

4号车厢的情况很乱，有的寻找逃生出口，有的翻找行李，有的哭喊亲友，互相挤压，乘务员难以控制局面。周国平顾不上包扎自己手臂上两道十几厘米长、鲜血直流的伤口，立即摸出自己的军装迅速穿上，并和汪宏伟大声喊道："不要拥挤，听我指挥！按顺序一个一个出去。"旅客们一听，渐渐安静下来，除重伤员外很快都撤出了车厢。

加1车厢的学员李一华、刘海涛一上车就被聘为列车治安员，此时他们意识到，最重要的是开辟救生通道。于是摸索着找到了一个车窗，下面正好有一个斜坡。可车窗玻璃半天也砸不开，刘海涛急忙摸了一只皮鞋套在脚上，使劲一蹬，"哗"的一声，玻璃碎了。刘海涛先爬下去探路，发现没有危险，才把旅客们一个一个接出去，并把他们安顿到一个斜坡上。

我和孙爱清等同学主动维持现场秩序，扶老携幼，组织脱险。由于没穿军装，车厢里有的旅客向我们投来了疑惑的目光，不敢把行李递给我们。我急中生智，脱去上衣，露出"抗洪勇士·中国人民解放军海军赠"字样的背心，立即换来旅客信任的目光，纷纷让我们帮忙。

在黑色的夜幕下，在倾斜的车厢里，在血水交织的事故现场，我们13名学员用语言和行动叫响了一个声音："我是解放军！"此时此刻，这短短的五个字早已远远超出了它原有的意义，它蕴含了我军特有的思想境界和牺牲精神，它是信心，是安全，是希望，是力量，更是子弟兵对人民的承诺和回报！

面对受伤旅客的呼救，我们不顾伤痛，奋力拼搏，努力实践我军"全心全意为人民服务"的神圣宗旨

34年前，就在衡山脚下的铁路线上，一位名叫欧阳海的年轻战士用血肉之躯把惊马推出了铁轨，保护了列车的安全。今天，还是在这段铁路线上，新一代的军人也要用无私的行动证明自己的价值！

事故发生时，我们在巨大惯性的作用下，有的撞上车厢，有的被抛下卧铺，都程度不同地受了伤。刘晓松额头受到重创，身体6处挫裂伤；靳文汉右眼眶被砸开一道口子，肌肉外翻；张广军右手臂深度划伤20厘米，左脚趾甲被压碎脱落；张孝春头部多处挫伤，右手指关节脱臼；杨光、帅雄星腰

部软组织严重挫伤。但我们发扬我军"轻伤坚持战斗，重伤不下火线"的传统，迅速搜寻、救护、转送伤员。

杨光、靳文汉、李一华、刘海涛四位同学所在加1车厢，由于车厢侧翻，他们便在隔板、茶几、床铺架之间艰难地攀行摸索，找到了一位奄奄一息的老大娘。她被塌下来的铺板压住了，头部、胸部伤势很重，呕吐不止。李一华拉了几下没拉动，杨光就用随身携带的小剪刀，剪开缠在老人身上的毛毯，其他3人用肩膀顶起塌下来的铺板，杨光托着老人一寸一寸地朝外挪，终于把老大娘从夹缝里抠了出来，搭起人梯将老人从窗口背到平地，再用担架把她送到救护车上。事后我们得知，这位老大娘是武汉市红星电器厂退休职工谷福娣，她现已康复出院。

由于5号车厢翻向行李架这边，另一侧的窗子悬在高处，车厢里的重伤员出不来。周国平和汪宏伟就从车窗翻进车厢，遇到一名叫陈锋的中年男子，他焦急地说，他嫂子徐美蓉和妻子胡玉芳的脊椎都摔断了，再耽搁就不行了，10岁的侄女也受了伤。周国平先去抱孩子。谁知小女孩跪在妈妈身边，死活不肯走，哭着说："我妈妈快死了，我要跟妈妈在一起。"几个男子汉听了鼻子一阵发酸。周国平、汪宏伟和一个陆军战友一起用力砸下一块茶几板，塞进徐美蓉的背部，一个人抬腰，另一个人抬脚，把她从车窗里抬了出来。陈锋的妻子胡玉芳躺在地板上痛苦地呻吟着，陈锋俯在妻子的耳边说："坚持一下，有几个解放军来了，你有救了。"周国平拆下一块茶几板塞进胡玉芳的背部，不想地上全是碎玻璃碴，手被扎得鲜血淋漓，但他毫不在意，在汪宏伟和其他几名旅客的帮助下，把这名重伤员又轻又稳地抬出了车厢。

当旅客们开始有组织地向衡阳撤退时，我们仍在各个车厢上下寻找、转移重伤员。周国平从车厢出来后，看到几个人抬着那个名叫胡玉芳的妇女，没容多想就跑上去接过一角，一口气抬了两公里多。突然，周国平感到有一只手紧紧地抓在他胳膊的伤口上，顿时感到一阵钻心的疼痛，低头一看，原来是胡玉芳伸手抓住了他。他想，也许是求生的本能，也许是伤痛的折磨，也许是寻求精神的安慰，才使伤员这样做。他任由鲜血顺着手腕流下，硬是咬牙挺着，一直把她送到车头附近的救护点。

等了半小时救护车还没来，周国平就准备把胡玉芳送到车尾的救护点，但她的丈夫找女儿去了，现场再无他人。周国平便心急火燎地跑去叫人，谁知慌不择路，在黑暗中掉进了一口2米多深的枯井，胸脯不知撞在了什么地方，疼得直咧嘴。他抓住井壁上的草想爬出去，但试了几次都滑了下来，不禁连连叫苦："这下惨了，不仅救不成人，反倒要人救了"，便大叫起来。幸好靳文汉路过这里，才把周国平拉了上来。后来他们找到汪宏伟和杨光，便一齐把胡玉芳抬到了车尾部，送上了救护车。

我和孙爱清同学先在本车厢和加1车厢救助了4名重伤员。那天我因患重感冒发烧，血压升高，浑身发软。我暗暗对自己说："考验自己的时候到了，一定要挺住，绝不能给军人丢脸。"我赶到6号车厢时，正碰上杨光等4名学员用一个破床板抬着一名危重伤员去找救护车，急忙赶上去和他们一起抬。当时我光着脚，脚底板已经被石块和碎玻璃扎破了几个口子，每走一步，都钻心的疼，一位好心的旅客急忙递给我一块布，让我包扎起来。这时，天又下起了大雨，脚下泥水翻滚，越沟、过坎、爬梁、上坡，每走一步都非常吃力。靳文汉眉头上的伤口被雨水泡得肿胀、肌肉翻开，周国平被碎玻璃划开的手臂撕裂般的疼痛，雨水、汗水、血水交织在一起。为了保持步伐一致，减少伤员痛苦，我领头喊起了"一、二、一"的口令，在风雨交加的夜色中艰难跋涉，终于把伤员送到了距事发地点20多公里的医院。今天，被我们抬出来的重伤员康利荣同志也来到了报告会现场，我们向她表示深深的祝福！

面对生与死的考验，刘晓松舍己救人，直至流尽最后一滴血，用自己的死换取了别人的生，他才是真正的英雄

车祸发生的瞬间，加1号车厢侧翻在地，车厢的棱角在地面犁出了一道一人多高的深沟。接着，拱起的铁轨将7号、8号卧铺之间车窗下面的车厢撞开一个大洞，洞口正对着深沟。当时睡在8号中铺的刘晓松，被巨大的离心力从洞口甩到了车外，额头磕在石头上，血流满面。几乎同时，他对面7号中铺的官望芝老师也被掀了起来，然后重重地跌进黑乎乎的洞中。忽然，她感到一双有力的手臂一把扶住了自己。"阿姨，阿姨，你怎么样？"听到这似曾熟悉的声音，官老师想起来了，这个人就是对面铺上那个海军工程大学的学员。惊魂未定的官老师紧紧抓着刘晓松的胳膊问："怎么回事？我这是在哪儿？""阿姨，列车出事了。"刘晓松一边说着，一边把官老师连拖带背

地扶到一个斜坡上。稍一冷静，官老师想起女儿还在车上，就急着叫了起来："女儿，我的女儿还在车上！"刘晓松一听，立即安慰她说："别着急，我去找她。"说完，他吃力地又回到那个洞口艰难地爬进车厢，在侧翻的车厢中一边爬行一边寻找着，终于在一个角落里摸到了 11 岁的小思嘉，然后把她抱出了车厢，送到了官老师的怀里。几乎绝望的官老师见到女儿，一把抱住，失声痛哭。她借着远处的灯光一看，差点晕了过去：女儿脸上、裙子上都有血。官老师疯了一般撕开女儿的衣裙，寻找女儿的伤口，却翻来覆去没有找到。她颤着声问女儿哪儿疼？女儿说她身上的血是那个海军叔叔沾上的。这时官望芝才缓过神来，赶忙抱起孩子，在人群中寻找刘晓松。可是她哪里知道，此时的刘晓松正挣扎着一步一步地向车厢走去。每一步都饱含着对人民群众的深情厚意，每一步都体现了信念的力量，每一步都闪耀着追求崇高道德境界的光芒！

由于车厢翻转 90 度，一侧的车窗车门都被压在下面，旅客们找不到出口，在黑暗中拥挤喊叫。一个革命军人、共产党员的强烈责任感使刘晓松忘记了伤口的剧痛，忘却了自我，他心里只有一个念头：继续救助旅客脱险！刘晓松来不及歇一下就连忙返回洞口，朝里面大喊："到这里来，这里有个洞可以出来。"车厢里面的同学杨光、靳文汉听到喊声，也翻过卧铺隔板，把附近车厢的旅客接过来，送到洞口。旅客们一看下面黑乎乎的不知深浅，都不敢贸然往下跳。刘晓松站在下面，伸出双臂，不停地安慰大家："不要怕，往下跳。"就这样，身负重伤的刘晓松以超人的毅力，强忍着疼痛，像铁铸的一样，坚强地支撑在洞口旁边，一连将 20 多名旅客从这条通道中疏散了出来。然后，又顽强地赶到 5 号车厢去救助受伤的旅客，直到他们全部安全转移。随着时间一分一秒的过去，刘晓松失血过多，体力消耗已尽，再一次昏倒了，头又一次重重地摔在铁轨上，与第一次的前额创口形成了致命的对冲伤……这时，在场的旅客们焦急地对前来营救的衡阳市急救中心主任柳伟林说："快救救这个小伙子，他为了救我们摔得很重。"当深度昏迷的刘晓松被送到衡阳市中心医院急救室时，他的呼吸、脉搏已经十分微弱了。医生问他："你叫什么名字？"他已经不能回答。输氧，无效；注射强心针，无效。凌晨 5 点 45 分，刘晓松那年轻的心脏永远停止了跳动。

晓松走了，走得那么早，那么急，那么无私无畏、无悔无怨，甚至来不及看一眼黎明的晨曦和那即将升起的太阳。他，没有留下姓名，也没有遗言。英雄的遗体只能被医院编为"5号无名尸"。当学校领导几经周折在当地殡仪馆冷藏柜中找到他时，英雄遍体是伤，血迹斑斑，但那双熟悉的眼睛仍然睁得大大的，棱角分明的嘴微微张开着，仿佛还有很多告别的话要说，还有许多心愿未了。是啊，晓松还有太多的事要做，他闭不上眼睛。他铭记着学校领导和老师的殷切期望，还要去部队施展才华、建功立业；他眷恋着家乡那片生他养他的红土地，那里有多病的爸爸和辛劳的妈妈；他21岁的青春航船才刚起锚，理想的风帆正在升起，美好的生活刚刚开始……

是啊，英雄本不该走的。当时的主治医生李京湘证实：刘晓松如果在甩出车厢后及时包扎治疗，不会有生命危险，救人昏倒的第二次摔伤，是刘晓松牺牲的主要原因。最早被刘晓松救助的官望芝听到刘晓松牺牲的消息后顿时惊呆了，喃喃地说："他怎么会死呢？这么好的人怎么会死呢？"中南民族学院研究生汝百乐写了一篇《灾难中大写的人》，发表在《今日快报》上，文章说："那个牺牲的刘晓松，是在救人中流尽最后一滴血的，他完全可以跑向救护车活下来，他却用自己的死，换取了别人的生！"

这些天来，刘晓松的老师、同学、领导、战友，都沉浸在深深的悲痛和惋惜之中。刘晓松是个品学兼优的学员，中学时就多次被评为优秀团员和"三好学生"，曾获全国中学生数学联赛三等奖；军校中曾担任班长、区队长、团支部委员、军人委员会委员，在同年级学员中第一批加入中国共产党，多次受到嘉奖。大家都不愿意相信，这么好的学生，这样早就已经离我们而去了。是啊，刘晓松并没有走，他沿着校园的小路散步去了，他到图书馆学习去了，他随舰艇远航去了。刘晓松准备去报到的导弹护卫舰的花名册上，将一直保留着英雄的名字，刘晓松永远属于军舰，属于大海！

（"衡阳抢险英雄群体"的事迹在湘鄂大地引起强烈反响。中央各新闻单位对他们的事迹集中进行了宣传报道，掀起了向"衡阳抢险英雄群体"学习的热潮。共青团中央授予"衡阳抢险英雄群体"全国"新长征突击队"荣誉称号。本例文是该英雄群体成员许永辉同志在先进事迹报告会上的发言）

风餐露宿十三载　踏遍北疆找水源

北京军区给水工程团

我们给水工程团，是根据周恩来总理的指示，于 1974 年组建的。当时赋予我们的主要任务是，把内蒙古北部高原地下水的情况查清楚。十几年来，我们牢记党和人民的重托，转战万里草原，东起大兴安岭，西至巴丹吉林沙漠，都留下了我们的足迹，以多打井、快找水的实际行动，支援了国家四化建设。共完成水文地质普查和野战供水普查面积 22 万平方公里，相当于我国的六个台湾省的面积，徒步勘察累计行程 10 多万公里，相当于绕地球走两圈半，打水文地质孔 730 个，进尺 10 万米，在常年缺水的内蒙古北部草原，找到了 8 个自流水区，14 个富水带和 4 条古河道，总储水量 3340 亿吨，年采水量可达 27 亿吨。我们先后绘制了 1.5 万多幅水文地质图，编纂了 27 份《中华人民共和国区域水文地质报告》，由国家地质矿产部验收后，批准出版。其中有 13 份获优秀报告奖，有三项成果获地质成果科研奖。这些资料为国民经济建设和国防建设提供了水文地质的重要依据。经普查证明，内蒙古北部草原的地下水资源是非常丰富的，这一地区的工农牧业生产的发展是大有希望的。

我们在完成水文地质普查的同时，还给边疆人民打了 66 眼优质供水井，帮助当地群众对 9276 眼饮水井、饮水点，进行了化验分析，并对部分供水点采取了净化措施。

党和人民对我们工作中取得的成绩，给了很多的荣誉。国务院地质矿产部称赞我们是一支能打硬仗的部队，为四化建设做出了贡献，并给我们颁发了"建设边疆、保卫祖国"的锦旗；北京军区党委给我们团记了集体三等功。全团先后有 325 名同志立功。我们团的代表，还多次出席过全国、全军的先进表彰大会。

为祖国北部边疆的水文地质事业勇于自我牺牲

部队初到内蒙古地区时，遇到的困难是很多的。我们团原来一直驻守在云南、广西边境一带，当时大部分干部战士是南方人，对内蒙古的水土不服，很多同志体重明显下降。在野外作业，住的是帐篷，冬天像冰窖，夏天像蒸笼。天气变化无常，一会儿晴空万里，一会儿狂风大作，飞沙走石，汽车白天行驶开车灯，两米内看不清人。有时，大风把我们住的帐篷一下就掀翻，把几十公斤重的油桶刮到好几公里外。由于点多线长，交通不便，断粮断水是常事。文化生活也很枯燥，有收音机也收不到广播节目。全团每年分布在离呼和浩特市千里以外的草原作业八个月以上，年年是踏着冰雪去踏着冰雪回。有的战士当了几年兵，连呼和浩特市的绿树叶是什么样都没有见过。面对这些困难，团党委经常用周总理的嘱托教育部队，大讲搞好内蒙古地区的水文地质普查对国家经济建设和国防建设的重大意义，激励干部战士为开发边疆、建设边疆做贡献的光荣感、责任感，使部队始终保持着旺盛的斗志。

广大干部战士自觉扎根边疆，艰苦创业。我们团的干部战士来自汉、壮、蒙、回、布依、哈尼等 14 个民族，有的家在繁华的城市，有的家在鱼米之乡。但十几年来，全团没有一个闹复员、转业的，没有一个自己提出要求调走的。大家都有一个共同的心愿，就是要用自己的双手尽快填补内蒙古北部边疆的水文地质空白。

四连连长罗尚和是布依族人，1969 年从贵州入伍。他来到北疆 13 年，在连职岗位干了 11 年，一直工作在最艰苦的钻井第一线。这些年来，他的家庭生活遇到了许多困难，都挺过来了，始终没有动摇干事业的决心。一次，他家失了火，烧了个精光，家里来电报催他回去安顿一下。因为工作走不开，他把电报揣在兜里，照常带着战士们外出钻井，他的母亲在山路上摔断了手臂，来信让他回去照料，他给家里写了一封信，寄了钱，又带领连队开进戈壁，他的妻子身体虚弱，临生小孩前给他拍来一封加急电报，让他火速回去照顾，由于连队刚刚受领了新的任务，这件事他谁也没告诉。后来，团里领导了解到这一情况，命令他立即回去。他赶到家才知道，孩子出生时，因为身边没人，妻子只得自己接生，险些送了命。罗尚和望着躺在床上不能自理的妻子，看着干瘦的儿子，心头一酸，眼泪止不住地流了下来。后来，有的同志劝他，你家里那么困难，还是跟领导说说，早点回去吧。罗尚和却说："谁都有亲人，谁都有困难。如果家里有点难处就想'向后转'，这块荒漠的普查任务谁来完成！周总理在世时，我们没能向他老人家献出普查成果，现在，我们得加倍努力，早日把这个空白填补上！"蒙古族的牧民们，得知罗连长是来自南疆的布依族同胞，一见到他，就伸起大拇指，连声赞叹"赛诺，赛诺"（意思是"好样的"）。

四川籍战士陈让华，父母相继去世。当时，连队正忙着给牧区打井，他看到人手紧张，就把悲痛压在心底，始终没提回家的事，一天也没有离开过钻井台。事后，据家中人讲，两位老人在临终前一再呼唤他的名字。类似这样正确对待家庭问题的事例，在我们团的干部战士中是很多的。

这些年来，我们团的同志，不仅在家庭利益、个人幸福等方面做出了牺牲，甚至还有的同志为水文普查事业献出了自己的生命。

我们的工程师安炳志，是从地方调入部队的专业技术人员，从1975年开始，一直在野外作业。由于常年风餐露宿，得了胃病，身体一天比一天消瘦。1981年，安炳志承担了白乃庙水文地质报告的主编工作。接受任务后，他悄悄地从卫生队要了一些药，就随队出发了。在勘测过程中，他为了掌握第一手资料，忍着胃痛，跑遍了分布在1670多平方公里地域的作业点。连队每打一个孔，他都自己到现场去取各岩层的岩心和水样。一次，七连进行抽水试验时，安炳志接连三个昼夜蹲在机台，观察、记录水量的变化情况。这时，他的胃病越来越重，进食量日渐减少，夜里疼得睡不着，白天仍捂着肚子坚持上机台。10月份收队后，他对勘查收集到的上万个资料和数据进行整理、分析和研究，编写报告。办公室离家只有30米远，也顾不上回去，连吃饭都让家人送来。由于连续紧张地工作，病情急剧恶化，身上直出虚汗，他就拉出抽屉顶着胃部继续写报告。领导和报告组的同志都劝他赶紧住院治疗，但每次他都说："不要紧，等把报告写完了再去。"11月24日早晨，他写完了白乃庙的水文地质报告，就一头栽倒在工作台前。同志们急忙把他送进医院，进行抢救。可是太晚了，他的胃已穿孔化脓。临去世前，他十分吃力地对领导说："如果我去世了，不要把我的骨灰运回河北老家，就埋在我工作过的地方，我要看着战友们把这里的地下水源开采出来。"他还向妻子叮嘱说："不要给组织提什么要求，处理完我的后事，就带着孩子们回老家吧。"在场的所有同志都被他这种高尚的精神感动得流下了热泪。

奋力拼搏，敢打硬仗

进行水文地质普查，工作量大，要求高。在普查的范围内，平均 200 平方公里要打一个孔，一般情况下每隔 1000 米要做一个地球物理点的物探工作，同时，还要派出若干个踏勘小组进行地面普查。

我们为了保质保量地完成水文地质普查任务，为北部边疆的开发和建设，提供准确、系统的科学资料，全团干部战士把快打井，多找水当作自己神圣的责任，始终保持一种英勇顽强，敢打硬仗的精神。

内蒙古集二线地区，历来被认为是贫水区。特别是边境城市二连浩特，由于长年缺水，经济发展和市政建设都受到限制。为了尽快查明这一带地下水的情况，提供可靠的水文地质资料，我们组织了 10 个钻探连、两个普查连，在这一带展开了找水的大会战。干部战士争分夺秒，日夜苦战。五连的井架刚刚竖起，就刮起了八级大风，23 米高的井架在狂风中来回摇摆。如果井架被刮倒，不仅会给国家财产造成损失，而且会直接影响钻井的进度。要保住井架，就得给井架"脱衣"，把包着井架的塔衣全部剥下来。可是，在八级大风中爬上架顶拆塔衣，稍有不慎，就会摔下来。在场的干部战士明知有很大危险，都争着要上去。在现场指挥的二营营长卢达，把大伙儿拦在一边说："谁都别争了，上架拆塔衣，我比你们有经验。"说完，一蹿身爬上了钻塔。大伙儿看着卢营长的身体随着钻塔晃来晃去，都为他捏着一把汗。只见他沉着冷静，在大风中爬上了塔顶，把两脚别在铁架上，腾出双手，悬空作业。塔衣拆掉了，钻塔保住了。可是卢达的手上刮了很多口子，两腿被铁架磨破了好几道口子，流出的血把裤腿都浸湿了。

会战时，虽已阳春三月，但北部边疆仍然是冰天雪地。战士们挖泥浆池，使尽全身气力，一镐下去也只是一个小白点，连刨几下，手就被震破了，裂开了血口。尽管这样，大家没有一个叫苦的，硬是在冻地上挖出了一个个泥浆池，保证了按时开钻。打井只要钻机一开，就日夜不能停。可是，往往是刚刚和好泥浆，很快就冻成了小块。为了保证钻机的正常运转，不让泥浆冻结，同志们开始用牛粪生火烤，但由于火苗太弱，不一会儿就冻了。志愿兵李志民非常焦急，他索性甩掉皮大衣，跳进泥浆池，用手、脚来回搅动。

由于天气寒冷，取岩心十分困难。钻机一开，每两个小时就得提一次钻。取岩心时，不管钻多深，都要把钻杆一节一节卸下来，把岩心取出后，再一节一节地装上。刚从井里提上来的钻杆，都带着很多泥浆。为了防止泥浆冻在钻杆上，战士们就用双手抓住钻杆，把泥浆撸下来。冰凉的钻杆，手一摸上去，有时就沾下一块皮。泥浆噼里啪啦地溅在身上，一个个都变成了泥人、冰人。看到我们这副样子，有人打趣地说，我们是"远看像逃难的，近看像要饭的，一问是搞钻探的"。可我们的战士却十分乐观，有个战士写了一首小诗："蓝天当帐地作床，泥浆是我花衣裳，茫茫草原摆战场，水文战士豪情壮。"经过艰苦奋战，仅用一年的时间，我们就初步查明了这里是一条古河道。为了进一步弄清这条古河道的情况，我们又派年近50岁的工程师薛世才等同志，带着四个连队，在1500平方公里的方圆内，先后打了32个地质孔，获得了8000多个水文地质数据。经过反复论证，确定这是一条2500万年前形成的古河道，长350公里，宽2至20公里，面积约5000平方公里，水资源十分丰富，日开采量可达32万吨，而且埋藏浅，易开采，水质好。

我们对这条古河道的发现，彻底摘掉了这一地区贫水的帽子，现在这条古河道已着手开发利用。二连浩特市供水紧张的情况得到了缓解，给这个地区工农牧业的发展创造了有利的条件。这份供水报告，被地质矿产部评为优秀报告，并获得了奖励。

这一水区的发现，更加鼓舞了全团干部战士和工程技术人员的斗志。1979年至1981年，我们又在锡盟东乌旗地区再次进行会战，并在这里找到了面积为3099平方公里的七条富水带，日开采量可达61万多吨。如果开采出来，可灌溉74万多亩草场，可供几十万头牲畜饮用。国家有关部门根据我们提供的水文资料和当地的石油资源情况，计划在这个地区建设一座大型的炼油厂。

我们在发扬顽强拼搏精神的同时，还十分尊重科学，充分发挥知识分子作用，不断提高技术水平。13年来，我们在干旱、缺水地区共打成110眼供水井，选定井位出水率达100%，做到了井井见水。其中有70多眼井是在被别人判定为"无水"或者是没打出水的地方成井的。某驻军营区用水很紧张，曾打过五眼井，都没出水。工程师宋书文带一个踏勘小组，到该地区进行勘测。在走访两个地方打井队时，他们都劝宋工程师说，千万别再打了，打也白费劲。宋书文并没有退却，经过周密的调查，在科学分析的基础上，选定了一处井位，结果打成了一眼日出水量720吨的供水井。出水这天，某集团军全体领导赶到现场，握着他的手说："感谢你们为部队建设做出了贡献。"

驻内蒙古黛青山某团，10多年来，一直靠车拉水吃。曾花钱请地方打井队打过三次井，但都没有见水。我们钻井3连在工程技术人员的指导下，仅用了27个昼夜，就打成了一眼日出水量400多吨的供水井，帮助部队解决了一个长期存在的老大难问题。1984年，一个用水单位要在一处地层复杂、岩质坚硬、岩层倾斜的地方打一眼井。地方打井队要价120万元，成井时间需两年。因为时间长，花钱多，用水单位就找到我们。结果仅用半年多时间，我们就打成了这眼井，总深度为760米，日出水量达2000吨。比地方打井队预计的时间，提前了17个月，所需成本减少94万元。

经过全团指战员的艰苦奋战，周总理提出的用10年时间，把内蒙古北部高原的水文地质情况普查清楚的任务，我们提前一年半的时间，保质保量地圆满完成了。

急边疆人民所急，满腔热情为群众造福

内蒙古北部地区由于干旱缺水，有的草场逐年退化，影响了牧业的发展，有些牧民长期饮用苦水、脏水或高氟水，使一些牧民的身心健康受到了损害。我们每到一个地方，那里的牧民们都希望我们能帮助他们找到水源，打出水来。有时候，我们的井架立在哪里，牧民们就赶着牛、羊、马群跟到哪里。一些牧区这种缺水的状况和牧民们盼水的急切心情，使我们心里很不安。我们是人民的子弟兵，为群众排忧解难，是我们人民军队的光荣传统。我们专门召开了党委会，进行了认真的研究。大家说，人民的困难就是我们的困难，为边疆人民解决吃水、用水问题，是我们义不容辞的责任。党委会决定，要在保证完成水文地质普查任务的同时，尽量把水文孔打成探、采结合的供水井，留给牧区人民使用，同时，还决定，对牧民和牲畜的饮水井、饮水点，进行一次化验分析，并尽力协助采取净化措施。当时，我们也知道，要这样做就会增加相当大的工作量，需要付出更多的劳动。但我们感到

只有这样做，才无愧于人民子弟兵的光荣称号，才能有力地促进军民军政之间的团结。

从此，我们一直是两副担子一肩挑。我们团的 8 连，在锡盟白乃庙普查时，了解到周围牧民用水很困难，就在取齐了水文地资料后，主动加班加点半个月，把这眼深 150 米的水文井打成供水井，日出水量达 1600 吨，解决了 100 多户牧民的用水和近万头牲畜的饮水问题。当地牧民为了感谢 8 连，纷纷请干部战士去蒙古包喝奶茶，饮马奶酒，吃手扒肉。大队党支部书记木尔达嘎还赶着两头牛、七只羊送到连队，激动地说："解放军真是我们的恩人，谢谢你们。"

锡林郭勒盟东乌珠穆沁旗，有一片面积达 800 平方公里的草场，牧草长得很好，但由于周围没有水，牧民们无法去那里放牧。11 连和 13 连去那里打水文孔时，公社党委书记骑马从 15 公里外赶来，请我们务必帮他们打出水来。这两个连队的同志们冒着酷暑，帮助他们打出了深 180 米和 56 米的两眼自流水井，井里喷出了三四米高的水柱，不到 10 天，就在草场的低洼处积成了两个水塘。牧民们听到了有水的消息，从 50 公里外赶着羊群、马群、牛群，纷纷来到这里放牧。当时，不少牧民从四面八方赶来看水，他们骑着马、唱着歌、挥着套马杆，在水塘四周来回奔跑，称赞我们是"地下水龙王"。有一个老牧民从马背上下来，一连喝了三大碗水，还在水塘边一边拉着马头琴，一边唱。见到这种情景，我们不少战士激动得流下了热泪。

我们在进行水文普查期间，共为群众打供水井 66 眼，日出水量在 6.6 万吨以上，使上万平方公里牧区直接受益。同时，组织技术人员对草原上的 9000 多口井和 200 多处饮水点进行化验，帮助当地群众采取净化措施，结束了一些地区的牧民使用不清洁水的历史。

我们不仅为草原牧民打井找水，还为解决城市供水困难，做了一些工作。1985 年春天，呼和浩特市供水告急。我们团得知这个消息后，主动派人到市自来水公司联系，承担了打九眼深水井的任务。为了把这项工作干好，我们重新调整了各个连队的任务，安排了四个思想、技术和作风都比较过硬的钻井连队，共投入 9000 多个劳动日。其中，有八眼井平均日产水量在 2000 吨以上，受到了呼和浩特市自来水公司的通报表扬。

1986 年 9 月，呼和浩特市与香港合资兴建高达 19 层的"昭君酒家"，主体工程完工后，急需解决供水问题。当时已进入初冬，打井弄不好就要折本赔钱。地方的打井队，没一个肯投标。市领导非常着急，派自来水公司的领导来找我们。为了不使地方经济受损失，维护国家的信誉，我们毅然承担了这一艰巨的任务。当时，老兵复员已经开始，6 连受领任务后，已经被确定复员的 11 名老战士，都要求参加打这口井，为边疆建设再留个纪念。他们经过 18 个日日夜夜的奋战，一举打出了日出水 2100 吨的优质机井。竣工时，老战士们唯一的要求是在钻机下留个影。呼和浩特市自来水公司的领导，专程把镶有"军民团结，万古长存"的金字大匾送到了部队。这几年来，我们团在完成担负着野战供水任务的同时，仅帮助呼和浩特市打井，就有 18 眼，为支援国家的城市建设做了我们应该做的事。

例文 38—50：简要事迹材料

优秀基层干部沈浩的简要事迹

沈浩（1964 年 5 月—2009 年 11 月），男，安徽萧县人。在小岗村工作期间，先后荣获全国农村基层干部"十大新闻人物"特别奖、安徽省第二批选派干部标兵、安徽省改革开放"三十人三十事"先进个人、"全国百名优秀村官"等荣誉称号、2009 年感动中国人物，2011 年 9 月 20 日，在第三届全国道德模范评选中荣获全国敬业奉献模范称号。

2004 年，沈浩初到小岗村时，这个中国农村改革第一村的发展仍然滞后，他用一个多月的时间，把全村 100 多户农户跑了两遍，制定了详细的工作任务和发展目标。几年来，小岗钢构有限公司、滁州市杨帆医疗设备制造有限公司、合肥禾味食品有限公司等一批企业相继落户小岗，促进了小岗村的快速发展。30 年没有迈上富裕路的小岗村出现勃勃生机。

在小岗村任期 6 年里，沈浩没有节假日，没有星期天，除了外出开会、招商，基本都在村里。"有困难，找沈浩"，成为村民的一种习惯。这 6 年，是小岗村经济社会发展最快、群众生活水平提高最显著的 6 年，也是他实现人生价值最大化的 6 年。他立党为公、执政为民，与人民群众同呼吸、共命运、心连心，带领乡亲们求富裕、奔小康，奉献了青春，甚至生命。

修路——沈浩干了来小岗的第一件大事。村里的路，"雨天一身泥、晴天一身灰"，大伙儿都巴望着改成水泥路。沈浩跑上跑下争取支持，终于得到帮扶资金 50 万元。修路的日子，沈浩天天泡在工地上，和大家一起撒石子、扛水泥、拌砂浆。一天傍晚，沈浩和村干部来到工地。看到刚刚运来的水泥浆卸在地上，找不到铁锹，沈浩就用双手把水泥浆捧到路基里，全身都是泥，手还被灼伤。村里人叹服：这个沈书记人实在，不是来图虚名的。

不久，沈浩又干了一件大事——保护村集体财产。从书本中找思路，从实践中学范例。沈浩的心中渐渐明朗：开发现代农业，发展旅游业，招商引资发展村级工业。优质养殖示范区办起来了，种植双孢菇的创业大学生引进来了，小岗钢构厂等企业也开始生产了，大包干纪念馆建起来了……沈浩还争取到有关部门的支持，开辟了直通合肥的长途汽车线路，创安徽全省由一个村发往省城班车的先例。2006年春节前，26户住房比较困难的农民都住进了160平方米的两层楼房。沈浩在小岗任职的第二个三年是小岗获得长足发展的三年。

六载离家对不住家中娇妻幼女高堂。一个爱家的丈夫，一个爱女儿的父亲，一个深爱老母亲的孝子。到小岗上任后的第一个"五一"节，沈浩把老母亲送到四哥家。老娘深明大义："乖乖，在人家那儿把人家搞好，把老百姓搞好。我的乖乖要听党的话。"沈浩听了，鼻子直发酸。临上车，他"扑通"一下跪倒，给老娘磕了一个响头。爬起来，已是泪流满面。2004年，10岁的女儿舍不得爸爸走，送了他一个嵌着自己照片的相框，在背面留了一串歪歪扭扭的字："我爱你爸爸。祝你身体健康、万事如意，还有别做贪官！"第一次决定留任后，因为自己不在孩子身边，妻子工作又忙，沈浩就把女儿送到了老家萧县读寄宿中学，却也开始了绵长的思念和无尽的愧疚。妻子王晓勤在银行工作，每天早出晚归。买粮食、搬东西很吃力，沈浩只好说："花点钱，请别人帮忙吧。"王晓勤盼望着夫妻早日团聚，不同意沈浩留任。沈浩耐心劝慰："让我再干三年吧，第一个三年是搞基础建设，第二个三年才能把村里经济建设搞上去，让大家富起来。"

2009年11月6日，一个令小岗人悲痛的日子。沈浩因积劳成疾，心脏病突发，猝然倒在了工作第一线。11月7日，没有组织动员，没有倡议劝说，一份请求将沈浩遗体永久安葬在小岗村的请愿书，在村民中默默传递，一双双沾满泪水的手，重重地按下一个个鲜红的手印。

"感动中国十大人物"刘丽的简要事迹

刘丽，女，1980 年生，安徽颍上县人。她被网友称为"中国最美洗脚妹"。先后荣获福建省三八红旗手、福建省巾帼建功标兵等荣誉称号；被评为 2009 年"感动厦门十大人物""感动福建十大人物"、2010 年"感动中国十大人物"、第三届"全国道德模范"，入选中国文明网"中国好人榜"。

她是一个在许多人看来社会地位不高的"洗脚妹"，似乎与捐助贫困失学儿童距离比较遥远。然而，事实却是，十几年来，她用自己的打工收入，捐助了十几个失学儿童。更了不起的是，她以自己的善行带动了更多的人加入助学行列。

因家庭生活困难，14 岁的刘丽就辍学外出打工了。她去过湖北、江苏、北京……当过裁缝、保姆、服务员……1999 年，刘丽跟随老乡来到厦门。彼时，她两手空空，唯一的值钱"财产"，是一条人人羡慕的、伴随她 19 年的、又黑又长的大辫子。刘丽边掉泪，边剪掉心爱的大辫子，用大辫子换来 30 元钱，以维持三餐的饱腹。然后，在老乡的介绍下，进了一家足浴城，当了一名"洗脚妹"。

刘丽做什么事都认真。她用一个星期就熟练掌握了搓洗按摩的手法，刘丽赢得了大批"回头客"，自己的收入也渐渐稳定。难过的是心理关，一是自己的心理。捧着陌生人的双脚搓洗按摩，心里五味杂陈，自然十分憋屈。二是家人的误解。家乡有人说，如今很多女孩子在外面，做些见不得人的事来赚钱，刘丽的父母面对她寄回来的钱，居然以为她也是那样的人。那年春节，刘丽高高兴兴回家过年，却被父母骂出了家门。

刘丽强忍委屈，默默地做着自己喜欢的事情。按理说，随着她收入的提高和弟妹们的独立，她应该有些积蓄。然而，让身边所有人意想不到的是，为了"生计"打拼的刘丽，把辛辛苦苦攒下来的大部分积蓄都捐助给了那些贫困学生，她自己却仍然过着艰苦朴素的生活。

从 2002 年起，刘丽开始圆自己的梦。起初，她联系老家的贫困家庭，一个两个地资助，慢慢地从一次性捐助变成固定资助。2006 年起，刘丽参与了厦门市"春蕾计划"，成为来厦务工人员中第一个捐助者，独自资助了8个孩子。2010年底，刘丽在厦门市儿童少年基金会里设立了"原乡人刘丽助学基金"。每逢"六一"，她都会带上学习、生活用品，专程到偏远的山村看望她资助的孩子。

那年元宵节，刘丽偶遇女孩黎艳和她的父母。黎艳9岁了，患有严重的先天性心脏病，可14万元左右的手术费愁坏了打工的父母。刘丽马上行动，除了自己捐款外，她向网友发文呼吁捐款，很快就筹集了5万多元。

前段开学前，"原乡人刘丽助学基金"资助的几个孩子，他们的监护人不希望他们继续读书了，刘丽一方面说服监护人，另一方面将情况反馈给妇联，各方面费尽力气和周折，最终这些孩子没有一个辍学。当一个读高一的叫吕小雄的孩子打电话给她说："阿姨，我家里又让我继续上学了。"那一刻，刘丽激动得眼泪就流下来了。

奔波在行善路上的刘丽，得到的并不只是赞誉，还有误解。"把自己的血汗钱，拿给别人花？"不少同事私下里叫她"神经病"。

"我的确遭到了很多误解。有人说我有个很有钱的男朋友，说我其实有关系有后台，等等。"说这话的时候刘丽显得很平静，"其实我到现在还租房子住。开始听到这些谣言很气愤，习惯了也就不生气了。"

眼下，刘丽正忙着租房，她打算和几个姐妹合开一家小足浴店。"我还要多挣钱，将捐资助学进行到底。"刘丽笑着说。

"我还有一个想法，那就是我希望我的成名，能让我的同行们不再为从事这个职业而自卑。甚至我还梦想，能说服足浴这个行业的一些大老板们，组建一个'足浴行业基金会'，用以帮助从事这个职业的遇到困难的兄弟姐妹们。"

"中国青年五四奖章"获得者董明的简要事迹

董明，女，1986 年 4 月 4 日生，湖北省武汉市硚口区汉水桥街银北社区居民，中共党员。先后荣获"中共中央、国务院颁发的先进个人""全国道德模范提名奖""中国青年五四奖章""全国助残阳光使者""湖北省十大杰出青年""湖北省五四青年奖章""湖北省优秀志愿者""北京市十大志愿者""全国百名优秀志愿者""北京市五四青年奖章十大标兵""四川省抗震救灾英雄模范""世博志愿者之星"等荣誉称号。2011 年 9 月 20 日，被评为第三届全国助人为乐道德模范。

6 岁那年，读小学的董明被选入跳水队。9 岁那年的一次比赛中，董明为避让队友，不幸摔成了高位截瘫，父母为了给女儿筹集高昂的医疗费，倾尽所有：父亲白天必须要打两份工，晚上还得上夜班。漂亮、高贵的母亲，也不得不为了多挣一点生活费而出去捡垃圾。

有一次，董明的妈妈因为照顾女儿太过辛苦，晕倒在女儿床边。当时，董明想呼救，却喊不出声来；想打电话求助，手却用不了。董明用发不出声的微弱音量撕心裂肺地哭喊："妈妈！妈妈！您不能有事，我还没有孝敬过您，求求您，不要离开我。"董明心里不断地责怪自己、埋怨自己，为什么连爬的能力都没有了，只能在床上无声地痛哭。眼睁睁看着在冰凉的地上躺了 5 个小时的母亲直到父亲下班回家后才被发现，董明几乎崩溃。

面对灾难，年幼的董明慢慢学会了用乐观、微笑来面对父母、面对人生。她说，即使生活再艰难也要用微笑面对，用感激去看待。

董明在病床上开始了艰难而漫长的自学，用十年时间完成了普通人从小学到高中的全部课程，并自学了英语和日语，以优异成绩进入武汉广播电视大学学习。

有些人遭遇不幸产生对他人和社会的怨怒，然而，在经受了比一般人更多的磨难后，董明是光明的、快乐的、赤诚的。她用爱和微笑呼唤着，把希望和美好传递给他人、把公民的责任承担起来！在志愿服务的道路上，这朵美丽的花儿用汗水浇灌着青春，用微笑坚定而执着地前行。

2001 年，高位截瘫的董明在家开始学习电脑。凭借着常人难以想象的毅力，在不到一年时间，从敲打键盘都难到开始在网上写稿。此后，她多次在网络征文中获奖。每次获得稿费后，她首先做的就是用来资助农村失学的小朋友。她还时常写信感化服刑人员，用自己的经历鼓舞残疾人朋友。她还热衷社会公益事业，积极参加志愿服务，创办免费心理咨询机构，用残弱身躯践行了"热爱生命、创造价值"的人生信念。她最喜欢罗曼·罗兰的一句话，"只要还有能力帮助别人，就没有权利袖手旁观"。

2008 年汶川特大地震发生后，董明划动着轮椅和志愿者们走上街头募捐、献血，连续六天，没有间断。当看到电视里播放灾区急需专业心理辅导志愿者的消息时，辅修过心理学的董明坚定了前往灾区一线的想法。她说服父母，拿出自己的稿费，以及父母辛辛苦苦攒了三年，准备给自己治疗的 1 万多元钱，和父母一同赶赴灾区一线！灾后，董明被授予中国第一位残疾人抗震救灾心理危机干预志愿者；四川省抗震救灾劳动模范。

2008 年北京奥运会，她作为央视网特邀记者，参与奥运报道。北京残奥会开幕后，她又当选残奥会志愿者，服务于国家游泳中心"水立方"。她的个人事迹和可贵精神先后受到萨马兰奇、罗格等人的高度评价。韩国、英国、德国等外国媒体纷纷被这样一位中国残疾姑娘所征服！

2010 年 7 月，在上海世博会服务期间，董明历经了各种极端环境，高温、暴雨、人海等等，但是坐在轮椅上的她依然坚持着自己的微笑与服务。近一个月的时间里，她每天都是满负荷工作，并主动要求调换到最前线、最困难的岗位上。7 月 19 日，董明坐在轮椅上，为泰国诗琳通公主讲解，这位对中国感情深厚的泰国公主再次被这样一位中国女孩所深深感动。

2011 年 10 月，董明来到深圳，在这座有着志愿者传统的城市里，更加努力地奉献着……

（以上 3 篇例文选自《榜样：100 位感动中国的道德之星》，编者略有修改）

优秀共产党员廖俊波的简要事迹

廖俊波，男，汉族，1968年8月生，中共党员，生前系福建省南平市委常委、常务副市长兼武夷新区党工委书记。

廖俊波牢固树立政治意识、大局意识、核心意识、看齐意识，坚决贯彻党中央决策部署，面对贫困县、革命老区、经济发展长期全省倒数第一的政和县，不打退堂鼓，不当太平官，把担当放在首位，率领全县党员干部撸起袖子加油干，用勤奋、实干、严谨描绘出一幅幅美丽画卷，成为新时期共产党人的楷模。

"廖书记不是在基层，就是在去基层的路上。"廖俊波出身普通家庭，南平师专毕业后当过中学老师、乡镇干部，在县乡两级做过主要领导，在产业园区等经济建设主战场经过磨砺，工作勤奋努力，多次对家人讲，"组织给了我这么高的荣誉，唯有加倍努力，才能报答党的厚爱和人民的信任"。

廖俊波对群众充满感情，始终惦记着群众的冷暖安危。在政和县工作的几年，在群众最关切的脱贫攻坚、教育医疗、基础设施等方面都交出了一份出色答卷，全县贫困人口减少了3万多人，脱贫率达69.1%。他把群众当亲人，用心用情为群众办实事、解难事，用自己的"辛勤指数"换来群众的"幸福指数"。短短4年，政和县山乡巨变，财政总收入、GDP、固定资产投资、规模以上工业产值等都实现了极大的增长，一个全新的生机勃勃的政和展现在人们面前。

廖俊波经历的岗位，都是"背石头上山"的重活累活，需要比别人付出更多的艰辛和努力。但他始终把工作当事业干，乐在其中，总有使不完的劲。在政和县任职期间，创造了在传统农业县建起省级工业园区的"政和速度"。离开政和时，全县财政总收入翻了两倍多，连续3年进入全省县域经济发展"十佳"，实现了贫困县脱胎换骨的蜕变。他敢于担当、勇于创新，经常鼓励干部："只要是为了发展、为了群众就大胆去干，有责任我来担。"

廖俊波把"肝胆干事、干净做人"作为座右铭。只要"朋友关系"、不要"利益关系"，是他做人和交友的原则。他到武夷新区任职后公开表态：

"谁要是打着我的旗号搞工程，你们要马上拒绝，我没有这样的亲戚！"生活中，他始终廉洁自守，加班熬夜是常态，却从不给自己开小灶。他十分注重家风家教，爱人工作27年，至今仍然在教学第一线。一家人都住在普通居民楼里，家中装修简朴、陈设简单。同事朋友们都说，他浑身阳光、清澈透亮，满满的都是正能量。

廖俊波荣获全国优秀县委书记、全国优秀共产党员、全国敬业奉献模范等称号。

优秀党支部书记黄大发的简要事迹

黄大发，男，汉族，1935年11月生，中共党员，贵州省遵义市播州区平正仡佬族乡原草王坝村党支部书记。36年来，黄大发忠实践行"修渠、致富"的誓言，带领群众绝壁凿天渠，建成一条跨3座大山、大小9个悬崖，主渠长7200米、支渠长2200米的水渠，解决了当地的缺水问题，改善了当地的经济发展和生活条件，被当地群众称为"当代愚公"。

草王坝曾缺水严重，村里人去最近的水源地挑水来回要走两个小时。1958年，黄大发当选草王坝大队大队长。他许下承诺"一定要想方设法通上水，让大家吃上米饭"。这句话成了黄大发的人生信条。由公社牵头，村里组成施工队，黄大发任指挥长，开始修建"红旗大沟"，打通隧道建成沟渠，引来大山背后的螺丝河水。由于资金、技术等原因，工程只打通了116米长的隧道，水渠后来被废弃。但黄大发并没有放弃，因为他心中始终有一个执念：我是村支书，有责任修通水渠，解决村里人畜饮水问题，改变贫困现状。1989年，54岁的黄大发向组织申请到枫香水利站跟班学习水利知识和开凿技术。

经过多方奔走和申请，1992年底，修渠工程终于立项。第二年正月初三，水渠工程冒着大雪开工。黄大发既当指挥长又当技术员，年近六旬的他总是冲在最前面。在修擦耳岩段时，一处倒悬的崖壁成了难题，年近六旬的黄大发把麻绳系在自己身上吊下悬崖测量。修渠期间，黄大发的女儿和孙子相继因病去世，黄大发承受着悲痛，坚守在修渠一线。1994年，水渠的主渠贯通，河水第一次满满当当地流进草王坝村。群众以黄大发的名字给这条渠命名为"大发渠"。

水渠修好后，为了兑现"带领村民致富"的诺言，黄大发把精力又放在脱贫致富上。他先后带头搞起养殖业、种植业，带领群众"坡改梯"，昔日的荒山荒坡变成了良田。

黄大发荣获时代楷模、贵州省脱贫攻坚优秀共产党员等称号。

"全国三八红旗手标兵"薛莹的简要事迹

薛莹，女，汉族，1973年8月生，中共党员，航空工业西飞国航厂铆装钳工。薛莹从事国际合作产品生产25年来，对工作秉持认真负责的职业态度，勇于创新创造、积极主动细致，具有精湛的飞机装配技能和较强的班组管理能力。以她的名字命名的"薛莹班"，承担着波音737-700垂直尾翼可卸前缘组件的装配任务。

工作中，薛莹坚守"让世界享受中国人的航空制造"的使命，推行"班组管理制度化、生产过程精细化、现场管理精益化、班组氛围和谐化、班组工作快乐化"班组工作法。她带领全体组员改进操作方法、工艺流程，实行精益制造等百余项创造创新，啃下一块又一块硬骨头。波音公司代表提出攻关课题，她带领攻关小组，反复拆装实验，一天在5台不同工装上抬上抬下10余次，通过40个日夜的实验，达到了用户质量要求，实现了"用一个手指的力量就能把前缘装配到垂尾上"的目标，赢得波音公司"用户满意员工证书"。

作为全国劳动模范，薛莹在实地调研中，细心了解劳模们的工作和未来发展需求，在弘扬劳模精神、劳动精神，更好地发挥劳模示范引领作用等方面做了大量工作。她组建的西飞劳模"匠客梦工坊"，发挥劳模群体智慧，积极参与重点型号生产疑难技术问题、设备问题的解决与攻关。作为陕西军工劳模服务团团长，她组织陕西军工企业劳模先进，先后赴航天四院、陕西秦正集团等单位跨企业集智攻关，传授技能，为高新武器科研生产和军民融合事业发展做出新贡献，为陕西省培养了更多的技术能手和创新人才。

作为省人大代表，她设立"薛莹工作室"，对群众反映强烈的问题认真思考与实际调查，先后提出11项议案，其中一条建议被市交通运输局采纳并实施。

薛莹荣获全国劳动模范、全国三八红旗手标兵、陕西省道德模范、陕西省优秀共产党员等称号。

（以上3篇例文选自《人民日报》2017年7月25日，编者略有修改）

优秀退伍军人王文忠的简要事迹

王文忠，男，1962 年出生于河北省枣强县芍药村。1980 年入伍，1984 入党，1985 年底退伍。退伍后，他艰苦创业，逐步成为一名拥有亿元资产、定居北京的裘皮服装进出口贸易商人。他先后获得全国抗震救灾模范、全国优秀党务工作者、全国百名优秀志愿者等荣誉称号；入选中国文明网"中国好人榜"；2011 年 9 月 20 日，在第三届全国道德模范评选中荣获全国助人为乐模范称号。

从一个穷村、乱村、上访村，到村民富裕、村容整洁、和谐安定的新农村，河北省枣强县大营镇芍药村的这个"转身"只用了三四年的时间。芍药村由乱到治的原因是什么？这个先进基层党组织是怎样成长起来的？这要从该村的带头人王文忠说起。

2007 年 9 月，经村民推荐，乡镇领导和部分村民进京"三顾茅庐"，邀请、动员在北京事业有成的本村党员王文忠回村任职。当时，在商海打拼多年的王文忠已经在北京知名的外贸商业街雅宝路上拥有 6 家门店，经营着 6 个皮草品牌，固定资产超亿元，事业如日中天。经过一番思想斗争，王文忠简单收拾了行李，对妻子说："我要去南方工厂转转，可能时间要长一些。"妻子也没太在意。

王文忠回村了。身份转换立即引起争议。有人说，王文忠闲得没事儿做了，回去找罪受；还有人说，王文忠回来想当官，想捞政治资本。而王文忠认的是这个理："我自己是有钱了，再去赚钱就是往后面加零，还能做什么！一个人离开世界时又能带走哪一样！人生的价值不在于挣多少、花多少，而在于你为其他人做了哪些事情。"

上任第一天，他就向村民郑重承诺："我回来不是为了当官，是想回报社会，为乡亲们做点事。"

自任职以来，他个人出资 418 万元对芍药村进行了街道硬化和环境绿化，兴建了学校、村民活动中心和医疗中心，彻底改变了村容村貌。"村容村貌的改观还不能从根本上摘掉乡亲们的穷帽子。只有群众富裕了，日子才能有奔头，要实现富民目标就要发展经济。"

常言道：扶人先扶志。"我可以出钱接济乡亲们，但光靠钱只能救急，救不了穷。只有乡亲们有了致富的观念和真本领，才能真正摘掉穷帽子。"

担任党支部书记期间，他每天早上天还不亮，就带头去干活，有时到半夜一两点钟。

义务劳动成了乡亲们支持新书记最朴素的表达方式。其实，王文忠让大家出义务工，也不单单是为了省钱，而是想让村民们增强凝聚力，大家的事儿大家办。

2008年初春，王文忠组织一帮年轻人在北京雅宝路参观了三天，大家都觉得芍药村太落后了。王文忠趁热打铁说："好日子不是等来的，咱们一块办企业！用咱们镇皮毛产业的优势和我在北京做裘皮服装生意的平台，成立一个裘皮服装加工合作社，打造自己的品牌。"

在王文忠的带领下，芍药村从过去当地有名的穷村、乱村、落后村，成为河北省的文明村，163户村民已有87户加入了不同的合作社中，三个经济合作社2011年实现纯利润200多万元，全村人均增收6000元以上。如今的芍药村热气腾腾，村民干劲很足。

自己的生活富裕后，王文忠和芍药村的乡亲们不忘致力于公益慈善事业。汶川特大地震发生时，正在北京医院输液的王文忠来不及办理出院手续就立即赶回村里，组织了一支由他任队长、15人组成的"芍药村抗震救灾青年突击队"，迅速赶往灾区一线，出资36万元购买灾区急需物资，个人交纳"特殊党费"10万元。

2010年西南地区遭受严重旱灾，他四处联系给灾区捐款打井，给云南省云龙县团结彝族乡捐款10万元。玉树地震发生当天，他率领芍药村18名党员、带着30万元的物资奔赴灾区，奋战了八天八夜。

20多年来，王文忠为社会捐助的资金超过千万元。

（本例文选自《榜样：100位感动中国的道德之星》，编者略有修改）

优秀退休干部王必盛的简要事迹

王必盛，男，汉族，1941年2月生，中共党员，江西省赣州市会昌县总工会退休干部。

76岁的王必盛，二十一年如一日照顾瘫痪妻子，从不言悔，用细心照料和用心陪伴，诠释对妻子深深的爱恋，用默默付出和坚守展现人间最美的爱情。

王必盛和妻子刘桂淑是大学同学。两人在学校相识相恋，1962年走进婚姻殿堂。婚后，两人育有两子一女，一家五口的生活朴实而美满。谁知1996年、1997年，刘桂淑接连两次突发脑溢血，虽多次住院治疗，但效果不理想，导致半身瘫痪。起初几年，她还能勉强行走，但后来病情进一步加重，生活完全不能自理，必须专人照顾护理。

"她是我的妻子，照顾她是我的责任。"王必盛说。妻子患病后，他一边上班，一边照顾妻子的日常生活。退休后，他更是一门心思在家照顾妻子。妻子病倒至今，他唯一一次离开妻子出远门，还是自己生病到赣州做手术。为防止妻子长期卧床生褥疮，他每天用热毛巾为妻子擦拭后背；担心妻子手脚肌肉变形萎缩，他又从网上自学推拿按摩。生病卧床十几年，刘桂淑从来没有生过褥疮，也没有用过纸尿裤。她的卧室干净、亮堂，没有异味。

为便于观察妻子病情变化和身体康复情况，王必盛从妻子患病开始就每天坚持记录病情。21年来，他记录妻子病情的自制"病历"写了厚厚8本，里面详细记录妻子每天脉搏、血压等身体情况，服药种类、时间以及当天天气等信息。"这样，医生问起情况来，我才能清楚地回答，医生才好对症下药。"王必盛这样解释。

喂水喂药、端屎接尿、擦洗按摩，扶着妻子下地活动，给妻子讲趣事解闷……这些事情，王必盛每天都要反复好多次，常常一忙就到深夜11点多。晚上，他几乎每隔两个小时就要起来看看妻子，到半夜给妻子喂一次水，扶她起来上厕所。满打满算，他每天顶多能睡四五个小时。儿女们担心父亲吃不消，争着出钱请人照顾母亲。可王必盛总是坚持："别人照顾我不放心，她也很难适应。"

　　病了 21 年，妻子刘桂淑对生活从没有失去信心："有他在，我就很踏实。"回想照顾妻子的经历，王必盛则说："能这样陪着她，看到她乐观地活着，我就感到很幸福了。"

　　王必盛荣登"中国好人榜"。

优秀大学教授方敬的简要事迹

方敬，男，汉族，1931年1月生，中共党员，华东师范大学退休教授。

1991年，方敬从华东师范大学退休，只身回到家乡苏北的一个小渔村助学扶困、教化乡邻。他倾尽200余万元积蓄成立"景清奖学金"，资助260名寒门学子步入高等院校。26年崇文兴教、涵育乡风、反哺桑梓，方敬老人成为一位远近闻名、倍受尊崇的"新乡贤"。

1948年，方敬考入上海华东模范中学，因为家中贫困，他吃不起午饭，每天中午靠喝水充饥。一天，班主任胡景清老师发现这一情况，便拉着方敬一起吃饭。从此，胡老师把每顿午餐都分出一半给方敬，直到他读完高中。方敬深受老师影响，立志也要做胡景清老师这样的人。

方敬任华东师范大学教授、华东师范大学成人教育研究所副所长期间，每年都回到家乡任庄村，用自己有限的工资资助当地贫困学子。退休后，方敬归返乡里，发挥余热，致力于用教育回报家乡、回报社会，设立以自己恩师名字命名的"景清奖学金"，先后资助260名贫困家庭的孩子进入高等院校学习。2011年，方敬罹患癌症，家人把他接回上海治疗，劝他留在上海休养。但是他总是惦记着家乡的学生，身体稍有恢复，就回到他的"景清书苑"和孩子们在一起。方敬回到家乡的这26年，原来连高中生都很少见的小渔村先后走出140余位大学生。方敬的谆谆教导，让人们改变"上学不如上船，读书不如赚钱"的观念。与此同时，他还免费为乡村教师、学生等开设书法培训班，致力打造文化小镇、艺术小镇，镇里先后走出全国书协会员12名。他言传身教，倡导移风易俗，引领乡风文明，宋庄镇成为有名的省级文明镇。方敬的事迹和精神像火种在赣榆区蔓延，党员干部以方敬为榜样，纷纷学方敬、敬乡贤、作表率，尊师重教在当地蔚然成风。方敬荣登"中国好人榜"，并被评为全国助人为乐模范。

见义勇为模范匡兵、温琦华的简要事迹

匡兵，男，汉族，1988年5月生，中共党员，湖南省耒阳市公安局泗门洲派出所民警；温琦华，女，汉族，1988年12月生，湖南省耒阳市国税局临聘人员。

面对持刀歹徒，匡兵与未婚妻温琦华挺身而出，赤手空拳与歹徒殊死搏斗，用自己的血肉之躯挡住歹徒疯狂的尖刀。这对"80后"年轻人，在生死危难关头毫不退缩，用热血青春弘扬社会正气、书写人间大爱。

2016年3月25日，匡兵与温琦华在海南三亚拍摄婚纱照的间隙，到西岛海钓平台附近海面乘坐游艇观光。同船的一名歹徒突然起身将坐在身旁的5岁男童抓起扔进海里，并抽出一把尖刀对游客疯狂乱砍。危急时刻，坐在船前部的匡兵挺身而出，赤手空拳冲向歹徒，在狭小的船舱内与歹徒展开殊死搏斗。搏斗过程中，匡兵的颌下三角区被刀划伤4处，左、右手被刺数刀，左手臂动脉被割破。虽然身受重伤，但他依然毫不畏惧死死抓住歹徒。

就在游艇即将靠岸时，歹徒突然发力将扎在匡兵左手肘中的尖刀拔出并把匡兵推倒在一旁。鲜血喷涌而出，匡兵顿时失去意识。歹徒又举起血淋淋的尖刀，对准温琦华保护着的3个孩子。千钧一发之际，温琦华徒手将歹徒的尖刀挡开，把3个孩子紧紧护在怀中。丧心病狂的歹徒，疯狂猛刺数刀，温琦华的右手瞬间变得血肉模糊。苏醒过来的匡兵眼见歹徒在疯狂行凶，竭尽全力爬起来冲了过去。歹徒见状跑到船尾，将在船尾的女游客秦某推下大海，随即跳海逃窜。在附近船只和游客的帮助下，被扔进海里的孩子和被推下海的秦某均被救上岸，歹徒也被游客和工作人员合力制伏。游客和景区医务人员给匡兵和温琦华进行紧急包扎后，将他们送往医院，两人最终脱离生命危险。

匡兵荣获全国公安系统二级英雄模范等称号，温琦华荣获湖南省见义勇为先进个人、"最美湘女"等称号。两人被评为全国见义勇为模范。

孝老爱亲模范白琴的简要事迹

　　白琴，女，汉族，1976 年 1 月生，宁夏回族自治区平罗县陶乐镇施家台子村村民。白琴带着爷爷、奶奶出嫁，19 个春秋，用亲情温暖了一个特殊的"四姓之家"，用爱心向世人阐释了"鳏寡孤独废疾者皆有所养"的真义。

　　1986 年，白琴父母离异，父亲抑郁导致精神失常，爷爷奶奶用年迈虚弱的身躯撑起了这个不幸的家庭。年幼的白琴夏天挖野菜喂猪，冬天捡柴火，帮助爷爷奶奶减轻一些负担。爷爷和奶奶身体越来越差，初中毕业后，白琴选择回家务农，照顾爷爷奶奶和患病的父亲。奶奶的胃不好，白琴就把家里稀有的小米全都省下来给奶奶熬粥喝，自己吃高粱米、苞米饭。忙完家里忙地里，不到 20 岁的白琴干起农活样样在行，庄稼长得不比别人家差，村里人都夸白琴是个能干又孝顺的好闺女。

　　白琴该成家了。奶奶经常叹息说："等你嫁出去了，我们也就放心了。"白琴总是坚定地说："奶奶，嫁人我也要带着您和爷爷，你们就是我的陪嫁。"1998 年，善良孝顺的白琴与呼天堂结婚，带着爷爷奶奶走进了新家。结婚当晚，一家人一起吃第一顿团圆饭，白琴却在饭桌上哭了起来，丈夫和公公再三追问，白琴哽咽着说："以后让我当牛做马都可以，只希望你们能容得下我爷爷奶奶。"公公安慰白琴："我也是过去逃荒到这里的，尝遍了生活艰辛。你放心，有我们一口吃的，就有你爷爷奶奶一口吃的。"白琴对公公的一番话十分感恩，发誓要照顾好这个家庭。从此，每天天未亮，白琴就起床，准备一家人的早饭，照顾爷爷奶奶、公公和年幼孩子的穿衣起居，然后把饭菜送给独居的父亲。把一家老小的吃喝拉撒安排妥当后，她又打扫院落，喂鸡喂羊，下地劳动。

　　丈夫一家人也把白琴爷爷奶奶当成自己的亲人，悉心照顾。在全家人的精心照顾下，白琴的婆婆和爷爷相继安详离世，公公和奶奶虽已高龄身体却很健康，父亲的病情逐渐好转，一家人过着平静而幸福的生活。

　　白琴入选"宁夏好人"，全国孝老爱亲模范，其家庭被评为全国五好文明家庭。

道德模范王生廷、王双廷兄弟的简要事迹

王生廷，男，汉族，1969年10月生，中共党员，国网河北石家庄井陉县供电公司小作供电所员工；王双廷，男，汉族，1967年3月生，中共党员，河北省石家庄市井陉县小作镇南石门村党支部书记，二人系兄弟。

面对突然来袭的滚滚洪流，王生廷、王双廷兄弟不顾个人安危，分头逐户通知群众转移。在生死存亡的15分钟内，他们喊起来30多户人家、挽救198条性命，却失去至爱亲人。

2016年7月19日夜，井陉县南石门村遭遇百年不遇的暴雨袭击。21时许，山洪冲倒电杆，造成南石门村停电。身为供电所员工的王生廷冒险前去查看情况，突然发现滚滚洪水正在向村子袭来。危急时刻，他不顾个人安危跑回地势低洼的村中，与身为村支书的哥哥王双廷一起挨家挨户拍门、呼喊，通知并帮助乡亲向高处转移。王生廷路过妻子高建林所开的小卖部时，只高喊妻子赶紧回家，却没有停留片刻。洪水袭来仅15分钟，大半个村子便被淹没。因为两兄弟及时预警，30多户人家198口人顺利脱险，但是王生廷的妻子高建林却因躲避不及，不幸遇难。

灾难夺走亲人的生命，但却夺不走一名共产党员的意志品质。王生廷说："越是紧急时刻，党员越是要站出来，扛起来，让大家安心。"安葬妻子第二天，他就和哥哥一起，全力投入到灾后重建工作中。他摸排南、北石门村低压电力设施损坏情况，为电力抢修提供准确数据；积极参加高压线路抢修恢复工作，在作业现场连续工作20多个小时；用自己家的铲车，清理南石门村通往高速路的道路，为电力快速抢修开出一条平坦大道；每天都帮村委会输送发放救灾物资。在两兄弟的带领下，南石门村的救灾重建工作进展顺利，很快就恢复供电、供水和通信，南石门村也恢复昔日的容貌。

王生廷、王双廷兄弟荣获河北省道德模范、河北省见义勇为模范等称号，荣登"中国好人榜"。

道德模范陈淑梅、李其云夫妻的简要事迹

　　陈淑梅，女，汉族，1956 年 1 月生；李其云，男，汉族，1956 年 1 月生。二人系夫妻，均为重庆市铜梁区巴川街道六顺花园居民。

　　2013 年，陈淑梅和李其云的独子意外身亡，欠下 67 万元债务。两位老人强忍悲痛，替子还债。4 年来，老两口起早贪黑，共做手工馒头、包子约 50 万个，一分一厘攒钱，用辛劳和汗水，还清了大部分欠款。

　　陈淑梅、李其云的老家在铜梁区平滩镇青杠村，生有独子李道生。儿子做塑钢门窗生意。2009 年，塑钢门窗生意趋冷，李道生因亏损不得不多次举债。这时，陈淑梅患上了多发性肌炎，住院治疗两个月，医疗费近 10 万元。为减轻经济压力，李道生一边继续支撑生意，一边为一家建筑公司开水泥罐车。2013 年 4 月 18 日，李道生爬上水泥罐车整理物品时，不小心从车顶跌落，头部受重伤，不治身亡。得知噩耗，陈淑梅和老伴李其云当场昏厥。

　　听说李道生走了，很多债主担心账收不回来，纷纷跑到陈淑梅面前出示借条。面对一个个上门讨债的人，陈淑梅说："那是你们的血汗钱。放心吧，只要借条上有我儿子的签字，我都认！我会尽快还你们的钱，绝不欠一分钱。"经过核实，李道生共欠下 67 万元债务，连房子都抵押给了债主。

　　"得给孙子留个窝，一家人也有个落脚的地方。"陈淑梅用儿子 41 万元赔偿款，还掉了第一笔 30 万元欠账，将房子赎了回来。随后，她拿出儿子剩下的赔偿款和家里所有积蓄，按照借据日期，先借的就先还，又还了 20 万元欠账。为了能早日还清剩余欠账，老两口想尽一切办法挣钱，捡破烂、发传单、打零工……后来在社区干部、小区物管和邻居们的帮助下，他们在小区内开起了早餐摊。陈淑梅做的馒头、包子个大，味好，附近居民纷纷前来购买。当别人的馒头已卖到 1 元 1 个时，老两口仍坚持 4 年前的价格只卖 5 毛钱。好多人劝他们该涨价了，可陈淑梅说："现在 1 个馒头能挣 2 毛钱，这么多好心人在帮助我，不能涨！"

　　4 年来，老两口已经卖出馒头、包子约 50 万个，"还差 5 万元，就能还

清所有债务了！"对社会各界的关心，陈淑梅和李其云满怀感恩："这些温暖我们会永远记在心里，大家给了我们信心，再苦再累我们也不会放弃！相信我们的日子会好起来！"

陈淑梅、李其云被评为重庆市道德模范、全国诚实守信模范，荣登"中国好人榜"。

（本例文选自《人民日报》2017 年 7 月 25 日，编者略有修改）